古典文獻研究輯刊

六　編

潘美月・杜潔祥　主編

第 2 冊

孫從添《藏書記要》研究

張　家　榮　著

國家圖書館出版品預行編目資料

孫從添《藏書記要》研究／張家榮著 ― 初版 ― 台北縣永和市：
花木蘭文化出版社，2008〔民 97〕

序 2+ 目 4+226 面；19×26 公分
（古典文獻研究輯刊 六編；第 2 冊）
ISBN：978-986-6657-00-9（精裝）
1.（清）孫從添　2.學術思想　3.藏書家　4.私家藏書
5.藏書樓

029.77　　　　　　　　　　　　　　　　　97000882

ISBN 978-986-6657-00-9

9 789866 657009

古典文獻研究輯刊
六 編 第 二 冊　　　　　　　ISBN：978-986-6657-00-9

孫從添《藏書記要》研究

作　　者　張家榮
主　　編　潘美月　杜潔祥
企劃出版　北京大學文化資源研究中心
出　　版　花木蘭文化出版社
發 行 所　花木蘭文化出版社
發 行 人　高小娟
聯絡地址　台北縣永和市中正路五九五號七樓之三
　　　　　電話：02-2923-1455／傳眞：02-2923-1452
電子信箱　sut81518@ms59.hinet.net
初　　版　2008 年 3 月
定　　價　六編 30 冊（精裝）新台幣 46,500 元

孫從添《藏書記要》研究

張家榮　著

作者簡介

張家榮，1979 年生，臺灣屏東人。淡江大學中國文學學系（2002），臺北大學古典文獻學研究所碩士（2006）。研究領域為古代藏書理論、古典文獻學、數位圖書館。現任職於中央研究院歷史語言研究所傅斯年圖書館數位典藏組，主要負責「傅斯年圖書館藏印記資料系統」、「傅斯年圖書館藏善本古籍數位典藏系統」之建置與維護。

提　　要

　　常熟──中國歷史上著名的藏書之鄉。眾多藏書家生於斯也長於斯，該地亦逐漸孕育了富有特色的藏書傳統。清初孫從添（1692～1767）身處常熟藏書家之林，亦雪抄露校孜孜收藏，於經驗累積與總結前人理論的條件下，撰寫了《藏書記要》。該書對「購求」、「鑒別」、「鈔錄」、「校讎」、「裝訂」、「編目」、「收藏」與「曝書」等方面皆作了完整的闡述，全面系統地論述圖書管理的理論與技術，成為古代經驗圖書館學理論的集大成之作。

　　本書共分為八章，首章「導論」，首先對於研究緣起、前人研究成果與研究方法做一必要的說明與檢討。次章則為「孫從添的傳略與著述」，旨在探討孫氏家世生平交遊、學術著述的情況。第三章為《藏書記要》撰述的時代背景」，專就《藏書記要》成書的時代、學術環境去討論，重點在於該書之所以產生的學術文化背景上。第四章為「《藏書記要》問世前後有關理論傳承的重要著作」，對於該書藏書理論承先啟後的問題做一整體性的梳理。而第五章、第六章與第七章分別為《藏書記要》藏書建設思想與方法（上）：有關『蒐集』方面」、「《藏書記要》藏書建設思想與方法（中）：有關『整理』方面」與「《藏書記要》藏書建設思想與方法（下）：有關『維護』方面」，則是深入去探討《藏書記要》中關於藏書理論精髓的 8 則之內容特點，與其各別對古今圖書收藏單位的影響與貢獻。第八章為「結論」，即是就該書在中國圖書文獻學史上的貢獻作一整體性的總結與闡述。

目

次

自　序

　　「夫天地間之有書籍也，猶人身之有性靈也。人身無性靈，則與禽獸何異？天地無書籍，則與草昧何異？（《藏書記要·購求》)」的確，人類擺脫野蠻成爲萬物之靈，關鍵乃在精神文明確立。「圖書」是包羅萬有的集合，扮演傳遞文明之角色。爲了生存發展，吾人需要各種物質滿足，舉凡食衣住行皆然。亦即，「有形」物質提供生理補給亦充實心理空間。照理來說，外在解決才會想到內在提昇。但，歷史上所謂藏書家扭轉了此種規律。不論南宋尤袤：「飢讀之以當肉，寒讀之以當裘，孤寂而讀之以當友朋，幽憂而讀之以當金石琴瑟。」、明代胡應麟：「飢以當食，渴以當飲。誦之可以當韶濩，覽之可以當夷施；懮藉以釋，憤藉以平，病藉以起。」或清代黃丕烈的「奪飲食男女之欲，以沈冥其中。」等皆宣告如此。畢竟，外在生命是內在精神運作的基礎，所以，他們當然並非眞的摒棄一切，但圖書在其生活中所處的重要地位是能想見的。

　　人人都可能是收藏家，任何人累積一定圖書後都成了所謂「藏書家」。當時，他們之所以藏書只爲獨善其身，而整理所藏也重在個人利用。是故，能留下關於收藏整理的隻字片語當然最好，縱使沒有吾人也不苛求。至少，千百年來的圖籍收藏家，有單純玩賞、有細細咀嚼。但，不約而同的習慣使然，流傳今日的珍貴圖籍上既有古人智慧內涵，大都也留下了可用心體會、系統考察的朱墨燦然。

　　過去，臺灣文獻學界，所謂「藏書家」學術研究，在昌彼得、潘美月與吳哲夫老師等前輩學者的重視下，從 80 年代以來則呈現出一種雖說不上是門顯學，但年年都有相關研究論文（博碩士論文）發表的勢態。

　　這其中，當然，由諸如：專就藏書家「特藏」來研究（例如：2001 年林淑玲的「陸心源及其《皕宋樓藏書志》史部宋刊本研究」），專就藏書家編、刻書籍的問題來探討（例如：1980 年周彥文「毛晉汲古閣刻書考」，1994 年蔡霏雯「鮑廷博《知

不足齋叢書》研究」等），專就藏書家所撰述相關作品來討論（例如：1984 年周彥文「《千頃堂書目》研究」，1994 年趙飛鵬「黃丕烈《百宋一廛賦注》箋證及相關問題研究」等）等等論題來看，可知每個方向都具有一定數量的研究作品。

不過，因爲焦點仍在於「藏書」的緣故，專就藏書家整體藏書活動的研究則相對是較熱絡的（例如：1985 年藍文欽「鐵琴銅劍樓藏書研究」，1987 年劉玉「孫星衍藏書研究」，1988 年簡秀娟「錢謙益藏書研究」，1989 年趙惠芬的「傅增湘藏書研究」等）。

其實，上述這些藏書家之所以會較早受到重視，仍很大部分取決於其豐富、珍貴的藏書素質。但實際的情況卻是，一些不以藏書數量或質量著名的藏書家，對於傳統藏書學術、文獻學也有其特殊貢獻。而以獨到「藏書理論」爲人知曉的孫從添《藏書記要》則是其中的一部。

因此，誠如孫從添《藏書記要·自序》：「同志欲標其要，竊不自量，記爲八則，其當與不當，冀有識者諒之，以爲芻蕘之一得云耳。」所強調。也基於對歷史上大小藏書家們的嚮往與尊重，不斷探索藏書學術且希冀喚起注意，繼續將會是筆者未來的研究重心。

張家榮

2007 年 11 月 24 日于臺北淡水

第一章 導 論

　　在人類所創造的各種文明中，精神文明是極為重要的一環。而精神文明得以快速地發展，則有賴於書籍文獻的傳播知識與訊息。古代的人類社會，擁有知識即是掌握了現在與未來生存發展之關鍵，因而，形形色色的圖書也就成了人人願意去擁有甚至於極力去爭取的重要資產了。當然，歷史也證明，凡是能以圖籍文獻為知識後盾的一方，皆是後來能取得勝利並佔有天下的偉大人物，像秦末劉邦（西元前 256～前 195 年）入咸陽城的獨取圖籍文獻；明朝建立前朱元璋（1328～1398）就命有司訪求古今書籍，藏之秘府，以資覽閱等，皆是其例。而另一方面，如果出身下層的人士，一旦能擁有圖書文獻作為知識滋養，也常常會魚躍龍門而名留千古，如漢代勤奮讀書乃成一家之言的王充（約 27～97）；西晉皇甫謐（215～282）躬自稼穡，帶經而農，遂博綜百家而成著述大家等，即是其例。由此可見，圖書文獻在人類精神生活中是有獨特且重要之影響力的。

　　人類開始有精神文明後，收藏圖書文獻的各式活動就不斷的進行著，儘管較早期的圖書收藏因為各種主、客觀的因素（諸如，只限於統治階層的掌握、文獻載體技術的侷限等），而呈現出一種局部且被動的勢態。但是，等到這些不利因素隨著時代慢慢演變，並將社會環境塑造成了一個適合藏書的溫床後，此時，收藏書籍的風氣快速瀰漫，而中國古代各階層人士也就成了所謂收藏圖書活動中的歷史主角與學術受益者了。於是，藏書者的視野與能力，一方面因圖書而更加開展進步；另一方面，圖書收藏的環境，漸漸也由於藏書家的熱烈追求而愈加興盛，最後則呈現出一種兩者相互影響、彼此激盪的局面。

　　中國古代的圖書收藏活動經歷了一段不算短的演變歷程，每個人收藏的數量與質量，也因各個時代環境迥異而有不同的專精與消長狀況。人們收藏圖書的經驗隨時間慢慢累積後，關於圖書典藏理論的發展，可說是不斷的與時俱進的。而值得吾

人注意的是，古代中國的藏書活動在明清時期達到了高峰，〔註 1〕這「明清兩代私人藏書家數量之多是空前絕後的。在積極而又活躍、豐富而又充實的藏書活動中，藏書家們自覺或不自覺地形成的『秘約』（即藏書理論文獻）」，〔註 2〕不僅成爲了指導藏書家典藏活動能順利推展的重要參考原則，更有甚者，其中一些重要的觀念與作法，也成爲了後世圖書收藏單位管理藏書時的重要指南。例如，清乾隆時期收藏四庫全書諸閣的建築式樣及其相關防護措施，特別會去參考明代藏書家范欽（1506～1585）天一閣的種種作法，即是一個顯明的例子。

而本文就是在探討此時期擔負著「承先啓後，繼往開來」角色的重要藏書理論文獻——孫從添（1692～1767）《藏書記要》，對古今圖書管理方法與典藏技術的歷史價值與現實意義所在。

第一節　研究動機與研討價值

「藏書」活動對古代讀書人來說，是其人格與生命的體驗與實踐。每個人都有其對生活與價值的獨特想法，因此，這些不一樣的愛好需求與生命目標也造就了很多不同種類的「藏書家」型態。雖然，這些不同類型的藏書家們，對於自己藏書的收藏態度、終極目標或許並非完全一致，不過有一點卻是相同的：在努力擴充收藏質量的同時，他們也會花盡心思去維持自己所收藏圖書文獻的完善。〔註 3〕就是因爲對自己所藏圖書有獨特「使命感」的緣故，從古至今的收藏家們在自身收藏經驗的累積下，因而不斷地創作出有關藏書理論的篇章，當然，這些藏書理論在篇幅與

〔註 1〕例如，根據王新田先生的統計，在葉昌熾《藏書紀事詩》所記古代藏書家的 510 人（刻書家、書賈不計在內，父子或兄弟等共藏者作 1 人計）中，明清二代的藏書家分別是 167 人與 234 人，比率大約佔了 5 分之 4 左右，由此可見明清時期藏書活動的興盛。見其所著：〈中國古代藏書家之統計分析〉，《鎮江師專學報》（社會科學版）2000 年第 4 期，頁 126。

〔註 2〕在該書中，譚華軍先生將明清以來私人藏書家們所擬訂的各式藏書約則或相關作品（共包含《流通古書約》、《古歡社約》、《書目答問（勸刻書說）》、《天一閣藏書禁約》、《澹生堂藏書訓略》、《上善堂藏書記要》、《觀古堂藏書十約》等七種），皆視爲是私人藏書樓的「秘約」。參見：譚華軍，〈明清藏書樓秘約導讀〉，載於徐雁、王燕均主編，《中國歷史藏書論著讀本》（成都：四川大學出版社，1990 年 7 月），頁 500～503。

〔註 3〕如以清代學者洪亮吉（1746～1809）所分的五種藏書家爲例，「考訂家」、「校讎家」對於圖書內容完善的要求就是對圖書「質」的維護；而搜采異本與第求精本的「收藏家」、「賞鑑家」即展現對圖書「量」的追求與質的維護；而「掠販家」爲了牟利所培養出來的目力、眼界，則是想要擴充藏書時所不得不依賴的。參見：〔清〕洪亮吉，《北江詩話》（北京：人民文學出版社，1998 年 5 月），卷三，頁 46。

性質上是各有異同的。例如，既有官方藏書史料性質的《麟臺故事》及《秘書監志》等，也有涵蓋公私藏書典藏管理範圍的《通志》諸略等，更有取代家書訓誡子孫的《澹生堂藏書約》、《藏書十約》等。不過，它們在宣揚藏書活動與促進藏書事業的發展上，都確實發揮過不少作用與影響。

　　大凡，各種學術總是隨著時代不斷推演與進步的，而古代私人藏書家們關於圖書收藏的各式藏書理論在開始時，雖然可能只是零散而不成系統的片段想法，但經過一段長時間的演化後，到了藏書風氣最盛行的明、清二代，就在這古今眾多藏書家們的努力下，系統藏書理論的專書與專章一部部接連產生了。而這卻不僅僅只反映出這個時代的藏書活動是盛行的，更值得注意的則是，它還體現出藏書理論在經過時間的積累沈澱後，此時已成為了系統而科學的一門特定學問。〔註4〕所以，藏書理論的研究並不只是對個別私家藏書理論的分析而已，更重要的是，一幕幕影響人類發展最關鍵的圖書文獻進化史實片段，也在這藏書理論發展脈絡的梳理中得到了揭示。

一、研究動機

　　針對圖書而有的種種維護措施或管理行為，對於現代的圖書收藏單位來說是很理所當然的。但對古代人們來說，因為先天上物質條件與知識水準的限制，可以說，所有關於圖書典藏的管理觀念或維護主張，都是要經過長時間的經驗累積與失敗磨練，才能夠體會出來的。而其中的關鍵因素，當然則是藏書家們是否長時間「與書為伍」了。就這一點來看，我們從宋代藏書家尤袤（1127～1194）就是因為對於自己所抄、所藏的書籍抱持著「飢讀之以當肉，寒讀之以當裘，孤寂而讀之以當友朋，幽憂而讀之以當金石琴瑟」的深厚愛書之情，才得以撰述出傳為後世目錄學經典之作的《遂初堂書目》，以及清代藏書家黃丕烈（1763～1825）總是「積晦明風雨之勤、奪飲食男女之欲，以湛冥其中」，方能成就其藏書鑑賞大家的聲名等的情形中，可以清楚地了解到。

　　我這部論文所要探討的《藏書記要》一書，當然也是作者親身長時間參與圖書典藏作業下所體會撰述的一部經驗之作。雖然，在該書自序中，作者一再謙虛的說自己只是「竊不自量，記為八則」，並將其書稱為只是一般鄉間樵夫「芻蕘」的心得

〔註4〕例如，在有關「藏書流通」的理論方面。從宋代李氏山房、鄭樵（1104～1162）等的「開放」實踐與「流通」概念的提出，發展到了明清時期曹溶（1613～1685）《流通古書約》與周永年（1730～1791）《儒藏說》等關於藏書流通的具體設想與規劃，即是藏書理論慢慢進化而逐漸成熟的一個表徵。而清代藏書流通理論的完善，即表現此時藏書流通思想已非過去「借書一瓻，還書一瓻」的簡陋思想所能比擬的了。

之作。不過，我們從其「余無他好，而中於書癖」的生平嚮往，及其視己爲一「老蠹魚」的坦率說法中，就可看出作者之所以會有《藏書記要》的撰作動機，不僅並非偶然，而且更是不簡單的。因爲，唯有深入其中才能瞭解箇中甘苦，也才會思索出解決之道。總之，作者不斷的辛苦嘗試與長期的歲月累積，絕對是少不了的。

此外，在作者當時生長的時代背景與所處地域環境中，可以說，不僅具有多采多姿的藏書家個人或群體，也逐漸形成了各式各樣的收藏傾向與藏書流派。〔註5〕因此，一些收藏圖書的「經驗之談」就不僅僅只在某些藏書家群體間流傳了。於是，經過時間的考驗後，某些理論也慢慢地向外、向後傳播推廣，以致於成爲了我們現今所能看到的各種藏書理論著作。〔註6〕單從這裡來看，可知作者當時所能吸取的前人成果，不僅相當豐富，而且與同時代藏書家們的交流與分享活動也隨時在進行，而這些經過不同時代與各式藏書家所檢驗過的各種藏書實踐，在經由作者的消化吸收後，還進一步撰述爲具體的作品，成了流傳久遠並廣泛影響私人藏書理論發展的一個典型。

事實也證明，這些成爲後代眾多藏書家們實際藏書活動時所樂於借鑑的原則與方法，單就實際操作的參考價值上，則是相當受到肯定的。例如，生長時代在孫從添稍後，嗜好收藏宋元舊刻還自稱爲「書淫」的乾嘉時期藏書家黃丕烈就曾說過「此《藏書紀要》，言之甚詳且備，蓋亦眞知篤好者」，並認爲此書是應該廣爲刊刻流傳而嘉惠士林與同好的。又，與黃丕烈同時也自稱有「書癖」的陳謙（生卒年不詳）也說：「余素有書癖而力不逮，後人有志於此，觀此八則，庶不負徒有插架之名也」。〔註7〕可見，該書對於絕大部分的藏書家與熱愛圖書收藏的學者之圖書管理活動來說，都是有重要參考價值的。

〔註5〕例如，茲以清初藏書家們「佞宋」與否的現象爲例。事實上，當時並非每個藏書家都是有此傾向的。近代版本目錄學者陳乃乾（1896～1971）先生即曾云：「當康熙初年，私家藏書之風最盛，若錢謙益、錢曾、季振宜、黃虞稷、徐乾學、曹溶諸人皆爭尚宋槧名鈔，誇奇鬪富，惟漁洋（王士禎）則斤斤於字句之是非。……明言宋槧雖可寶惜而不能即視爲善本，與一般藏書家『佞宋』之說，見解迥異」。可見當時的藏書傾向是多面的。參見：〔清〕王士禎撰、陳乃乾校輯，《重輯漁洋書跋》（與《汲古閣書跋》合刊，上海：上海古籍出版社，2005年11月），陳乃乾〈重輯漁洋書跋序〉，頁1～2。

〔註6〕例如，明末清初以來一些喜愛宋元舊刻的藏書家，平時鑑賞時所養成的種種版本判斷手法與鑑定知識，在清初錢曾（1629～1701）《讀書敏求記》中得到歸納總結，後來所產生的各式版本目錄書籍即藉之以借鏡、成長，而孫從添《藏書記要‧鑒別》所提出的版本鑑定理論，則是上述雛形理論的進一步統整與系統化。

〔註7〕參看〔清〕孫從添，《藏書記要》（台北：藝文印書館，1966年，據清嘉慶十六年刊《士禮居叢書》本影印），陳謙〈藏書記要識語〉、黃丕烈〈藏書記要跋〉，頁16左～17右。

　　現實生活中，筆者也因爲從事文獻學基礎學科的研讀，在諸如目錄、版本與校讎等學科的學習探究過程中，也時常會參考、利用到不少《藏書記要》中所討論與提示到的各種說法，並從中得到不少關於文獻諸學科議題的新穎認知與獨特發現。〔註8〕由此可見，《藏書記要》除了具備有很多值得發揚的知識、史料外，當中對於歷來各種藏書活動的理論揭示與現象探討，更是有助於吾人了解古代藏書與圖書文化的重要材料。因此，想要進一步去發掘《藏書記要》具體實用的理論價值，並進而深入去探討它備受後世藏書家推崇的內在意涵所在，也就成了本篇論文的寫作動機了。

二、研討價值

　　古代私人藏書家們，爲後世人們留下不少物質與心靈上的貢獻，其中諸如精心校勘質量俱佳的善本圖書、撰述格式講究的提要式藏書目錄或始終如一的愛書情懷等，都是其中較爲獨特且具重要影響力的種類。另外，更值得注意的是，在他們平日藏書活動的實際操作下，歷代藏書家們也體會出了不少經得起考驗的「眞知灼見」。其中，《藏書記要》就是這樣一種特別需要累積收藏的實務經驗方能寫成的藏書理論。因而，該作品會如此備受後世藏書家或學者們之推崇不是沒有道理的。例如，清末藏書家繆荃孫（1844～1919）就曾說該書不僅「所記皆甘苦之言」而且還是「益人識見不少」的。〔註9〕而近代圖書館學者譚卓垣〔註10〕（Cheuk-Woon Taam）先生在其 1935 年所寫作的《THE DEVELOPMENT OF CHINESE LIBRARIES

〔註8〕 例如，在探討到明末汲古閣毛晉（1599～1659）的刻書功過時，孫從添《藏書記要·鑒別》中提出了：「惟毛氏汲古閣《十三經》、《十七史》校對草率，錯誤甚多，不足貴也。」的說法。但在事實上，如果去查一下毛晉自己的說法可以知道，這分別有計畫要動用 13 人、17 人去從事校勘工作的《十三經》、《十七史》，是否眞的「錯誤甚多」或可另外解讀，則是有必要進一步去分析與探討。對於這一點，現代版本學學者曹之先生則提出了兩點看法：「第一，已如前言，毛氏重視校勘工作。錯誤存在，但並不多。第二，毛晉刻了那麼多書，出現一些文字錯誤，當屬正常現象，不值得大驚小怪。我們不能苛求古人。況且有些錯誤是宋本本身就有的，毛晉從不臆改宋本，總是盡量按照宋本的本來面目刻印古書。後代一些迷信宋本的人，以爲宋本十全十美，反而把宋本固有的錯誤推到毛晉身上，這是不公平的。」見其所著：《中國古籍版本學》（武昌：武漢大學出版社，1992 年 5 月），頁 336～337。可見，在《藏書記要》的說法裡頭，吾人是可以從中得到不少觀念啓發或探討靈感的。

〔註9〕 參看〔清〕繆荃孫輯，《藕香零拾》（臺北：廣文書局，1968 年，據清光緒二十二年刊《藕香零拾》本影印），繆荃孫〈藏書記要跋〉，頁 13 右～14 左。

〔註10〕 譚卓垣先生是中國人早期獲得美國芝加哥大學圖書館學博士（1928 年開始授與，世界大學中最早）的第二人（1933 年）。參見：錢存訓，〈吳光清博士生平概要〉，《中華民國圖書館學會會訊》第 13 卷第 1、2 期合刊，2005 年 6 月，註釋 2，頁 21～23。

UNDER THE CH'ING DYNASTY，1644～1911》（中譯：清代圖書館發展史）一書中就提到：

> Sun's manual, brief as it is, was the only reference book on library economy for private book collectors during the entire nineteenth century. It is surprising how closely the suggestions given in it have been followed by book collectors, and even to～day it still has some influence in the shaping of modern Chinese libraries. Most of the library terminology and the methods of editing catalogues for rare works owe their origin to this little book, to say nothing of the criteria he provides for judging a genuine Sung or Yuan editions. In spite of all the new publications on library science that have been issued during the last few decades, no work which aims to give instructions for private collectors has yet appeared. Unless some work comes out to take its place, Chinese book collectors will have to depend on Sun's for various kinds of information. 〔註11〕

的確，現今圖書館關於圖書管理維護的種種方針，有一些是直接或間接來自於《藏書記要》理論之啓發的。例如，在關於古書的裝訂修裱部分，《藏書記要》中對裝訂線裝書籍方法、原則的仔細說解及其所採用的裝訂術語，對現代圖書館古籍、善本部門的裝裱操作來說依舊具有很大的參考價值。又，如其《藏書記要・裝訂》所云：「糊裱宜夏，摺訂宜春。若夏天摺訂，汗手并頭汗滴於書上，日後泛潮，必致霉爛生蟲，不可不防。」〔註12〕就提到了適合修復書籍的季節考量問題。儘管，這對今日有完善溫度控制設備的裝裱工作室來說已不成問題，但此一觀點以現在的眼光來看，仍是設想周到與符合科學精神的。此外，《藏書記要・編目》中所提示登錄圖書時的豐富「著錄項目」，更是現代圖書館善本部門編目時的基本要求項目。

雖然，現今圖書館相關科學的發達，已非民國初期所能比擬，而有關圖書典藏維護的論文、專著，早也已呈現出汗牛充棟的情況，但這是否意味著《藏書記要》一書，早已經被取代而失去了參考價值呢？答案是否定的。因爲，關於現今圖書館藏書保存維護、管理建設的各式論著，其主要的目標或對象，大部分都只是針對新

〔註11〕Cheuk-Woon Taam（譚卓垣），《THE DEVELOPMENT OF CHINESE LIBRARIES UNDER THE CH'ING DYNASTY，1644～1911（中譯：清代圖書館發展史）》（上海：商務印書館，1935 年），頁 59。該書初版時本爲英文，後來又有徐雁、譚華軍先生的中譯本，並改名爲《清代藏書樓發展史》（與《續補藏書紀事詩傳》合刊一冊，瀋陽：遼寧人民出版社，1988 年 6 月）。

〔註12〕同註 7，頁 12 右。

式出版的書籍文獻、載體來談，也因此，能配合古籍典藏維護作業而闡述的著作不僅零散而且稀少，〔註13〕由此更可見本來就著眼於古籍典藏需要的《藏書記要》之可貴。於是，這部專門針對古籍利用與整理所撰寫的參考書籍，對現今圖書館古籍部門也就具有極大的參考價值與借鑒作用了。例如，《藏書記要・編目》所提及「書房架上書籍目錄及未訂之書、在外裝訂之書、鈔補批閱之書目」的想法，對於現代圖書館「採編」部門如何有效掌握待整、待編的圖書，就有很大的指導作用。另外，《藏書記要・鑒別》則，對於歷來重要圖書版本之分析歸納，亦是現今收藏單位在鑒定古籍版本時的重要依據。

因此，關於《藏書記要》是否有研究的價值這一問題我們可以有如下的回應：如同歷來其它史料文獻的整理、研究一樣，吾人在這裡考慮的重點亦是，到底我們能從這過去的史料記載中得出什麼有意義的東西。當然，就是因為《藏書記要》中記載了當時私人藏書家關於書籍文獻富含文化精神的智識認知，所以他們才會思索各種方法去有效「購求」，並以此為樂；《藏書記要》中也反映出藏書家對書籍內容真實的追求態度，所以他們用心去「鑒別」與「校讎」，並有深刻的心得與體會；另一方面，該書亦表現出對書籍實用價值的重視，故他們積極「鈔錄」與精心「編目」，期使圖書文獻能發揮它最大的功效；最後，該書也展現出古代科學知識與書籍製作工藝的高超水準，而這在「裝訂」、「收藏」與「曝書」等各篇中則有很大的發揮。

總之，吾人可以說，差不多所有古代藏書家們對於圖書收藏的靜態經驗理論和動態實務操作，都已經總結在《藏書記要》裡頭。而探討此書的最大價值或意義，也就在：1. 藉由它去了解古人風貌各異的藏書類型；2. 發掘藏書活動與特定社會文化的互動關係；3. 梳理私家藏書理論的古今發展脈絡。等等方面上了。

第二節　前人研究成果的檢討

歷來對於《藏書記要》的研究型態，主要可分為直接探討的專章，以及在研究藏書典藏管理相關問題時，引用其書而寫作的局部探討性篇章等兩類。以下就試著依時代先後，對直接研究與間接探討的各種論著逐一檢討與剖析。

〔註13〕例如，茲以吳慰慈先生主編的《圖書館學書目舉要》（北京：北京圖書館出版社，2004年10月）為例可知，在全書所著錄的242部圖書館學代表性著作中，關於圖書典藏管理的論著皆以討論現代圖書為內容的主幹，其中就只有王世偉主編的《圖書館古籍整理工作》（北京：北京圖書館出版社，2000年10月）一書，是專就古籍典藏管理來撰述的。

一、直接研究的專著

　　清乾嘉時期藏書家黃丕烈在嘉慶十六年（1811）第一個把《藏書記要》刊刻出來以後，歷來傳刻者就陸續不斷，自此而後也引起晚近不少藏書家、學者們的熱烈反應與廣大迴響。

　　陳謙（約清乾嘉時人，黃丕烈同郡藏書友人。）就認為後世有志於藏書的人，如能「觀此八則，庶不負徒有插架之名也」。黃丕烈則強調該書「言之甚詳且備，蓋亦真知篤好者」所撰述，因而將之刊刻流傳是刻不容緩的事。而楊復吉（約道光時人，學者與出版家。）則認為該書與《澹生堂藏書約》一樣「言之津津」，具有高度參考價值。稍後，繆荃孫則說該書「所記皆甘苦之言，益人識見不少」，所以在他找到更好的本子後，也立即刊刻出版該書。後來葉德輝（1864～1927）更因為該書「詳論購書之法與藏書之宜……語重心長，洵收藏之指南，而汲古之修綆也」，因而模仿也寫了《藏書十約》。另外，對於藏書家趙詒琛（1869～1948）來說，《藏書記要》如同是藏書時的指「導師」父般。

　　總之，上述藏書家、學者們的「序跋、識語」也就成了初步「研究」與「評價」《藏書記要》的先聲了。〔註14〕

　　而可以說是近代第一個去系統探討《藏書記要》內容與價值的人，當屬上節中所提到的譚卓垣先生之《清代圖書館發展史》了。作者在書裡概括地介紹了整本《藏書記要》的內容，並提出若干心得。例如，當討論到《藏書記要‧購求》則時，其云：

> The first deals with acquisition, in which he tells the difficulty of securing books, the joy of obtaining the best editions, the pleasure of sharing experience with other collectors and the satisfaction of owning a rich collection. His treatment is more general and idealistic than specific and practical. 〔註15〕

由此來看，作者對孫氏「購求」書籍的樂趣與理想是頗能領會的。最後，作者下了對整部書的評斷：孫從添這本小冊子，是中國在十九世紀「唯一」出版的一部向當時私人藏書家（藏書樓）們介紹圖書典藏相關技術理論的參考書籍。並且，此書中所提到的各種建議與方法，不但被後來的古代收藏家們視為必讀經典，其影響力甚至還持續到作者生長時代（民國初年）的中國圖書館學術界中。所以，當時圖書館

〔註14〕陳謙跋見各本《藏書記要》後跋、黃丕烈跋見《士禮居叢書》本跋語、楊復吉跋見《昭代叢書》本跋語、繆荃孫跋見《藕香零拾》本跋語、葉德輝見其《藏書十約》自序、趙詒琛跋則見其《上善堂書目》後之識語。

〔註15〕同註11，頁55。

古籍典藏部門、收藏家們編輯善本書目的名詞用語與鑒別宋、元版的原則與方法，常常會參考《藏書記要》的情形也就不足為奇了。〔註16〕

　　之後，從 1981 年到 2002 年之間，共有 9 篇專門探討《藏書記要》的期刊論文。而在專書論文部分，除了藏書史、文獻學相關專書闢有專章專節介紹該書外，一些論文集中也出現了幾篇專文。以下依時代先後逐一介紹與簡評：

（一）王仁富〈我國清代圖書館學的重要著作──讀孫慶增藏書記要〉〔註17〕

　　作者認為孫從添的《藏書記要》所涉及與討論的相關問題，能夠反映當時藏書樓階段圖書館管理工作的全貌。可以說，他不僅全面總結了古代封建社會私人藏書家的技術經驗，也到達了所謂「科學管理」藏書樓的層次。

　　作者並對《藏書記要》所提出的「購求」、「編目」、「圖書保護」等方面的觀點則加以評論。例如，在論及「圖書編目」的理論問題上，他認為《藏書記要》的「編目則」是全書最富於創見的一則，而孫氏所提倡的「編書房架上書籍目錄」，即是要求圖書典藏單位的「採編部門」也要編有此類目錄好去掌握特定圖書的流通狀況，這是他勝過於現今圖書館作法的。

　　在這篇文章中，比較特別的是採用古今對比的方法，這對《藏書記要》於現今圖書館學術的貢獻上，具有很大的理論揭示作用。例如，上面所述及的編目問題，在古與今的直接對比之下，古代與今人理論的不足之處都得到了解決之道。另外，談到圖書的採購原則上，作者亦從諸如「經濟因素」、「交通問題」、「專業鑒別能力」等等主、客觀層面去分析探討，他還對比了古代私人藏書家與現代圖書館採訪編輯人員的處境與作法，的確能說到問題核心。

　　此外，《圖書館學研究》的 1997 年第 5 期，刊載有李晶輝先生所著的〈藏書紀要對清代圖書館學的開拓和貢獻〉一文，細查其內容，明顯全是抄襲王文而來，故不予以置評。

（二）韓淑舉〈孫從添和他的藏書紀要〉〔註18〕

　　作者認為，孫從添《藏書記要》是十九世紀中國「唯一」出版的一部探討如何典藏管理及整理圖書的重要作品，這部著作二百多年來對中國私人藏書理論和藏書管理的發展影響很大。文章探討《藏書記要》的結構，大致可分為「藏書理論」（包

〔註16〕英文原文同上節所引，出處同本論文頁 6，註釋 11。
〔註17〕參見王仁富，〈我國清代圖書館學的重要著作──讀孫慶增藏書記要〉，《吉林省圖書館學會會刊》1981 年第 3 期，頁 117～120。
〔註18〕參見韓淑舉，〈孫從添和他的藏書記要〉，《山東圖書館季刊》1983 年第 4 期，頁 40 ～43，48。

含「購求」、「鑒別」、「鈔錄」、「校讎」)、「保護藏書的具體措施」(包含「裝訂」、「收藏」、「曝書」) 與「完善的編目條例」(包含「編目」) 等三個部分。例如,在校讎問題的分析上,作者提出孫氏校書方法和從事學術研究工作的人是不同的,他其實是為了要「藏書」或「刻書」才去校書,這是一種很講究「版本」的校讎工作(如其對宋版書所採取的不輕改態度)。

另外,本文一開頭,作者就討論了孫從添之所以寫作《藏書記要》的大致時代背景與種種的個人因素問題,能加深吾人對此書的印象。之後,作者所分的三個探討重點,把該書 8 則條例依其內容性質放入各自對應的範圍中,不僅使人易於了解且富有系統性。因而可以說,本文為了方便討論該書所下的歸納功夫是有助於讀者系統認識與理解的。

(三)陳少川〈孫從添的藏書建設思想〉〔註 19〕

作者認為《藏書記要》是中國古代藏書建設理論的總結,不但在中國古代圖書館發展史上具有重要意義,即使在今日,對於現代圖書館藏書建設理論的研究依舊具有其參考價值。對於孫氏的 8 則條例,作者採取孫氏書中所提示的理論順序依次去探討,特別的是,作者在每一則的討論中,都會把此則的內容重點所在採用大綱提示法歸納條列出來,讓讀者進入到文章的具體討論前,就能對此則的內容大概有一個初步的認識與了解,這則是作者考慮周到的一種貼心做法。

例如,在談到該書的鑒別法則時,作者將孫氏所提出鑒別書籍時所應關注的重點做了條列式的說明,也就是說,要先考察該圖書的:1、成書的時間和地點。2、版刻的年代和重版情況。3、鈔本、底本的流傳得失和目前的收藏情況。4、各代圖書的特點等。

之後,作者還提示了孫氏上述四種鑒別項目的資訊來源,亦即:孫氏不但參考、翻閱了多種的書目資料、詩文序跋,而適時尋求各地圖書收藏家的諮詢與協助,則也是重要的一環。總之,像孫氏這樣勤找勤問絕對是能順利掌握古籍知識和歷代著述情況的不二法門。

又,在談到書籍「裝訂」工序時,作者首先歸納了一般裝訂的四種作用:1、修破補舊,延長使用壽命。2、便於長久地使用。3、美觀。4、有利於收藏保管。緊接著,作者則提出了孫氏的裝訂要求:「裝訂書籍,不在華美飾觀,而要護帙有道。款式古雅,厚薄得宜,精緻端正,方為第一。」即適時的凸顯了孫氏對於書籍裝訂的特別之處,對於吾人印象的加深也有一定幫助。

〔註 19〕參見陳少川,〈孫從添的藏書建設思想〉,《津圖學刊》1986 年第 2 期,頁 121～128。

（四）陳少川〈孫從添的圖書編目理論淺析〉〔註20〕

　　作者先前〈孫從添的藏書建設思想〉一文，專就《藏書記要》整體藏書理論來談。其中，當時受到他極度推崇而且還視為是一種「科學管理」圖書類型的《藏書記要‧編目》則，在當時因為限於篇幅所以著墨並不太多。作者有鑑於《藏書記要‧編目》則中所提出的圖書編目理論和方法闡釋，可以說是對近百年來各類公私圖書館（藏書樓）編目工作具有重要影響力的專門論著，所以對於該書關於編目理論的探討也就顯得迫切需要。這即是本文的寫作與論述動機。

　　本文主要分三個部分來談：亦即「孫從添生平及主要學術著作」、「孫從添的圖書編目理論」、「孫從添對我國圖書編目理論的貢獻」。

　　第一個部分，談到孫從添因為藏書的來之不易與愛好圖書之情所驅使，才會想要思考撰述可以善加利用藏書的科學管理方法——「編目」理論。第二部分，對於孫從添的圖書編目工作，作者歸納出其要求重點在於：「圖書編目意義的認知」與「編者的知識水準」兩點上，而具體的編目設計需求則視圖書的使用情況與圖書的本身價值而定。之後，對於因不同需求而編制的種種目錄，作者逐一的闡釋與說明。第三個部分，提出《藏書記要》對圖書編目理論的歷史貢獻，亦即：1、《藏書記要‧編目》是我國歷史上第一部系統地論述編目思想與編目方法的專著。2、孫從添所提出的編目理論大大地提高了圖書的檢索點。3、孫從添提出的「宋元刻本鈔本目錄」和「書房架上書籍目錄及未訂之書，在外裝訂之書、鈔補批閱之書」書目極大地豐富了我國古代的圖書編目理論。

　　最後，作者也提出了孫氏《藏書記要‧編目》則的缺點與侷限所在，也就是：孫從添在他的一生中僅僅是對他的編目理論進行了總結與宣傳而已，但他卻沒能進行具體的實踐。而吾人從他所著《上善堂書目》的著錄格式仍是相當簡略的來看，就說明了這一點，其中，孫氏當時所處社會知識水準與科學層次的限制，當然是造成這種結果的最大因素。

（五）謝灼華〈孫慶增其人及其書〉〔註21〕

　　作者認為該書涵蓋了封建社會公私藏書單位關於「收集」、「鑑別」、「整理」與「保管」等各方面的工作過程，充分體現了身為一本圖書館管理技術書籍的系統性，而這也是超過前代各種圖書館（藏書樓）管理著作的。本文的探討方向，大致可分為「孫氏生平家世的考證」、「《藏書記要》的出版與流傳情況」與「《藏書記要》的

〔註20〕參見陳少川，〈孫從添的圖書編目理論淺析〉，《晉圖學刊》1989年第4期，頁54～57。
〔註21〕參見謝灼華，〈孫慶增其人及其書〉，《圖書館學通訊》1986年第4期，頁77～87。

內容與價值闡釋」等三項。

第一個部分，作者使用不少篇幅考證孫氏生活的確切時代，並得出孫氏大約生於康熙初年而卒於乾隆初年，而他藏書生活的經歷與轉折和他生長時代、環境的學術文化風氣則是息息相關的。第二個部分，作者對於該書的流傳情形與其對後世藏書家的影響部分做了基本的探討，可視為在進入該書內容探討前的外部範圍評介。而最後一個部分，作者進入到了《藏書記要》的具體內容探討，並分別從：1、「藏書購求與鑒別問題」（「購求」、「鑒別」、「鈔錄」）。2、「藏書整理的問題」（「校讎」、「裝訂」）。3、「藏書編目問題」（「編目」）。4、「書樓設備與藏書保管方法問題」（「收藏」、「曝書」）等四點上說明其影響與貢獻。

例如，談到圖書整理的校對問題上，作者就具體地將孫氏所提出的各式校勘方法，重點歸納為「請教專家」、「共同討論」、「多次校改」、「不同書籍用不同校法」、「講究校勘方法」等 5 種。作者並且認為，圖書校讎的工作如果能夠達到完善，不論對藏書家自身收藏質、量的確保有好處，而將來書籍刊刻出版後則也是利人利己的，亦即，藏書家如能重視校讎工作，最後受益的人除了自己，其他讀者、藏書家亦能同享好處。所以，作者認為孫氏對於校讎工作的重要影響具有極深刻體會。

本文值得一提的是，作者最後也提出《藏書記要》在圖書館藏書理論方面的不足之處，亦即：在圖書館學思想的發展上，該書沒有把圖書館技術總結歸納到理論高度，而只是圍繞圖書館管理技術方法上敘述。因此，就聚書、鑒書各條而言，其理論化程度甚至還趕不上明末祁氏《澹生堂藏書約》。而對此一因時代而造成侷限的論斷與評價問題，則是吾人今後要思考面對的。

本篇文章之後又被收在謝灼華先生 2004 年出版的《藍村讀書錄》一書，並改動篇名為〈孫慶增的藏書記要〉。〔註 22〕其中討論問題之文章字句大致相同，值得注意的是，作者在孫從添生卒年的問題上，於註釋中提出了不同以往的闡述與說明。〔註 23〕

〔註22〕 參見謝灼華，〈孫慶增的藏書記要〉，載於其所著，《藍村讀書錄》（石家莊：河北教育出版社，2004 年 12 月），頁 85～95。

〔註23〕 現引錄如下：「關於孫慶增生卒年，目前有如下說法：嚴佐之《近三百年古籍目錄舉要》稱孫生於康熙四十一年（1702 年），卒於乾隆三十六年（1771 年）。王大隆《藏書紀事詩附補正》引唐大烈《吳醫匯講》一書稱：（孫）年七十六歲，歿於乾隆丁亥，即 1767 年。而徐雁編《中國藏書論著讀本》一書稱孫生於康熙三十一年（1692 年），卒於乾隆三十二年（1767 年）。筆者於 1986 年著文時（即本文）曾推測孫生於康熙初年，卒於乾隆初年，似論斷有誤。今並錄存於此。」參見：同註 22，頁 95。

（六）陸大峰〈清代藏書家孫從添藏書八則述略〉〔註24〕

　　作者認爲，孫從添「藏書八則」一方面反映了中國古代封建藏書樓的基本風貌，另一方面也體現孫從添在藏書事業中所作的努力。他的藏書八則中的很多提法和我們現代圖書館的工作方式有不少相似之處，是相當值得今日古籍收藏單位或個人收藏家去借鑒的。最後，作者也提出了《藏書記要》的不足之處，乃是受了當時社會環境限制之影響的緣故。

　　對於孫從添所提出的八則，作者採取一一逐項說解的方式，從書籍的「採購」原則說起，談到最後的「曝書」方法，把看似彼此不相關連的各則巧妙連接起來，使讀者能從中獲得一個整體的理解概念。

　　例如，談到圖書的取得過程與後續處理工作時，他認爲「購求」除了是達到書籍「數量」的增加外，「質量」的要求提升也同樣很重要，所以購買的同時施以「鑒別」的步驟也就很必要了。而圖書版本中的重要類型「鈔本」是藏書家經過仔細的鑒別後始能購求或鈔錄的，所以也就更要審愼地「鈔錄」以確定其能順利的爲己所用。當然，鈔錄書籍前後爲確保該書不誤己或誤人，仔細認眞的「校讎」工作自然很重要。凡此種種，皆表現出作者企圖將看似不相連屬的「購求」、「鑒別」、「鈔錄」、「校讎」等圖書內容整理的部分，視爲一種連貫的工作來方便整體看待的用心之處。

（七）王昭華〈孫從添與藏書紀要〉〔註25〕

　　作者認爲，孫從添雖然不算是私人藏書界的「大家」，但他累積一生藏書經驗所撰寫的《藏書記要》，不僅僅在中國圖書史與私家藏書發展史上占有很重要的地位，同時也是古代中國第一部系統論述圖書館（藏書樓）活動的專著，所以該書對私人藏書家或圖書收藏單位都有很大的參考價值。接著，作者採用重點式的條列方法，對該書8條藏書的法則，都作了簡要的提示說明。最後，作者還把歷來古今《藏書記要》的各種版本作了基本的展示與說明，也間接地顯示該書爲古代及後世推崇的狀況。

（八）鄭炳純〈關於《文瑞樓藏書目》和《藏書紀要》〉〔註26〕

　　作者寫作該文，起因於1956年秋天杭州寶貽齋書店從湘潭藏書家龔僴南（生卒年不詳）家收了一批舊書，當中有毛裝十冊的舊抄本書目一種，既無書名也無卷數，

〔註24〕參見陸大峰，〈清代藏書家孫從添藏書八則述略〉，《青海圖書館》1987年第4期，頁35～37。

〔註25〕參見王昭華，〈孫從添與藏書紀要〉，《四川圖書館學報》1991年第4期，頁78～79。

〔註26〕參見鄭炳純，〈關於《文瑞樓藏書目》和《藏書紀要》〉，載於中華書局編輯部編，《中華文史論叢：第一輯》（北京：中華書局，1993年9月），頁352～356。

而其卷首則正好冠有孫從添《藏書記要》一書。後來，該部書則以《文瑞樓藏書志》的名義賣給了北京圖書館。爲了弄清楚此書的眞正來歷與正確的名稱問題，作者利用了一些相關材料做了考證。

首先，因爲該抄本中縫下寫有「文瑞樓」三字，正好是清初藏書家金檀（約 1660～1730）的藏書樓名。在比對了通行本的《文瑞樓書目》後，作者發現該抄本中所收錄，不僅均是時代範圍從北宋到明崇禎時期的集部書籍，且著錄內容也比通行本書目詳細。而單就集部書的數量來看，也比通行本書目多。因此，作者認爲這個抄本與通行本傳抄自較後來的本子不同，它則應當是依照金檀的原本所傳抄的。之後，他又發現丁丙（1832～1899）《八千卷樓書目》中著錄有《文瑞樓集部題要》十二卷和《藏書記要》一卷的鈔本。於是，他開始懷疑這二個鈔本與北京圖書館所藏是相同的一部書，而只是分別著錄罷了。

先前，湘潭龔偉南的鈔本是得自同郡藏書家袁芳瑛（1811～1859），而繆荃孫《藕香零拾》本《藏書記要》所據以刊刻之鈔本又得自袁芳瑛，於是作者認爲繆氏所借之本，即爲流到龔氏手中冠於《文瑞樓藏書志》卷首之《藏書記要》。

黃丕烈《士禮居叢書》本《藏書記要·跋》提到他刊刻所據的鈔本乃是得自金檀的孫子金心山（約？～1798），後來他聽到友人錢唐何夢華（即何元錫，1766～1829）說《藏書記要》本來有附在《文瑞樓書目》後面，但在黃氏所看到的通行本中卻無附錄，所以他認爲要趕快把《藏書記要》刻出來以公諸藏書同好們。

對於這個說法，作者則認爲，何夢華尙且還知道《藏書記要》原附於《文瑞樓書目》後，但不是在顧修（生卒年不詳）所刻之通行本裡。因爲黃丕烈得到的是單行之本，所以只知道書目已刻，而不知道文瑞樓曾編有附錄《藏書記要》的「集部題要」。

北京圖書館藏本沒有書名，而開頭冠以《藏書記要》，可知「題要」只有收錄集部。而丁氏藏本本來也無書名，《文瑞樓集部題要》只是依內容暫定，並非金檀自取此名。不過，當時金檀集部題要附有《藏書記要》是可以確定的。

1977 年，作者又輾轉得知浙江省圖書館亦藏有與丁氏所藏相同的十二冊鈔本，但作品卻只收到明正德時，作者認爲這部鈔本當是比較早傳抄自金檀的，而北京圖書館所藏之所以只有十冊則是缺少了二冊的緣故，不過這三部書同出一源是可確知的。

在釐清了這部書的來歷後，作者則分別作了評價與期許云：「《文瑞樓集部題要》，雖限於集部書，然中多罕見之本，且編寫於康雍間，避忌尙少，所記述必有可補後來公私書目之闕者。姚名達氏輯著《中國目錄學年表》，已不知有此『題要』本，

二百多年來若存若亡，刊布不容再緩。孫氏《藏書紀要》，在我國藏書史上佔有特殊位置，解放後雖然有新印本，仍待重校，使成完善之本」。

（九）蕭碧雲〈藏書史上兩部頗有價值的專著——澹生堂藏書約、藏書記要述評〉〔註27〕

作者認為《澹生堂藏書約》、《藏書記要》是明清時期較有影響的兩部關於藏書的專著，對古今之古籍整理和圖書資料工作，都有借鑒和參考作用。針對祁、孫二氏理論中購求、鑒別與編目部分，作者採用分別介紹再綜合評價的方法。

例如，在購求方面，他認為孫從添的購書六難，不但總結了購書的經驗和方法，而且概括了購書過程中的酸甜苦辣。與祁氏相較，孫氏購書的體驗深切而入微，常常引起讀書人的共鳴。又，在鑒別方面，祁氏的鑒書五原則是從圖書的四部、圖書的名稱和內容、圖書的用途、圖書的目錄和類別，來系統的多方面評價鑒別。而孫氏對圖書的鑒別則側重於圖書版本。他則認為這兩部書從不同的角度論述了對圖書進行鑒別的方法，是可以互相照應補充的。

最後，針對祁、孫二書的時代侷限，作者論述云：「《藏書記要》對藏書著重介紹了具體方法，而不能作『辨章學術，考鏡源流』的研究，所以缺乏探求原理、考核得失的系統理論。……而祁氏在分類上表現的『尊經』思想和禁止藏書外借等都是應該批評的」。

（十）徐雁〈藏書紀要〉〔註28〕

作者認為與晚明祁承㸁（1562～1628）在《澹生堂藏書訓略》中僅談「購書」和「鑒書」兩項論題不同的是，孫氏《藏書記要》將涉及的範圍擴充到了私家藏書活動中所不可或缺的「購求」、「鑒別」、「鈔錄」、「校讎」、「裝訂」、「編目」、「收藏」和「曝書」等八個環節。而值得注意的是，孫氏所列舉的「裝訂」、「編目」、「收藏」和「曝書」等種種原則與方法，對於今日各大收藏單位的古籍典藏管理者來說，則都是極具參考價值且值得借鑒的。

文章一開頭，作者對於常熟當地藏書文化的淵源作了一番論述，而這樣一個私家藏書素有傳統的地區，會產生一部旨在向同道傳授藏書經驗與方法的作品也就很自然了。對於孫氏的藏書8則，作者首先點出了藏書家汲汲求書的心態而先談到購

〔註27〕 參見蕭碧雲，〈藏書史上兩部頗有價值的專著—澹生堂藏書約、藏書記要述評〉，《阜陽師院學報（社科版）》1996年第2期，頁113～117。

〔註28〕 參見徐雁，〈藏書紀要〉，載於其所著，《滄桑書城》（長沙：岳麓書社，1999年4月），頁175～178。

求問題，作者分析因爲孫氏想要「欲揚先抑」，故一開始就提出了所謂「求書六難」說。接著，很自然地爲了解決求書的困難，具有絕佳的鑒別能力也就很必要了。且在仔細的挑選買入書籍後，爲了保證書籍內容的正確，不可少的功夫當然爲校讎。之後的裝訂與編目乃至於後頭的收藏與曝書問題，作者也都極精要的點出孫氏與眾不同的獨特之處，而且利用補充說明的方式，爲吾人提供了重點式的概括。

最後，作者還對《藏書記要》最初的流傳狀況與後來的影響問題作了簡要的說明。而特別的是，其中提到在 1792 年時，該書的一個鈔本由金檀之孫金心山贈與陳謙且間接的傳到黃丕烈手上後，該書從此不僅成爲了黃氏《士禮居叢書》中的一部分，也開始了它對後世廣泛流傳與影響的第一步。

之後，在 2001 年時，本篇文章被收到由傅璇琮、謝灼華先生等人所編的《中國藏書通史》一書中，成爲了該書探討〈清代藏書活動的學術總結〉篇章中的一節並且更名爲〈孫從添和他的《藏書記要》〉。〔註 29〕此篇文章內容探討部分沒有很大的修改，只是增加引用了謝灼華先生在其〈我國古代藏書建設理論之發展〉一文中對於《藏書記要》重視「鈔錄」所產生的影響與貢獻之說法。〔註 30〕

（十一）范鳳書〈論藏書家孫從添及其藏書紀要的學術價值〉〔註 31〕

作者認爲孫從添是一位長期研究善本收藏且具有豐富藏書實踐，對藏書活動有一系列收藏經驗並進行過全面系統深入的探考和研究，可說是對後世藏書活動有很大影響力的藏書家。范鳳書先生寫作本文，除爲直接探討《藏書記要》外，另外就是爲了突顯常熟地區這一中國私家藏書聖地，以期得到共鳴而使該地之古今藏書事業得到社會和學界的重視。

首先，作者引用了常熟當地的「鄉邦文獻」——《（光緒）常昭合志稿》與《吳醫匯講》等書去考察孫從添的準確生長年代與所處環境風氣，使讀者能夠先得知其生平概況。接著，他介紹並列舉了古今的《藏書記要》版本有十四種之多，以供讀者閱讀時的參考。最後，他將歷來後世學者對於該書的重要評價（即黃丕烈等藏書家之序跋題識）重點整理並展示於後，並由此得出其所認爲《藏書記要》的學術價

〔註 29〕參見傅璇琮、謝灼華主編，《中國藏書通史》（寧波：寧波出版社，2001 年 2 月），頁 1012～1015。

〔註 30〕現引錄如下：「在藏書建設中，孫從添特別強調鈔錄，他認爲：『書籍中之秘本，爲當世所罕見者，非抄錄則不可得』。這種看法從廣泛地搜羅資料來看，應當是值得贊許的」。參見：謝灼華，〈我國古代藏書建設理論之發展〉，《圖書情報知識》1982 年第 2 期，頁 8～14。

〔註 31〕參見范鳳書，〈論藏書家孫從添及其藏書紀要的學術價值〉，載於曹培根等編，《常熟藏書家藏書樓研究》（上海：上海文化出版社，2002 年 8 月），頁 160～164。

值乃在於：第一，《藏書記要》的揭示提高了對書籍作用、藏書意識的認識，亦即其書中所提「書籍」、「藏書活動」是與社會精神文明建設息息相關的。第二，該書充實豐富了藏書學的實踐技術，超過了宋代鄭樵《通志・校讎略》、明代高濂《遵生八箋・燕閑清賞箋・論藏書》及祁氏《澹生堂藏書約》等所討論的內容層面與價值意義，它的探討範圍全面且技術說明具體化的特點，對後世私家藏書活動更起到了莫大的指導和推動作用。

二、間接探討的論著

歷來學者對於《藏書記要》的評論及介紹，除了專門的著作外，大都散見於各式各樣有關「圖書史」、「藏書史」、「藏書整理」主題的專門著作或單篇論文中。其中，有談論到古今藏書保護技術而引用該書據以證明其論點；也有研究古今圖書典藏管理的方法而評價其說法或理論；亦有因探究古今藏書文化而視其爲關鍵且必要去論及的；而有更多的則是講述古今藏書理論的發展階段時所必須納入說明的。

凡此，皆說明《藏書記要》一書對我國圖書典藏問題探討上的獨特理論性與重要關聯性。因而，吾人如果能弄清楚該書理論承先啓後的內容特點爲何，及其在圖書史中所處的關鍵位置的話，對於未來圖書館的古籍圖書典藏管理工作將會有不小的助益。

（一）作為評價古今圖書典藏管理的參考

1. 維護技術方面

因爲《藏書記要》全書皆是孫從添在實際藏書活動中的經驗體會，而之後的歷史發展也證明了他的某些論點是古今通行且到處適用的。例如，「收藏」書籍時要注意到應該有專人負責與按時檢點藏書，即與現今圖書館專人、按時管理的觀念一致。所以，該書某些觀點在現今古籍保護技術的討論上就很具代表性了。

例如，1981 年徐位營先生的〈圖書的霉害及其防治〉一文，在談到圖書霉害的防治方法時，就將《藏書記要・收藏》則所提示典藏圖書要時刻保持「通風」、「透風」以防潮、防霉的觀念，視爲是合乎科學管理的。〔註32〕而 1984 年徐雁先生〈我國古代典藏保護技術述略〉一文，談到圖書裝幀的歷史發展時，就認爲《藏書記要・裝訂》則所提到「裝訂書籍，不在華美飾觀，而要護帙有道」的講法，可說是後來中國古代古籍裝幀保護技術發展維持長久不變的「基本原則」。〔註33〕

〔註32〕 參見徐位營，〈圖書的霉害及其防治〉，《吉林省圖書館學會會刊》1981 年第 4 期，頁 25〜26。
〔註33〕 參見徐雁，〈我國古代典藏保護技術述略〉，《圖書館學研究》1984 年第 1 期，頁 100

另外，1991 年吳慰慈、劉茲恒先生等所編的《圖書館藏書》一書，其中第十一章〈圖書館藏書的保護〉第四節在講到古代藏書保護技術時，就引用了《藏書記要‧收藏》則中關於利用「皂角防鼠」的技術方法，來說明清代人對「藥物防治害蟲技術」的掌握程度所在。〔註 34〕而同年洪王徽恢先生的《台灣地區中文善本圖書蟲害防治之研究》中第三章〈中文善本圖書之主要組成材料〉第四節在講到書籍裝訂時使用材料的「縫線」問題時，就引用該書裝訂則所提到的「清水白絹線」去說明清代裝訂修裱書籍所利用的縫線類型與形式。〔註 35〕

2. 管理作法方面

古代私人書籍典藏維護的方法或許在細節上與現代圖書館管理制度與作法有別，但其共通的觀念與基本精神卻是永不改變的，而《藏書記要》藏書理論的古今適用，則是說明此一情況的絕佳例證。

例如，1986 年李家駒先生的「我國古代圖書典藏管理的研究」論文，在其第四章第三節談到藏書管理下的「藏書編目」問題時，對於藏書家書籍入藏後的著錄登記工作做了闡釋說明，他並且認為《藏書記要‧編目》則的討論是最為詳盡的，而且就其著錄的詳細程度就算是與今日圖書館編目相比較，也是有過之而無不及的。〔註 36〕而 1991 年張樹華先生的〈中國古代藏書的管理制度和管理方法〉一文，在論及古代藏書管理方法中的「藏書保護」時，就特別提出《藏書記要》所說到的書籍裝幀技法、書籍收藏原則與防火、曝書細節等內容，並認為該書是古代談論這些問題的總結性作品。〔註 37〕

另外，1997 年譚祥金先生的《圖書館管理綜論》一書，第二章在談到古代「圖書館管理」時，就認為孫從添是清代藏書家與圖書館學家的第一人。而他的代表作《藏書記要》更是一部全面總結私人藏書技術經驗的作品，而值得注意的是，該書更是一部把私人藏書目錄的編纂和目錄體系的完善，從理論上進行了高度概括和詳盡闡述的著作。〔註 38〕

～104。

〔註 34〕 參見吳慰慈、劉茲恒編，《圖書館藏書》（北京：書目文獻出版社，1991 年 2 月），頁 231。

〔註 35〕 洪王徽恢，《台灣地區中文善本圖書蟲害防治之研究》（台北：漢美圖書有限公司，1991 年 10 月），頁 31。

〔註 36〕 參見李家駒，「我國古代圖書典藏管理的研究」（台北：中國文化大學史學研究所碩士論文，1986 年 6 月），頁 112～113。

〔註 37〕 參見張樹華，〈中國古代藏書的管理制度和管理方法〉，《圖書館雜誌》1991 年第 5 期，頁 17～19。

〔註 38〕 參見譚祥金，《圖書館管理綜論》（北京：北京圖書館出版社，1997 年 3 月），頁 15

（二）作為剖析古今藏書文化的引證

具有悠久歷史的中國古代私人藏書活動，因有高度的實用性與理想性，是歷史上不同時代與任何地方的文人、學者們所熱衷從事的。而去探討他們的藏書活動之種種內、外在風貌，我們也看到了不同時代、不同地點之藏書文化所蘊含的內在意義。

例如，1996年桑良至先生的〈曝書會——藏書文化活動之一〉一文，就對於歷代文人學士們視之為文壇雅事的曝書活動有過一番深入的剖析。其中，作者對於孫從添因為很羨慕漢唐時代藏書家有經常的曝書活動，而想要藉由《藏書記要·曝書》則之詳細論述進而能夠達到推廣曝書活動的想法，則做了屬於藏書文化方面的解讀。〔註39〕而在2000年，謝灼華先生的〈試論清代江南常熟派藏書家〉一文，在談論到了「常熟派」藏書家的傳統藏書文化特點時，針對常熟派藏書家們特別注重裝幀，講求保護圖書方法的傳統，特別提出了孫氏《藏書記要·裝訂》一則，來說明常熟地區藏書家們對於書籍「裝訂」原則、技術上的高度要求之總結。〔註40〕同年曹培根先生的〈古今私家藏書流派及虞山派、浙東派論析〉一文，在講到常熟「虞山派」藏書家們收藏圖書的內容特質時，就引用了孫從添《藏書記要·鑒別》則中所提到「藏書之道，先分經史子集四種，取其精華，去其糠秕，經為上，史次之，子集又次之，……所以書籍首重經史，其次子集。」的說法，進而總結了常熟虞山派藏書家的書籍收藏傳統：亦即偏重正經正史，尤其尊經。〔註41〕又，同年白銘、張麗英先生等的〈中國古代藏書文化中的人文精神〉一文中，在探討到古代藏書家們之「樂道精神」時，就曾利用《藏書記要·購求》則中：「至於羅列已多，收藏既富，牙籤錦軸，鱗比星章，不待外求而珍寶悉備，以此為樂，勝於南面百城多矣。」所言，極巧妙地把古人愛書而且樂於讀書的心態，視為古代藏書家的人文精神特質之一。〔註42〕

另外，1999年周少川先生的《藏書與文化：古代私家藏書文化研究》一書，其中的第四章〈古代私家藏書的基本模式〉在談到古代私人藏書家對於收藏書籍的「措理之術」：即「求書」、「鑒別」、「保藏」與「管理」等方法時，就認為孫從添《藏書

~19。

〔註39〕參見桑良至，〈曝書會——藏書文化活動之一〉，《大學圖書情報學刊》1996年第4期，頁36～37。

〔註40〕參見謝灼華，〈試論清代江南常熟派藏書家〉，《江蘇圖書館學報》2000年第1期，頁43～46。

〔註41〕參見曹培根，〈古今私家藏書流派及虞山派、浙東派論析〉，《常熟高專學報》2000年第1期，頁105～109。

〔註42〕參見白銘、張麗英，〈中國古代藏書文化中的人文精神〉，《華北水利水電學院學報(社科版)》2000年第4期，頁52～54。

記要》所論及的 8 則藏書理論，不論在藏書活動日益興盛的當時或清代以後，都是具有很大影響力的一部藏書理論、技術方法專著。〔註43〕

（三）作為討論藏書樓對圖書館發展有所影響的顯例

　　古代的藏書樓能夠發展到今日圖書館的完善規模，在創建的緩慢過程當中充滿了各種古今人、事、物的影響或啓發，而對古代中國圖書事業的發展而言最重要的影響，當屬歷來各藏書家的藏書原則與愛書心態了。而究竟古代藏書家的何種精神與法則，在經過長時間的歲月考驗後，是能保持不變而繼續流傳後世的呢？就這一點，吾人從孫從添《藏書記要》中所能給予後代學者的豐富研究取材資料上，就可以很清楚的看到。

　　例如，在 1984 年況能富先生的〈中國十五至十八世紀圖書館學思想論要〉一文，作者認爲明、清兩代是中國圖書館學的經驗科學內容大發展乃至於成熟的重要時期。而孫從添的《藏書記要》就代表了此一時期圖書館（藏書樓）「整理說」的最成熟作品。最後，他更以「封建私人藏書家」黃丕烈與「現代圖書館學者」譚卓垣等人的話爲證明，視孫氏此書中所反映的圖書館學思想，早已具備有近現代圖書館的品格了。〔註44〕而在 2002 年，韓淑舉先生的〈中國古代圖書館學思想述略〉一文中，作者認爲古代中國對現代圖書館學的逐漸認識是一個連續發展的過程，在這個過程中古代的圖書館學家（藏書家）不斷在實際工作中進行探索、總結，因而出現了許多關於圖書館學方面的論述，這些論述更是吾人學習現代圖書館學時「古爲今用」的好材料。而他在該文中討論〈中國古代圖書館學思想發展階段——明清〉這一小節時，就特別把孫氏《藏書記要》中對於「藏書建設理論」、「藏書措施」、「技術的進步」等方面的獨特論述提出來加以說明闡述，並以此視該書爲清代圖書館學「整理說」的代表作品之一。〔註45〕

　　綜合上述可以知道，先前的研究篇章因爲都是爲短篇的專論或僅僅只是引用或附帶提及《藏書記要》的緣故，所以它們不但無法講得詳細深入，而且有些地方的論述更顯得片面而不顧全體。

　　例如，王昭華先生的〈孫從添與藏書紀要〉一文，對於孫氏藏書理論中份量與

〔註43〕 參見周少川，《藏書與文化：古代私家藏書文化研究》（北京：北京師範大學出版社，1999 年 4 月），頁 211～212。

〔註44〕 參見況能富，〈中國十五至十八世紀圖書館學思想論要〉，《武漢大學學報（社會科學版）》1984 年第 4 期，頁 90～96。

〔註45〕 參見韓淑舉，〈中國古代圖書館學思想述略〉，《四川圖書館學報》2002 年第 1 期，頁 70～75。

重要性皆不能小看的「收藏」一則，也只能說到如下般寥寥數語而已：「孫氏從防火、防盜、防蟲、防潮諸方面談及圖書保護之法，言之甚詳。其中種種方法，對我們今天的古籍保護工作有很大的借鑑作用」。〔註 46〕又如，桑良至先生的〈曝書會——藏書文化活動之一〉一文，在引了該書「曝書」則全文後，受限於寫作的重心，也僅能做到向讀者介紹孫氏有此一說了。〔註 47〕

　　而謝灼華先生的〈孫慶增其人及其書〉一文，如果與其他幾篇專論相比的話，他對該書內容的討論算是比較詳盡的。不過，因為謝灼華先生該篇文章的寫作年代比較早，所以前面花了比較多的篇幅，在考證現今早已經有定論的孫從添的生卒年與生平事跡上，以致於後頭對本文的分析也就被壓縮掉了。例如，在對孫氏「編目」理論作討論時，謝灼華先生除了討論「大總目錄」與「宋元刻本、鈔本目錄」外，對於最特殊的「分類書櫃目錄」、「書房架上書籍目錄及未訂之書、在外裝訂之書、鈔補批閱之書目錄」就說得很簡略甚或隻字未提了。〔註 48〕

　　另外，就算是專就孫氏「編目」理論而去探討的陳少川先生的〈孫從添的圖書編目理論淺析〉一文，也因為限於篇幅，而對於孫氏編目理論的具體影響與其自身實踐的部分，就沒有進一步多作說明了。〔註 49〕

　　總之，很多時候，本來短篇文章的侷限就在於：皆僅能簡短地概述所研究書籍的內容或特點所在，而無法作全面、詳細的觀照。所以，常常該書很多精華的部分因此被忽略掉也就不奇怪了。而既然，如前述，《藏書記要》中的每一則，都包含有古代私家藏書理論的各式精華成分，能夠完整的探討其內容特點與貢獻所在當然是最好的，故為了避免因忽視掉任何一則而造成遺憾，能有一部可以全面分析該書具體內容與實際影響的論著也就很必要了。

第三節　研究範圍與討論方法

一、研究範圍

　　孟子（前 372～前 289）對於詩的文學批評的方法，曾提示過要利用「知人論世」的原則，其意思是說要正確理解作品，應該了解作者的生平和時代，才能避免主觀

〔註 46〕同註 25，頁 79。
〔註 47〕同註 39。
〔註 48〕同註 21。
〔註 49〕同註 20。

臆斷。而吾人欲研究清代初期孫從添的《藏書記要》一書，除了該書本身的內在、外延分析外，其人之生平背景與所生長時代的社會環境亦是要先去討論的重點。又，作者除了《藏書記要》這一作品外，其他可以用來當作佐證或補充說明的作品，當然也同樣是吾人必須去分析考察的對象。

另外，一部作品之所以能夠問世，前代作品的影響力絕對是少不了的，所以，對於前人相關作品的探討也成了更加豐富與充實《藏書記要》之研究的必備內容。相對的，一部作品完成後，對後世思想的啓發與相關作品的影響也是持續存在的，故對於《藏書記要》對後世激起的漣漪也是要一併結合探討的。而針對《藏書記要》的這種前後相承的特質，就曾有學者說過：

> 《澹生堂藏書訓略》、《上善堂藏書記要》和《觀古堂藏書十約》是中
> 國藏書史上三部時代大致接續的藏書技術經驗著作，是研究十七世紀以來
> 中國私家藏書的極其珍貴的文獻史料。〔註50〕

所以，對於這種上下「接續」關係的深入探討與演變分析，除了有助於吾人對該書的理解外，也將有助於釐清古今藏書理論發展的脈絡。

因此，在這裡試著對本論文的研究範圍做個定義：亦即本論文雖然是以《藏書記要》為研究主軸，但為了加強研究時的討論深度與涉及廣度，適時的觸及諸如作者生平交遊、所處社會環境及相關理論作品等外沿部分並作探討，則也將是本篇論文之研究得以順利進行與有效推論的必要過程。

二、討論方法

本文共分為八章，首章「導論」，首先對於研究該書的緣起、前人研究成果與研究方法進行必要的說明與檢討。次章則為「孫從添的傳略與著述」，旨在探討孫氏家世生平交遊、學術著述的情況。第三章為「《藏書記要》撰述的時代背景」，專就《藏書記要》成書的時代、學術環境去討論，重點在於該書之所以產生的學術與文化背景上。第四章為「《藏書記要》問世前後有關理論傳承的重要著作」，對於該書藏書理論承先啓後的問題上作一整體性的梳理。而第五章、第六章與第七章則分別為「《藏書記要》藏書建設思想與方法（上）：有關『蒐集』方面」、「《藏書記要》藏書建設思想與方法（中）：有關『整理』方面」與「《藏書記要》藏書建設思想與方法（下）：有關『維護』方面」等，則是深入去探討《藏書記要》中關於藏書建設思想精髓的8則之內容特點與其各別對現代圖書收藏單位的影響與貢獻。第八章為「結論」，即

〔註50〕 同註2。

是對於該書在中國圖書文獻學史上的貢獻作一整體性的總結與闡述。

　　本篇論文爲採用歷史研究法，將以《藏書記要》本文及其相關佐證資料（如孫從添的傳記資料、其藏書目錄、孫氏的其它作品、個人書序跋文等。）爲經，而以其他的相關文獻資料（如方志、同時代學者的詩文著作、諸家藏書目錄、目錄版本學專著、現代圖書館學論著等。）爲緯，去加以分析、綜合及歸納，以期使《藏書記要》對於古代藏書家與現代圖書館學的貢獻與影響，能有具體而富系統性的結論。

第二章　孫從添的傳略與著述

第一節　傳　略

一、生平家世與所處環境

　　孫從添，字慶增，號石芝，江蘇省蘇州府常熟縣人（今江蘇省蘇州市常熟市），
〔註1〕清初藏書家，建有藏書樓「上善堂」。生於清康熙三十一年（1692），卒於清
乾隆三十二年（1767），終年 76 歲。

　　與清代以眾多藏書或其它事蹟聞名於世的知名藏書家相比，不論在身份地位或是
藏書的數量上，孫從添都是不容易受到時人及後世注意的一種類型。生長在康熙中葉
到乾隆中葉之間的孫從添，其身份出人意表的竟是一個貧窮而又只是暫時"僑居郡
城"討生活的醫生。像這樣一個早年曾爲「諸生」，後來又成爲大夫的普通讀書人，
其名聲之所以會開始漸漸遠播，則完全是因爲他的「善醫，用藥出人意表」。因而，
後來不僅有當地的「婦孺呼爲"孫怪"」的說法產生，醫術的口碑漸漸傳開來後，就
連僑居地郡城的「大吏皆器重之」的情形，也接連不斷發生。〔註2〕

　　確實，如果我們從中國古代地方醫學發展史的角度來看，當時孫從添在所謂
「吳中醫學」界是佔有一些篇幅或地位的。〔註3〕例如，清乾隆五十七年（1792）

〔註1〕另外，根據王欣夫先生的說法，孫從添的原籍是在「新安」。而去查考其對所藏書之
　　　　手書題記，的確有作「新安孫從添藏書」者，可知王氏說法當是正確無誤。參看：
　　　　〔清〕葉昌熾著、王欣夫補正，《藏書紀事詩》（與《辛亥以來藏書紀事詩》合刊，
　　　　上海：上海古籍出版社，1999 年 12 月），卷五〈孫從添〉條補正，頁 489～490。
〔註2〕參看〔清〕鄭鍾祥等修，《（光緒）常昭合志稿》（台北：成文出版社，1974 年，據
　　　　清光緒三十年刊本影印），卷三十二〈藏書家・孫從添〉，頁 2233。
〔註3〕俞志高〈吳中醫學〉一文就對何謂「吳中醫學」下了定義云：「蘇州地區古時有"吳
　　　　中"、"吳下"、"三吳"之稱，文化發達，名醫備出，"吳醫"這一名稱，亦因

由蘇州溫病學家唐大烈（生卒年不詳，蘇州府長洲縣人）所編輯創刊，且被認定是中國第一種中醫學術期刊的《吳醫匯講》中，〔註4〕孫從添屬於醫療工作上的活動訊息及其獨特的醫論作品，就被確切報導與片段節錄了。〔註5〕儘管，孫從添在當時的吳中醫學界佔有一席之地且小有成就，但是他留給後世醫學界的獨特貢獻，也隨著其醫學相關著作的逐漸亡佚、散失，而只能在後來之相關記載中窺得一二了。

位於江南的江蘇常熟地區，自古以來就是歷史上的經濟、文化重鎮，在這樣「得天獨厚」的社會背景下，該地區蘊含有相當豐厚的文化素質並且還生養出了各式各樣數量龐大的士子、學人。因而，晚近江蘇常熟地區能成為明、清私家藏書史上的「藏書之鄉」也就很自然了。〔註6〕明代中葉以後，因為「隨著明前期江南經濟的繁榮和文教事業的發達，江浙兩地的文風、學風日趨昌盛，常熟一地的私家藏書也由此而蔚然成風」。〔註7〕而延續這股風潮，在明朝末年及清代初年，常熟一地先後出現了幾個在中國私家藏書史上的著名人物，他們的藏書種種，不論是趙琦美（1563～1624）的脈望館、毛晉的汲古閣、錢謙益（1582～1664）的絳雲樓，或是錢曾的述古堂，所締造的各式藏書事蹟與書林軼事都是吾人所耳熟能詳的，而歷史的發展證明了這些大小藏書家們認真經營而遺留後世的寶貴遺產，即使在今日也是很有參考價值的。

例如，於傳統「經、史」圖書收藏之外，更將收藏視角延伸至民間「俗文學」的明末藏書家趙琦美，其「脈望館」藏書樓所遺留下來的《脈望館抄校本古今雜劇》就被民初學者鄭振鐸（1898～1958）先生視為是「僅次於敦煌石室與西陲的漢簡的

　　　　"吳"這個地名而來，這個地區的醫學，習慣上也就稱作"吳中醫學"，蘇州的中醫就稱"吳門中醫"。」該文載於：石琪編，《吳文化與蘇州》，（上海：同濟大學出版社，1992年3月），頁410～417。

〔註4〕　參看居芳菲，〈《吳醫匯講》──我國最早的連續出版物〉，《圖書情報工作》1991年第4期，頁58～59。

〔註5〕　參看〔清〕唐大烈編，《吳醫匯講》（《續修四庫全書》1028冊，上海：上海古籍出版社，2002年3月，據清乾隆五十七年唐氏問心草堂刻本影印），卷三，頁449下～450下。該書當中就節錄、保存有孫從添《石芝醫話》的部分內容。

〔註6〕　例如，根據曹培根先生的統計，常熟的歷代進士共有483人，明清二代加起來就有396人；在藏書家方面，到了明代，常熟一地的藏書家達到了150餘人，清代則有約120多位，而且在數量與質量上都是當時數一數二的。由此可見，明清時期常熟一地學術文化與藏書風氣的發達。參見：曹培根，〈常熟私家藏書〉一文，載於其著，《書鄉漫錄》（石家莊：河北教育出版社，2004年12月），頁86。

〔註7〕　徐雁、譚華軍，〈中國藏書之鄉的碑傳集──話說虞山派藏書家的崛起〉，載於曹培根編，《常熟藏書家藏書樓研究》（上海：上海文化出版社，2002年8月），頁1。

出世的」關於元、明雜劇之文獻寶庫。〔註8〕又，清初藏書家錢曾的《讀書敏求記》一書，可說是古代中國第一部研究圖書版本的目錄式專著，該書提出了從「版式」、「行款」、「字體」、「刻工」與「紙墨」等各方面之特性來鑑定圖書版本的「科學方法」，啓發了《藏書記要》「鑑別」一則中所提及的若干內容。〔註9〕其重視著錄藏書版本的要求，所形成專門「述授受之源流，究繕刻之同異」的撰作特點，〔註10〕對孫氏《藏書記要》及後世相關版本目錄著作（即「版本賞鑒」類型目錄）的啓發性意義更是值得一提的。〔註11〕

　　而身處眾多前輩藏書大家之林的孫從添，在耳濡目染下也養成了收藏圖書文獻的興趣，並且還自詡是一個中了「書癖」之毒的「老蠹魚」。〔註12〕但是，因為客觀經濟條件的限制，與常熟地區其他以收藏數量、典藏質量聞名的藏書家相比，孫從添萬卷左右的藏書數量是遠遠無法與人相比的。〔註13〕雖然在藏書的數量上沒有辦法跟別人相提並論，但在愛惜所藏圖書、妥善利用文獻的心態上卻很少有人能夠超越他。這一點，我們從他「雖極貧，不忍棄去」所收藏的書籍文獻，與只因為「聖賢之道，非此不能考證」的誠懇心情，及其所擁有之「得者寶之」的藏書印章上，就可以很清楚的看到。〔註14〕

二、交遊狀況與藏書活動

（一）孫從添的學術活動與交遊情況

　　如果要去探究孫從添的具體交遊狀況，一些間接的材料，諸如所處相關地域人

〔註8〕　參見鄭振鐸，〈跋脈望館抄校本古今雜劇〉，載於其所著，《西諦書話》（北京：生活・讀書・新知，三聯書店，1998年5月），頁322。

〔註9〕　例如，在《藏書記要》中的「鑑別」一則中，錢曾的《讀書敏求記》及各式各樣的公私藏書目錄，不但孫氏視爲鑑定書籍的重要參考書，而該則中具體的鑑別目標與考慮方向，也大致上是參考過錢氏的。參見：〔清〕孫從添，《藏書記要》（台北：藝文印書館，1966年，據清嘉慶十六年刊《士禮居叢書》本影印），頁2左〜6左。

〔註10〕　參見〔清〕永瑢等編撰，《欽定四庫全書總目》（臺北：藝文印書館，2004年10月），卷八十七史部〈目錄類存目・讀書敏求記〉，頁1750上。

〔註11〕　例如，之後乾嘉間于敏中（1714〜1779）、彭元瑞（1731〜1803）等人所編撰的《天祿琳琅書目》正、續編；嘉道間陳鱣（1753〜1817）的《經籍跋文》、黃丕烈的《百宋一廛賦注》、張金吾（1787〜1829）的《愛日精廬藏書志》等等，即是在錢曾《讀書敏求記》的啓發下進一步有所發展的各式作品。參見：昌彼得、潘美月，《中國目錄學》（臺北：文史哲出版社，1991年10月），頁61〜62。

〔註12〕　同註9，〈自序〉，頁1右。

〔註13〕　同註9，〈自序〉，頁1右。

〔註14〕　同註9，〈自序〉，頁1右。

物或作品中的種種說法，及當代、後世藏書家之書目序跋與藏書目錄題識、題跋等中的記載，恰好就留下了一些可供採用的寶貴線索。試探討如下：

1. 周榘——與孫從添相互借、校所藏圖書的晚輩

周榘（1712～？），字幔亭，清江蘇省江寧府江寧縣（今南京市）人。周氏主講過清河書院，曾擔任過清初藏書樓「雅雨堂」主人盧見曾（1690～1768）幕府中之上客，同時也是盧氏編刊圖書的得力助手之一。〔註15〕就與孫從添有過藏書互通及藏書學術上的交流活動。

例如，根據周榘跋《隸釋》二十七卷云：

> 此秩石芝（孫從添）用重價購得，又復珍重愛惜，奈其間誤字纍纍，不獨鈔書者字形醜惡潦草，即校者亦復不免。余倉猝觀覽，已摘其誤處數十，他可知矣。然古今動以字紙為棄物，能讀金石文而更思覓善本，亦大難哉。石芝翁與余三世為年家故舊，而暫遇廣陵，余雖不敏，亦決不敢不以直言相告，亦正見石芝老人與儔儕迥異耳。幔亭居士周榘志。〔註16〕

即是其例。

同書周氏又跋云：

> 蓄書家不供高明之友賞奇析疑，其與擁財帛不與人窺者垺耳。石芝世翁與榘有數世年譜之好，每與話舊移時，多榘所未聞者。蓋石芝長余年二十歲，其見聞固自較多，而娓娓不已，致令左右侍者有倦容，余則欣然喜矣。兩月以來，屢就借書，其零落散佚者，石芝則嘆息拾掇，喧責傔從，其整齊未損者，亦多未校。蓋石芝年高而又病足，且肆應求醫者，實未暇耳。余請與石翁約：君家有書，當盡出與我讀之，我當一一為君校之，倘有當於世長翁之意，定復酌我以酒，又何用我借者以一瓶還之耶？可發一噱。幔亭周榘志。〔註17〕

由上可知，周榘與孫從添兩家長久以來就有的深厚情誼，在周榘的識語中是表露無遺的。而當時藏書前輩熱心指導後輩的寬宏氣度，表現在孫、周二人常常相互切磋學問，進而互相約定借讀藏書與校勘藏書的具體事蹟上，則更令後世學人稱羨。

〔註15〕參看〔清〕李斗撰、汪北平、涂雨公點校，《揚州畫舫錄》（北京：中華書局，2001年3月），卷十〈盧見曾〉條、〈周榘〉條，頁228～229、234。尚小明，《清代士人游幕表》（北京：中華書局，2005年3月），頁92。

〔註16〕參見〔清〕瞿良士輯，《鐵琴銅劍樓藏書題跋集錄》（上海：上海古籍出版社，2005年11月），卷二〈史部・隸釋〉，頁113。

〔註17〕同註16，頁114。

之後，這部經過孫從添珍藏與周榘精校過的《隸釋》舊鈔本輾轉流傳到了瞿氏鐵琴銅劍樓中。今翻檢瞿鏞（1794～1875）所編纂《鐵琴銅劍樓藏書目錄》一書，果然就在其書卷十二目錄類中找到了《隸釋》，其上有識語云：「舊為孫石芝藏書，……又孫從添手跋曰：『予藏此書，從汲古毛氏所得。戊子年歸鼎臣兄借鈔未還。今乾隆戊寅春三月復購得，子孫保之。石芝記。』卷首末有『孫石芝珍藏』、『曾經幔亭（即周榘）手校』二朱記」。即是上述整件事蹟的證明。〔註18〕

由此可知，如同孫從添在其《藏書記要》裡頭所說的，現實生活中對於藏書的檢整與管理，確實是需要一些「同志」、「二三知己」與「相好名士」的幫忙與輔助的。〔註19〕

2. 金檀、金心山——首先傳佈《藏書記要》鈔本的功臣

首先刊行該書的黃丕烈在嘉慶十六年（1811）刊刻《藏書記要》的後跋語中，提到了他所得到的《藏書記要》鈔本是取自於同郡中的陳謙。而陳氏手中的該書鈔本，乃是得自於「文瑞樓」金檀的孫子金心山之手。《藏書記要》正文之後的陳謙識語，還提到了該鈔本得到手的明確時間，乃是在乾隆五十七年夏天（1792）從金心山手中取得。〔註20〕據此以推測，這些較早看到該書鈔本的人，與孫從添一定也有某種程度之聯繫或交往。

金檀，字星軺，浙江桐鄉人，清初著名藏書家。史載他「經史圖籍靡不徧覽，好聚書，遇善本雖重價不吝，或假歸手鈔。積數十年，收藏之富，甲於一邑」。〔註21〕可知，其對於藏書的熱切與讀書治學的認真。金檀雖本為浙江桐鄉人，但後來則徙居到了蘇州的桃花塢（在蘇州城北，與常熟相鄰）。因而可以說，他不但與孫從添大約同時代（都為康雍時人），且居住所在地亦相近不遠。因此，他與孫氏的交往是很有可能的。〔註22〕此外，我們從孫氏曾收藏有金檀文瑞樓藏書的情況上，可以知道他們

〔註18〕　參看〔清〕瞿鏞編纂、瞿果行標點、瞿鳳起覆校，《鐵琴銅劍樓藏書目錄》（上海：上海古籍出版社，2000年9月），頁318。

〔註19〕　同註9，〈自序〉、〈購求則〉、〈校讎則〉，頁1右、2右、10右。

〔註20〕　關於黃丕烈跋語中的陳氏是否就是陳謙，與該書陳謙識語中所說得書的確切時間問題，謝灼華先生在〈孫慶增其人及其書〉一文中並沒有確切的提出判定。而徐雁先生在《《藏書紀要》》一文中則直接認定此人為陳謙且判定其得書之時間為乾隆五十七年。在此採用徐雁先生說法。謝灼華先生一文，見：《圖書館學通訊》1986年第4期，頁77～87。徐雁先生一文見：《滄桑書城》（長沙：岳麓書社，1999年4月），頁175～178。

〔註21〕　同註1，卷五〈金檀〉條引《嘉興府志》，頁462～465。

〔註22〕　參看來新夏，《清代目錄提要》（濟南：齊魯書社，1997年1月），頁45～46。與鄭偉章，《文獻家通考（清―現代）》（北京：中華書局，1999年6月），頁258～259。

互相來往的可能性確實很高。〔註23〕

又，根據黃丕烈於《藏書記要》後跋中的說法，金檀所編的《文瑞樓書目》本來就要把《藏書記要》做為該書目的附錄，只是當時不知何故，以致後來刊行時沒有如此做而已。〔註24〕由此可知，對金檀這樣的私人藏書家來說，孫從添的《藏書記要》，肯定具有很大的參考價值，否則他不會想要將之附刻在自家藏書目後頭。另一方面，《藏書記要》在尚未正式刊刻出版前，都是以少量鈔本形式流傳，吾人根據孫氏自序，可知該書剛開始時，只有在相近的「同志」之間流傳，既沒有刻印本，知名度也不是很大，那麼，如果金檀要看到並取得《藏書記要》一書，就勢必要與孫從添或孫氏的友人有過直接或間接的交往方可了。在這一點上，我們從金檀與孫從添的生長時代與生活地點的相近，即可以合理地推論出這樣的可能性。

3. 周錫瓚——與孫從添曾經有過來往的吳中「乾嘉四大藏書家」之一

黃丕烈在嘉慶十六年刊行《藏書記要》後跋語中，又提到「孫公去世未遠，周丈香嚴幼年曾見之，時已七旬餘。」〔註25〕這當中的周丈香嚴指的即是周錫瓚（1742～1819）。

周錫瓚，字仲漣，號漪塘，別號香嚴居士，清江蘇省蘇州府吳縣（今蘇州市）人。史載周氏「藏書最富，其於古版今刻源流變易，剖析娓娓可聽。」〔註26〕後來則因為藏書眾多而知名於世，且與同郡的顧之逵（1753～1797）、黃丕烈、袁廷檮（1764～1810）齊名，一同並列為清乾嘉時期吳中四大藏書家。

周錫瓚因為年長黃丕烈高達二十二歲，於是黃丕烈每每以「丈」稱之，可見周氏除了與孫氏生活年代相差不遠外，兩人也同樣是黃丕烈藏書方面的前輩。如同上面黃丕烈所述，假設周錫瓚是在孫從添七十五歲時與他見面的，那麼實際上，在當時周錫瓚也已經是個二十四歲且已經不「年幼」的國子監「副貢」生了。這樣的話，根據常理來說，一個同樣喜好藏書、讀書的晚輩見到了藏書家前輩時，想必是會去寒暄與請教的。

4. 王南珍、過臨汾、陳撰、沈德潛等——同事於學術活動的文友們

孫從添與過臨汾合力編纂的《春秋經傳類求》一書中，就有乾隆己卯（1759）閩漳王南珍（生卒年不詳，乾隆二十六年曾輯纂有《二十一史精義》）的序云：

〔註23〕參見國家圖書館特藏組編，《國家圖書館善本書志初稿：集部（二）》（臺北：國家圖書館，1999年6月），《柳待制文集》條，頁62～63。

〔註24〕同註9，頁17右。

〔註25〕同註9，頁17右。

〔註26〕同註1，周錫瓚條王欣夫補正引段玉裁〈跋白氏六帖三十卷宋本〉，頁511～514。

　　　　（孫從添）先生長於經濟，世之鉅公多重之，參制撫軍書數十年，而
　　　諸子百家以逮句漏涪水之書無不旁通博覽。顧知先生之淹該者，或不知其
　　　長於時務，而資其贊畫者，又不知其沈潛於經學。吁！其能盡先生之用乎？
　　　然其人與書之並以傳世無疑矣。〔註27〕

從序中可知，王南珍不論對孫從添的學術成就或是其思想人格，都具有相當程度的
體會與景仰。因此，可以想見他與孫氏的交遊、往來肯定也是不淺的。而孫從添該
書的另一合編者過臨汾（生卒年不詳，江蘇省蘇州府長洲縣人。），和同書中的其他
序跋作者如陳撰（生卒年不詳）、沈德潛（1673～1769，江蘇省蘇州府長洲縣人，清
代著名詩人。）等人，自然是與孫從添熟識的，而他們會有一定程度的來往關係也
是可以想見的。

5. 其他志同道合的友人、同志

　　還有一些可以指出姓名來的藏書家，因為生長時代、生活地域與嗜好的相同，
應當也曾經是孫氏藏書活動的同志。例如，清末民初藏書家葉啓勳（1900～？）《拾
經樓紬書錄》卷上《重續千字文二卷・提要》云：

　　　考黃廷鑑《愛日精廬藏書志・序》：「……玉照席氏、慶增孫氏、虞巖
　　　魚氏，皆斤斤雪抄露校……。」又案：《海虞詩苑》席鎬詩，有〈湘北寶
　　　箴、玉照讀書敏遜齋，猶記十五年前，余亦嘗偕對揚敬修居之，因題示〉
　　　二首，其第二首云：「三人連袂社，萬卷浩縱橫。」蓋為虞山嫻古讀書之
　　　士三人，謂孫從添、魚元傅及席鑑也。〔註28〕

當中席鎬（1687～？，席鑑長兄）詩所提到的清初常熟藏書家席鑑（1700～1722）、
魚元傅（1704～1768）等人，不論是時代、生長地或嗜好，都與孫氏有過交集，
既然他們皆以藏書家的身份與孫從添齊名於虞山當地，彼此會互相來往也就很自
然了。

　　又，其《藏書記要・自序》曾如此說道：他之所以會有《藏書記要》的撰述靈
感（亦即這一本書的寫作動機），就是導源於身旁「同志」們的積極鼓吹，因為他們
想要擁有一本可隨時供藏書管理使用的「參考書」，所以他才會「自不量力」的動筆
寫出了這只有短短八則的小書——《藏書記要》。

　　因此，除上述具體人員的交遊之外，我們從孫從添《藏書記要・自序》及該書

〔註27〕〔清〕孫從添、過臨汾輯，《春秋經傳類求》（《四庫全書存目叢書》經部第144冊，
　　　　台南縣：莊嚴文化事業有限公司，1997年2月，據中國科學院圖書館藏清乾隆二十
　　　　四年吳禧祖刻本影印），頁169下～170上。
〔註28〕葉啓勳，《拾經樓紬書錄》（臺北：廣文書局，1967年8月），頁63。

各則的記載中亦可以知道，整日沈浸於藏書、讀書的孫從添，其實擁有一群同樣對圖書文獻有癖好，且對收藏、整理圖書文獻有興趣的「志同道合」伙伴，只是目前由於資料記載不足的侷限，這些人的實際狀況無法很明確指出。

（二）孫從添的藏書活動及其特點

1. 孫從添藏書心態及其藏書數量

關於孫從添的藏書活動方面。由上述可知，孫從添出身並不富裕，成年後專靠行醫為生。但其喜好收藏書籍的心態是有目共睹的，往往為了書而「不惜典衣，不顧重價，必欲得之而後止」。〔註29〕所以，經過幾十年的辛勤收集後，他終於建立了一座藏書達萬卷的藏書樓——「上善堂」。

首先，從其藏書的數量來說。因為，孫從添生活條件並非很好的緣故，所以他的上善堂藏書大約只有萬卷上下的數量而已。同時，由於這些書是他省吃儉用方能辛苦收集到手，於是，對他來說，這萬卷的寶貴藏書是他「雖極貧不忍棄去」的。而其可得知的具體收藏部數，吾人試著根據目前所流傳的《上善堂宋元板精抄舊抄書目》（以下簡稱《上善堂書目》）來看，可知孫從添共收藏有各式宋、元版、精舊抄、校本四百七十五種之多。〔註30〕

2. 孫從添藏書內容及其特色

至於孫氏收藏書籍的具體質、量與特色。吾人根據《上善堂書目》可知，當中的「宋版書」共有五十五種、「元版書」有七十六種（包含元人抄）、「名人鈔本」有八十九種、「影宋鈔本」七十二種（包括汲古閣本）、「舊鈔本」一百四十七種、「校本」則為三十六種。

針對其中較珍貴的宋、元版種數來說，孫氏收藏數量與種數雖然不很多，但從其藏書目中所著錄書籍的總體來源來看，則大多為毛晉汲古閣、錢謙益絳雲樓、錢曾述古堂以及季振宜（1630～1674）、趙琦美、陸貽典（1617～ ？）、葉石君（1619～1685）、馮班（1602～1671）、趙宧光（1559～1625）等名家所藏、所校、所跋之書籍。〔註31〕因此，單就藏書來源來判斷，他的藏書質量是有一定水準保證的。

〔註29〕同註9，頁2右。

〔註30〕參看〔清〕孫從添，《上善堂宋元板精抄舊抄書目》（《宋元版書目題跋輯刊》第二冊，北京，北京圖書館出版社，2003年6月，據民國瑞安陳氏刻《敬鄉齋叢書》本影印），頁409～463。

〔註31〕其中，葉石君的藏書就由於質量俱佳受到孫氏極大的推崇，成了孫氏極力收購的對象之一。例如，其《藏書記要·校讎》云：「惟葉石君所藏書籍，皆手筆校正，臨宋本、印宋鈔俱借善本改正，博古好學，稱為第一。葉氏之書，至今為寶，好古同嗜者賞識焉」。參見：同註9，頁10左。又，學者研究後認為：「葉石君校本，清人書目文獻言

也無怪乎有人會在看了《上善堂書目》後頻頻直呼其藏書「大都天壞璝寶，驚人秘笈」了。〔註32〕

就其藏書內容來看，經、史、子、集四部書中，子部的書籍數量幾乎快佔了該書目的一半，其中，因爲孫氏的主要身份是醫生，所以屬於醫家、本草類的書籍不但數量不少，而且都是以珍貴的宋、元版本居多。例如，根據其書目，當中宋版的《傷寒論》三卷、《外臺秘要》四十卷、《張仲景方》十五卷和《醫壘元戎》殘卷以及元版的《素問靈樞甲乙經》十八卷、《叔和脈經》二本、《證類本草》三十二卷與《四時採藥修合和藥》四卷等書，即都是孫從添收藏的珍貴醫書。由此可見，孫從添基於其行醫時的參考需要，對於醫藥類書籍的收集是很注重的。〔註33〕

另外，身爲一位私人藏書家，藏書來源的廣泛掌握與收藏知識的隨時補充是很重要的，於是，孫從添還特別注意各式官私藏書目錄的收集。因爲，他認爲藏書家鑑別書籍時首先「必須眼力精熟，考究確切。再於各家收藏目錄、歷朝書目、類書、總目、讀書志、敏求記、經籍考、誌書、文苑誌、書籍誌、二十一史書籍志、名人詩文集、書序、跋文內，查考明白，然後四方之善本、秘本或可致也」。〔註34〕才方能得到質量俱佳的書籍。因此，其藏書內容中屬於上述書籍的也不算少。例如，根據其書目，可發現其所收藏的《汲古閣書目》殘本、《讀書敏求記》二本、《絳雲樓書目》一本、《天下各省刻書目》二本與《脈望館書目》一本等等公、私收藏目錄。當然，這些書即是孫氏賴以收集書籍與鑑別圖書時的重要參考。〔註35〕

而其藏書特色，除了書籍來源大都爲著名藏書家外，另外就屬數量龐大的各式名人精鈔本、影宋鈔本和舊鈔本最爲特殊。例如，其中的八十九部名人鈔本就包括有：柳僉二種、宋玨二種、葉石君三十一種、錢穀二種、吳岫二種、吳默二種、馮舒二種、文衡山二種、吳寬二種、錢曾二十一種、趙琦美六種、歸元恭一種、錢謙益一種、毛三哥一種、錢罄室二種、趙宧光一種、王穉登一種、陳帆一種、王寵一種、陳繼儒一種、馮班一種、陳秀峯一種、馬弘道一種、季振宜一種、葉盛一種、祝允明一種等。而其中卷秩較大的則有葉石君手抄影宋本《一百三十二家唐人詩集》一百五十二冊，陳秀峯手抄《學海類編》一百二十八冊與季振宜手抄《文獻通考》

　　　　及的很少。葉石君沒後，葉氏藏書又流落何家？同里孫從添實收購最多，其《上善堂書目》中即著錄了很多葉石君校本」。即說明了這一情況。參見：武秀成，〈《舊唐書》至樂樓抄本與葉石君校本考略〉，《古籍整理研究學刊》2004年第1期，頁37。

〔註32〕同註30，趙詒琛〈上善堂書目跋〉，頁463。

〔註33〕參見：同註30。

〔註34〕同註9，頁2左～頁3右。

〔註35〕參見：同註30。

一百冊等。〔註36〕同時，吾人從中也看到了古人傳播文獻的辛勞與貢獻所在。

由上述作者所收藏的各式各樣珍貴鈔本，可以看出孫氏重視鈔本的程度，而孫從添自己就曾說過「鈔錄之書，比之刊刻者更貴且重焉。況書籍中之祕本，為當世所罕見者，非鈔錄則不可得，又安可以忽之哉！從未有藏書之家而不奉之為至寶者也，則其道固不可不講也」。〔註37〕由此可知，他會特別喜歡鈔本書是其來有自的。

3. 孫從添藏書的聚散情況

首先，來源部分已如上述，其藏書大都來自於孫氏所居常熟地區或其附近的前輩和同時藏書家，如毛氏汲古閣、錢謙益絳雲樓、錢曾述古堂以及季振宜、趙琦美、陸貽典、葉石君等，而這也是古代私人藏書家「因地以求」其藏書的普遍現象。例如，現藏臺北國家圖書館的《王氏書畫苑存》七卷，書上就有清光緒三年魏錫曾（？～1881）過錄孫氏收藏《廣川書畫跋》跋語云：

> 此本畫跋，陸敕先（貽典）藏本也，得之於葉石君之孫所售，借錢氏本校過，偶邱廣成翁將楊氏本再校，並無差誤，獨多後跋，即一一錄出謄上，可謂善矣。康熙丙申九月，孫慶增從添記。〔註38〕

即是孫氏遞藏自陸貽典、葉石君等人藏書的例子。另外，根據近代古舊書商王文進（1894～1960）《文祿堂訪書記》的藏書印章著錄，我們又能找到像《靖康孤臣泣血錄》、《西溪叢語》、《石林燕語》與《唐國史補》等等葉石君藏書遞藏給孫氏的證明。〔註39〕

又，同樣現藏臺北國家圖書館的《柳待制文集》二十卷，既有孫從添的手書題記，也有文瑞樓金檀的藏書印，則是孫氏藏書得自同時代蘇州藏書家金檀的證明。〔註40〕

而關於其藏書的流散，一部份當然是已經亡佚了，一部份則亦先從近到遠的規律走，輾轉地傳到晚近大小收藏家的手裡。例如，時間在孫氏稍後且所在地接近的黃丕烈（江蘇省蘇州府吳縣人）、袁廷檮（江蘇省蘇州府吳縣人）、潘祖蔭（1830～1890，江蘇省蘇州府吳縣人）等，即是其例。黃丕烈在其所刊行《藏書記要》後跋

〔註36〕參見：同註30。
〔註37〕同註9，頁6左～頁7右。
〔註38〕參見國立中央圖書館特藏組編，《標點善本題跋集錄》（臺北：國立中央圖書館，1992年5月），子部藝術類《王氏書畫苑存》七卷四冊條過錄孫從添跋語，頁295～296。
〔註39〕參看王文進，《文祿堂訪書記》（臺北：廣文書局，1967年8月），頁144～145、265～266、276～277、290。
〔註40〕同註23。

中就已如此說：「孫慶增所藏書，余家收得不下數十種」。〔註41〕即是孫氏之書曾流到黃丕烈手中的具體證明。而再去翻檢黃丕烈的藏書題識，也可以清楚看到黃氏收藏有多種孫氏藏書的情形。

　　例如，黃丕烈《蕘圃藏書題識》卷二《靖康孤臣泣血錄》不分卷校本條云：「此明刻本《靖康孤臣泣血錄》，因是葉石君、孫慶翁兩家藏本，故收之。歲辛酉得郡中青芝山堂所儲鈔本，遂手校一過於此刻上，覺勝此遠甚，命工重裝，藏諸篋衍。」〔註42〕而同樣是《靖康孤臣泣血錄》，但為一卷之鈔本的該書亦有黃丕烈跋云：「此本未知所據何本，取明神廟時刊本勘之，知彼尚闕略而此較完全，急校於刊本上。刊本出葉石君、孫慶增兩家收藏中」。〔註43〕上述的明刊本、鈔本皆現藏於臺北國家圖書館。去檢視明刊本之收藏印記可看到，的確，葉石君、孫慶增與黃丕烈的藏書章都在上頭，證明了黃氏的說法。〔註44〕

　　另，黃氏題識卷二《漢天師世家》一卷條云：「此《漢天師世家》一卷，錢遵王家物也。……而後轉入席、孫諸家者也。爰志之，以傳信於後」。〔註45〕對照孫氏的《上善堂書目・舊鈔本》，在裡頭果然發現有曾經錢遵王收藏的舊鈔《漢天師世家》一卷。又，現藏於北京大學圖書館且不見著錄於孫氏《上善堂書目》的元刊《新編金匱方論》三卷一書，則是遞經袁廷檮所收藏的孫氏藏書。〔註46〕而，《滂喜齋藏書記》卷二明刻《書史會要》九卷補遺一卷跋：「其中朱記曰『文彭之印』、……曰『孫印從添』、曰『慶增氏』，即著《藏書記要》者也。雖明刊，可不寶諸。」則是孫氏藏書遞藏於潘祖蔭的例證。〔註47〕

　　此外，鄰近地區浙江的藏書家，之後也有收藏孫氏藏書的情況。例如，陸心源

〔註41〕同註9，頁17右。

〔註42〕參見〔清〕黃丕烈著、屠友祥校注，《蕘圃藏書題識》（上海：上海遠東出版社，1999年10月），頁108。

〔註43〕此條黃跋見昌彼得、喬衍琯合輯，〈蕘圃藏書題識補錄〉，《大陸雜誌》第二十七卷第十一期，1963年12月，頁4。

〔註44〕參見國家圖書館特藏組編，《國家圖書館善本書志初稿：史部（一）》（臺北：國家圖書館，1997年6月），《靖康孤臣泣血錄》條，頁232～233。

〔註45〕同註42，頁129。

〔註46〕參見北京大學圖書館編，《北京大學圖書館藏古籍善本書目》（北京：北京大學出版社，1999年6月），頁237。詳見（日）眞柳誠、小曾户洋，〈《金匱要略》的文獻學的研究・第一報─元・鄧珍刊《新編金匱方論》〉，《日本醫史學雜誌》34卷3號，1988年7月，頁414～430。其全文網址為：http://www.hum.ibaraki.ac.jp /mayanagi/paper01/jingui1st.html。

〔註47〕參見〔清〕潘祖蔭，《滂喜齋藏書記》（與《寶禮堂宋本書錄》合刊，上海：上海古籍出版社，2007年8月），頁55。

（1834～1894）《儀顧堂題跋》卷八〈春渚紀聞跋〉：「前有錢曾之印，……孫從添印白文方印、慶增氏朱文方印；……蓋汲古閣藏書，後歸述古堂又歸孫慶增者也。」〔註48〕又，《儀顧堂續跋》卷九〈元槧傷寒百証歌發微論跋〉：「前後有惠棟之印……、新安孫從添慶增藏書白文長印；末有蕘圃手跋。孫從添，字慶增，常熟人。善醫術，乾隆時人。」等。〔註49〕即是陸氏曾經收藏有孫氏藏書的例證。

而另外，孫氏所處常熟地區後來的藏書家們，如稽瑞樓主人陳揆（1780～1825，江蘇省蘇州府常熟縣人）、著名的愛日精廬主人張金吾（1787～1829，江蘇省蘇州府常熟縣人）與鐵琴銅劍樓主人瞿鏞（江蘇省蘇州府常熟縣人）等，也收藏了一部份孫氏的藏書。

例如，現藏於臺北國家圖書館的《文心雕龍》十卷，上頭就分別有孫氏與陳揆稽瑞樓的藏書印，這則是孫氏藏書傳至陳揆手上的證明。〔註50〕而同樣藏於國家圖書館的元刊《天目中峰和尚廣錄》三十卷一書，也分別有孫氏與張金吾的藏印在上面，此亦為孫氏藏書傳至張金吾手中之一例。〔註51〕而去翻檢瞿氏的《鐵琴銅劍樓藏書目錄》，可以找到如明刊本之《晏子春秋》八卷、《獨斷》二卷、《劇談錄》二卷及舊鈔本之《隸釋》二十七卷、《洛陽花木記》一卷、《續墨客揮犀》十卷、《海內十洲記》一卷、《漢武洞冥記四卷（與上述合裝一冊）》、《集異記》一卷、《漢天師世家》一卷（即上述曾經黃丕烈收藏之書）等等數種藏書實例，亦是瞿氏接著收藏同邑前輩藏書家孫從添所藏書的例證。〔註52〕

第二節　著　述

一、《藏書記要》

（一）《藏書記要》的版本流傳情形

孫從添對於後世最大的貢獻莫過於《藏書記要》的精心撰述了，雖然他在書

〔註48〕參見〔清〕陸心源，《儀顧堂題跋》（與《儀顧堂續跋》合刊，臺北：廣文書局，1968年3月），頁379～380。

〔註49〕參見〔清〕陸心源，《儀顧堂續跋》（與《儀顧堂題跋》合刊，臺北：廣文書局，1968年3月），頁397～398。

〔註50〕參見國家圖書館特藏組編，《國家圖書館善本書志初稿：集部（四）》（臺北：國家圖書館，1999年6月），《文心雕龍》條，頁276。

〔註51〕參見國家圖書館特藏組編，《國家圖書館善本書志初稿：子部（三）》（臺北：國家圖書館，1998年6月），《天目中峰和尚廣錄》條，頁211。

〔註52〕同註18，頁254、411、456、318、404、448、453、454、478。

中一再地謙虛說該書只是一個不自量力的「芻蕘」所述，可是，就是因爲這本書是一個中了「書癖」的藏書家所寫出來的藏書經驗談，其理論與實用性才更加受後人推崇。

　　該書撰寫後，雖然沒有立刻刊印且只以少量鈔本流傳，但後來該書漸漸的受到大小藏書家們的重視，〔註53〕而屢屢有將此書刊刻出版的情況，則說明了之後該書受重視的程度。另，根據《中國歷代書目總錄》、《中國叢書綜錄》、《中國叢書廣錄》及各大圖書館館藏著錄，過去此書的傳本則多達十幾種，其中並不包括新近的影印本，現整理爲表格條列如下：

版　本	刊印年代	印行者	現藏地	新近影印
1.《拜經樓叢鈔》本	待查考	吳騫拜經樓編鈔	上海圖書館	無
2.《士禮居叢書》本	清嘉慶十六年（1811）	吳縣黃丕烈刻	中央研究院傅斯年圖書館、中國國家圖書館、上海圖書館等	1922 年上海博古齋影印本、1966 年藝文印書館影印《百部叢書集成》本
3.《昭代叢書》辛集本	清道光十三年（1833）	楊復吉輯刻	國家圖書館、中央研究院傅斯年圖書館等	1968 年廣文書局影印《書目續編》本、1990 年上海古籍出版社影印《昭代叢書》本
4.《昭代叢書》合刻辛集本	清道光二十四年（1844）	吳江沈楙惪輯刻	國家圖書館、中央研究院傅斯年圖書館等	1968 年廣文書局影印《書目續編》本、1990 年上海古籍出版社影印本
5.《花近樓叢書》本（稿本）	咸豐十年（1860）	海寧管廷芬編鈔	中國國家圖書館	無
6.《述古叢鈔》第一集本	清同治十年（1871）	新會劉晚榮刻	中央研究院傅斯年圖書館	無
7. 潘志萬寫刻朱印本	清光緒九年（1883）	潘氏佞宋齋刊	故宮博物院圖書館、中國國家圖書館等	無
8. 重編刊《潘刻五種》本	清光緒九年	吳縣潘祖蔭刻清吉林壽恩編印	中央研究院傅斯年圖書館（著錄爲清光緒二十八年（1902）刊）、中國國家圖書館、上海圖書館等	無

〔註53〕例如，孫氏稍後的常熟稽瑞樓主人陳揆就收藏有兩部《藏書記要》，可見陳氏的重視該書。參見：〔清〕陳揆，《稽瑞樓書目》（臺北：廣文書局，1997 年 10 月），頁 19、103。

				《《中國叢書綜錄》著錄為光緒二十九年（1903）刊）
9. 《楡園叢刻》中《娛園叢刻》十種本	清光緒十五年（1889）	仁和許增刻	國立臺灣大學圖書館、中央研究院傅斯年圖書館等	無
10. 《藏修堂叢書》第四集本	清光緒十六年（1890）	新會劉氏重編刻	中國國家圖書館、北京大學圖書館等	無
11. 《藕香零拾》本	清光緒二十二年（1896）	江陰繆荃孫刻	國家圖書館、中央研究院傅斯年圖書館等	1968年廣文書局影印《藕香零拾》本
12. 日本大正2年東京刻本	大正二年（1913）	（日）田中慶太郎編刻	國立臺灣圖書館	無
13. 《書目三種》合刻本	民國三年（1914）	上海掃葉山房石印	中國國家圖書館、山東師範大學圖書館等	無
14. 《翠琅玕館叢書》本	民國五年（1916）	黃任恆據《藏修堂叢書》刊版重編本	中國國家圖書館、北京大學圖書館等	無
15. 《藝術叢書》本	民國五年	保粹堂重編印《翠琅玕館叢書》本	國家圖書館、中央研究院傅斯年圖書館等	2003年北京圖書館影印《藝術叢書》本
16. 《藏書指南》四種本	民國間	上海醫學書局鉛印	待查考	無
17. 《清稗類鈔》本	民國六年（1917）	上海商務印書館	中央研究院郭廷以圖書館、傅斯年圖書館等	1966年臺灣商務印書館重印本
18. 《叢書集成初編》本	民國二十四年（1935）	上海商務印書館鉛印	中國國家圖書館、上海圖書館等	1991年北京中華書局重印本
19. 《芋園叢書》本	民國二十四年	黃肇沂輯刻	中央研究院傅斯年圖書館、北京大學圖書館等	無

　　對於這十幾種不同的版本，當代文獻學家喬衍琯先生曾評價云：「其中以《士禮居叢書》、《昭代叢書》，《藕香零拾》諸刻較精，流傳亦較廣」。〔註54〕當然，其中《士禮居叢書》「每書之末均附有黃氏校勘札記，詮釋音義，刊正謬誤，取精用宏」，〔註55〕是具有品質保證的。而後來的《藕香零拾》本，雖然繆氏自言所據以刊刻之本頗勝黃刻，「但細校這一刻本，未必勝於黃刻，儘有黃本為是，此本轉有脫誤的，

〔註54〕〔清〕孫從添撰，《藏書紀要》（臺北：廣文書局，1968年3月，據清道光十三年刊《昭代叢書》本影印），喬衍琯〈藏書紀要序〉，頁1。

〔註55〕劉尚恒，《古籍叢書概說》（上海：上海古籍出版社，1989年12月），頁103。

如〈收藏篇〉『四面窗櫺』下此本脫去七字，致文不成句。惟此本〈鑒別篇〉多案語四處，頗有參考價值，為《士禮居》、《昭代》兩本所無」。〔註56〕

除上述豐富的本子外，如果再加上近來將其影印、排印的新式出版本子則就更多了，〔註57〕可見該書的價值與重要性是不分時代的。

而後世學人會有這麼大的迴響，其實原因無它，大部分乃在於《藏書記要》極具參考性的學術意義上。例如，藏書家黃丕烈認為此書「言之甚詳且備，蓋亦真知篤好者」所撰作，所以在得到該書的鈔本後他就馬上「不敢自私」的把它刊刻出版了，其目的當然是為了將它「公諸同好」們。〔註58〕清末藏書家繆荃孫也認為該書作者是身兼「收藏、賞鑒」專長的藏書家，所以這本參考書不但「所記皆甘苦之言」而且是「益人識見不少」的。於是，他在得到了長沙臥雪廬袁漱六（即袁芳瑛）舊藏而且可能是勝過黃丕烈舊刻的鈔本後，立刻將其校訂排入即將刊行的叢書：《藕香零拾》（1896年刊行）中。〔註59〕上述總總，皆可見該書晚近為人所重視的情況。

（二）《藏書記要》的特點及其價值

民國以來，隨著中國圖書館事業的發展與圖書館學理論研究的逐漸深入，《藏書記要》在近代圖書館學界也引起了普遍的注意與重視。近代知名圖書館學家譚卓垣在其 1935 年出版的《清代藏書樓發展史》裡就如此說：「孫從添所寫的這部便覽，是整個十九世紀唯一的一部向私人藏書家交代藏書技術的參考書。令人驚奇的是，他所提出的意見一向為藏書家們謹守不渝，直至今日還對現代中國的圖書館發生著影響……，假如今後還沒有著述來取代《藏書紀要》的地位，那麼，中國的藏書家們還將在各方面仰仗於它」。〔註60〕而這樣的評論則是切合實際且中肯的。

〔註56〕〔清〕孫從添撰，《藏書記要》（收錄於《澹生堂藏書約（外八種）》中，上海：上海古籍出版社，2005年11月），〈出版說明〉，頁2。

〔註57〕例如：《四庫全書答問》附錄本（成都：巴蜀書社，1988年1月），頁221～234。《中國歷史藏書論著讀本》收錄本（成都：四川大學出版社，1990年7月），頁516～527。《中國歷代國家藏書機構及名家藏讀敘傳選》收錄本（北京：北京大學出版社，1997年12月），頁278～288。《藏書四記》選錄註釋本（武漢：湖北辭書出版社，1998年6月），頁188～201。等皆是其例。

〔註58〕同註9，頁17右。

〔註59〕〔清〕孫從添，《藏書記要》（臺北：廣文書局，1968年，據清光緒二十二年刊《藕香零拾》叢書本影印），繆荃孫〈藏書記要跋〉，頁13右～15左。

〔註60〕參見：譚卓垣著，徐雁、譚華軍等譯，《清代藏書樓發展史》（與《續補藏書紀事詩傳》合刊，瀋陽：遼寧人民出版社，1988年6月），第三章第二節〈藏書家恪守的藏之道〉，頁46～47。

上世紀四十年代，孫從添的《藏書記要》甚至還曾被翻譯成英文，介紹給國外的圖書館學界（由胡延均先生翻譯，載於《文華圖書館學專科學校季刊》第十一卷第一期，1936 年）。〔註 61〕之後，八十年代「編輯出版的吉林省圖書館函授學校教材中，也給予了這部書以相應的評價」。〔註 62〕

《藏書記要》全書一卷，共分八則：「購求」、「鑒別」、「鈔錄」、「校讎」、「裝訂」、「編目」、「收藏」、「曝書」。該書系統地從圖書採訪的途徑講起，對圖書入藏之後的保管方法與利用規律進行了探索與檢討。內容廣泛，涉及較多，論述詳細而舉例豐富。該書反映了當時私人藏書樓圖書管理工作的全貌，既全面總結了封建社會私家藏書的實際經驗，進一步也發展了古代藏書家們所思索得出的科學管理技術。如果從現代圖書館學的眼光來看這本書，雖然因爲時代的侷限，該書會有所不足（如該書「收藏」一則中所提到書櫃內放置淫穢的「春畫」可避免書蟲、蠹魚，供血寫佛經之「血經」於圖書中可防火的不科學、迷信態度等即是其例。〔註 63〕）但是，從其對現代圖書館學的啓發層面來說，該書的經驗性說法仍是有奠基意義的。

所以，我們可以說，《藏書記要》是孫氏從自身收藏維護與自家藏書樓管理角度所著眼形成的理論，它與圖書館藏書建設中所包含的藏書補充與藏書管理兩部分的內容則是一致的。亦即，《藏書記要》一書所揭示的內容，其實與現代圖書館學中「藏書組織學」與「圖書館管理學」等方面的理論具有一脈相承的關係。而這種發展脈絡也是本論文接下來要討論的重點所在。

二、其它著作

（一）《上善堂宋元版精抄舊抄書目》（《上善堂書目》）

1. 基本問題

《上善堂書目》一卷，孫從添編撰。《清史稿‧藝文志》著錄書名、卷數如上。清末藏書家劉承幹（1881～1963）藏書目錄《嘉業堂藏書志‧史部》亦著錄有傳鈔本《上善堂書目》一冊；〔註 64〕而民國十八年陳準輯刻《涵滸齋叢書》時所收的刻本，名爲《上善堂宋元版精抄舊抄書目》一卷。鄭振鐸藏書目錄《西諦書目‧史部‧目錄類》亦著錄有《上善堂宋元版精抄舊抄書目》一卷，1922 年抄本，一

〔註61〕王仁富，〈我國清代圖書館學的重要著作——讀孫慶增《藏書記要》〉，《吉林省圖書館學會會刊》1981 年第 3 期，註釋 3，頁 120。
〔註62〕同註 61，頁 117。
〔註63〕參看：同註 9，頁 15 左。
〔註64〕參見〔清〕繆荃孫、吳昌綬、董康撰、吳格整理點校，《嘉業堂藏書志》（上海：復旦大學出版社，1997 年 12 月），頁 381～382。

冊。〔註65〕

關於《上善堂書目》與《上善堂宋元版精抄舊抄書目》此二書名，藏書史家范鳳書先生曾經做過探討，他認爲從《藏書記要‧編目》中孫從添所提到一個藏書家應該編有「大總目錄」、「宋元版精抄書目」、「分類書櫃書目」、「書房架上書目」四種目錄的要求看，此《上善堂書目》極可能就是他的藏書總目，而《上善堂宋元版精抄舊抄書目》則是他的善本書目。前者已亡佚，而後者流傳。

況且，從《上善堂宋元版精抄舊抄書目》具體著錄看，宋版收書五十五種，六百一十五卷；元版收書七十六種，七百六十九卷；名人抄本收書八十九種，八百零五卷；影宋抄本收書七十二種，八百五十八卷；舊抄本收書一百四十七種，二千七百九十七卷；校本收書三十六種，一百八十八卷。總共著錄有四百七十五種書，六千零三十二卷。與其自序、本傳所記載其藏書接近萬卷的數量是不符合的，所以該書只能是其善本書目，而非其收藏總目。

如果就常理來判斷，像孫從添這種清貧的藏書家，應當也收藏有不少當時所刻普通圖書，因而其藏書就不可能皆是「宋元版精抄舊抄」。〔註66〕可見范鳳書先生所言《上善堂書目》、《上善堂宋元版精抄舊抄書目》分別是孫從添的「收藏總目」及「善本書目」的推論是合理的，可備一說。

吾人認爲，雖然現存的《上善堂宋元版精抄舊抄書目》沒有著錄一般普通時刻，但孫氏肯定收藏有不少這類圖書。因爲孫氏偏好宋元舊刻（可能只想爲善本編目）與古人書名常會簡稱的特點，筆者對於《上善堂宋元版精抄舊抄書目》是否等同《上善堂書目》的問題上，與大部分學者（如嚴佐之《近三百年古籍目錄舉要》、來新夏《清代目錄提要》）看法相同，亦即：它們可能是指同一部書。

2. 版本流傳

關於《上善堂宋元版精抄舊抄書目》傳本的流傳情形，從該書現存的唯一版本中是可以找到一些線索的。

細察其書目前後序跋識語可知，實際上，在民國十八年瑞安陳準刻出來以前，該書目向來是以抄本流傳的。因爲該書存世數量稀少，所以過去知道且擁有該書目的人不多。例如，清末常熟藏書家丁祖蔭（1871～1930）就是因爲該書過去「未見著錄」，故不知道孫從添傳有此書目。所以他才會在借得陳乃乾（轉錄自清末吳興知

〔註65〕參見趙萬里編，《西諦書目》（收錄於《書目類編》第 43 冊，臺北：成文出版社，1978年 7 月），頁 19023。
〔註66〕范鳳書，〈論藏書家孫從添及其藏書紀要的學術價值〉，載於曹培根編，《常熟藏書家藏書樓研究》（上海：上海文化出版社，2002 年 8 月），頁 160～164。

名藏書家劉承幹嘉業堂）的一個鈔本後，急忙的把該書目抄了副本下來，以供日後的利用參考。可見，對他來說，同樣是常熟人的前輩藏書家孫從添，不論是其人或其著作都是值得學習與推崇的。

後來，清末蘇州藏書家趙詒琛又從丁祖蔭那裡看到了該書目，也視之爲「驚人秘笈」而親手抄錄了一份，並將之介紹給了好友陳準去刊行。所以，還是要等到民國十八年（1929）陳氏《涵滲齋叢書》刊刻，該書目才可以說眞正的廣爲流傳。〔註 67〕

3. 著作體例、價值與對後世的影響

在《上善堂宋元版精抄舊抄書目》編輯特點與學術價值方面。孫從添的這部善本目錄在清代目錄學史上的最大意義，即是開創了依照版本類別去排列的先例。如前所述，因爲「《藏書紀要》反映的是以錢謙益、錢曾、毛晉、毛扆、季振宜、黃丕烈爲代表的常熟藏書家一派的藏書和目錄學思想觀點，圖書版本重於圖書內容，版本形式重於版本內容，鑑賞收藏重於讀書考訂」。〔註 68〕所以，針對此種藏書觀點所設想的《上善堂書目》，內容會特別分類爲「宋版」、「元版」、「名人鈔本」、「影宋鈔本」、「舊鈔本」及「校本」等六大類。其實是有跡可尋的。

該書目跟一般的善本書目不同的是，它完全依照圖書的「形質」狀態來分類。過去所謂善本書目則都是按照圖書的「內容」，或用四部分法、非四部法來分類編排。例如，其同鄉藏書家前輩錢曾首開善本書目先例的《讀書敏求記》，就是以四部的概念來分類。一般說來，所謂的善本書目皆以珍貴的宋元舊刻、舊抄爲著錄內容，若以圖書內容來分類的話，各部類圖書的數量分佈總是輕重不均的，所以也就造成了對藏書難以統籌兼顧的現象。就這一點來講，依照版本類別來分類編排的《上善堂宋元版精抄舊抄書目》，就免掉了這種困擾。

顯然地，這種更突出強調版本的善本書目，雖然失去了目錄書供讀書、治學使用的檢索功能，但對於錢曾以來的所謂「賞鑒派」藏書家們來說，它則更有吸引力。因而，之後的清後期或清末民初的藏書家善本書目中，就有不少是使用這種編排方法的版本目錄。

例如，清瞿世瑛（約 1820～1890）的《清吟閣書目》四卷，就依版本分爲「抄本」、「名人批校本抄本」、「名人批校刊本」與「影宋元抄本」四類；清江標（1860～1899）所編《（豐順丁氏）持靜齋宋元校鈔各本書目》一卷，亦依版本編排爲「宋本」、「元本」、「抄本」、「校本」等四類；清末民初鄧邦述（1868～1939）編撰的《群

〔註 67〕 同註 30，頁 462～463。
〔註 68〕 嚴佐之，《近三百年古籍目錄舉要》（上海：華東師範大學出版社，1994 年 9 月），頁 42。

碧樓善本書錄》六卷，亦依版本區分有卷一的「宋本」、卷二的「元本」、卷三的「明本」、卷四的「明嘉靖本」、卷五、卷六的「鈔校本」等五種類別。而上述即是後世藏書家們模仿孫氏藏書目錄依版本編排的例證。

　　總之，如同孫氏在《藏書記要・編目》所說：

> 宋元刻本、鈔本目錄，亦照前行款式寫。但要寫明北宋、南宋、宋印、元印、明印本、收藏跋記、圖章姓名、有缺無缺、校與未校。元板亦然……。精鈔、舊鈔、宋元人鈔本、祕本，書目亦照前行款式寫，但要寫明何人鈔本、記跋、圖章姓名、有缺無缺。不借本，印宋鈔本，有板無板。校過者書某人校本，或底本、臨本。〔註69〕

可知，如果將上述說法與其藏書目實際的對照分析，就會發現其《上善堂宋元版精抄舊抄書目》的體例不僅不嚴格，亦沒有達到孫從添自己所要求的理想標準。但吾人不應苛求它因時代侷限所造成的不成熟；而相反的，事實上，該書目「乃是私家藏書目錄自清前期向中期過渡的一塊界石」的時代地位，則是我們在這裡要去重視的。〔註70〕

　　縱使該書只是簡單著錄的目錄類型，但就其中的版本著錄項目來說，它卻比一般簡單式目錄還要詳明、確實。該書目的著錄內容，除了註明「時代」、「書名」、「卷帙」以外，對該版本曾經「何人收藏」、「何人校勘」、「何人抄錄」、「何人題跋」甚或個別書籍的「殘損」、「基本行款」等也都做了紀錄。因此，單就這一點來看，《上善堂書目》就是因為間接提供了當時藏書家書籍聚散與收藏情況的寶貴線索，才顯得意義非凡。此外，在吾人從事個別書籍遞藏源流或版本價值的考證時，它也是有用的參考書。

（二）《活人精論》不分卷

　　孫從添撰，成書於清乾隆三年（1738），該書僅存傳本為同川鄭節齋（生卒年不詳）手錄本，現藏於中國大陸「中醫研究院圖書館」。〔註71〕該書「匯集前人醫論精粹成書，多警世之語」，屬於「醫論類」著作。〔註72〕內容分別敘述「陰陽五行」、「津」、「液」、「氣血」、「五臟六腑」、「十二經脈」、「四時氣候」、「天人相應」、「飲食起居」及「環境」等主題，並就人體調養攝生等觀念予以闡述。論述篇幅雖少，但其修身養生之論、四進調攝之法卻很完備，其所論述切於實用，對於一般人健身、

〔註69〕同註9，頁12左～14左。

〔註70〕同註68，頁43。

〔註71〕該書並在1992年正式影印出版，收錄於吳中醫集編寫組編，《吳中醫集：臨症類》（南京：江蘇科學技術出版社，1992年）一書中。

〔註72〕劉時覺編，《宋元明清醫籍年表》（北京：人民衛生出版社，2005年4月），頁142。

防範疾病很有幫助。〔註73〕

（三）《石芝醫話》卷數不詳

孫從添撰，由書名可知爲「醫話類」著作。其確切成書年代、卷數等皆未詳。原書已佚，其內容節錄則見載於乾隆五十七年（1792）唐大烈所編《吳醫匯講》卷三中。〔註74〕另《（光緒）常昭合志稿》孫從添本傳，著錄孫氏撰有《石芝遺話》一書。〔註75〕而譚華軍《中國歷史藏書論著讀本‧明清藏書樓秘約導讀》與瞿冕良《常熟先哲藏書考略》則記孫氏所撰爲《石芝餘話》。〔註76〕范鳳書先生認爲，以上三種不同書名當是指同一部書，只是不知道那一個才是該書原來的名稱。〔註77〕

（四）《春秋經傳類求》十二卷

孫從添與過臨汾共同纂輯。現存版本爲乾隆二十四年（1759）吳禧祖舊名堂刻本，〔註78〕《四庫全書總目》存目有著錄；清浙江烏程學者周中孚（1768～1831）《鄭堂讀書記‧春秋類》亦著錄該書；又，清代常熟藏書家陳揆《稽瑞樓書目‧邑人著述類》著錄：「春秋經傳類求十二卷，邑人孫從添、長洲過臨汾同撰。從添，字石芝，好聚書。十冊」。〔註79〕《四庫全書總目‧經部‧春秋類存目》論及此書云：

> 是書始刻於乾隆己卯，取春秋三傳及胡安國傳分爲一百二十門。每門前列書法，後載事類，事類之中又自分經傳。其自述謂本於蘇軾春秋當以類求一語。雖亦欲發比事屬辭之旨，然割裂繁碎，彌難尋檢。卷首列春秋諸國圖說一篇，亦取之蘇軾指掌圖，不知指掌圖後人贗作，非軾書也。〔註80〕

而周中孚《鄭堂讀書記》卷十一亦評論云：

> 然如此書之多分門類，碎亂彌甚，而謬誤更所不免，恐大失古人之意。

〔註73〕參見裘沛然等編，《中國醫籍大辭典》（上海：上海科學技術出版社，2002年8月），頁1326。

〔註74〕同註5。

〔註75〕同註2。

〔註76〕參見徐雁、王燕均編，《中國歷史藏書論著讀本》（成都：四川大學出版社，1990年7月），頁502、718。

〔註77〕同註66。

〔註78〕此外，該書版本另有：「《春秋經傳類求》十二卷。清常熟孫從添、長洲過臨汾撰，清乾隆二十四年孫從添上善草堂刊本。」參看：江澄波、杜信孚、杜永康編，《江蘇刻書》（南京：江蘇人民出版社，1993年12月），頁318。該版本目前未見。

〔註79〕同註53，頁11。

〔註80〕同註10，頁654上。

觀其於三傳及杜解外，並取胡傳、林注；而所載列國圖說，不知爲僞本蘇

氏指掌圖，益可想見其書之舛陋矣。〔註81〕

要言之，該書是取材於《春秋》三傳及胡安國傳，將其經傳的部分按照其所分的門類去排比，以讓讀者可以快速找到《春秋》中某一主題的資料。例如，該書卷一即分有「慶祥」、「災荒」、「怪變」、「感召」、「術數」、「崇信」、「黷慢」等七種主題的門類。〔註82〕其缺點正如《四庫全書總目》、《鄭堂讀書記》所言，集中在該書資料剪裁太過於細碎、排列也沒有一定的順序與資料來源未考察等方面上，也造成了日後讀者難以尋檢利用的情況。

（五）《藝蘭百詠》一卷

孫從添撰，內容不詳，《中國叢書廣錄》有著錄。該書收錄於清代蘇州府張紫琳（即張霞房，名紫琳，字禹書，號霞房，乾隆年間秀才。）所編之《霞房叢鈔》中，稿本現藏上海圖書館。〔註83〕

〔註81〕　〔清〕周中孚，《鄭堂讀書記》（北京：中華書局，1993 年 1 月），頁 60。

〔註82〕　同註 27，〈春秋經傳類求目錄〉，頁 177 上。

〔註83〕　參見陽海清編撰、陳彰璜參編，《中國叢書廣錄》（武漢：湖北人民出版社，1999 年 4 月），頁 171。

第三章 《藏書記要》撰述的時代背景

第一節 前代藏書理論概述

　　古代中國人是重視「實踐」哲學的民族，「中國哲學以生命爲中心，乃是以生命意義與價值的完成爲中心，而不是對生命進行一種客觀知識的討論或研究」。〔註1〕因而，歷來的各種「理論」，大都出現在長期「實踐」之後。用此觀點去看待藏書活動，同樣也就看到了：「我國古代的藏書活動起源雖然很早，但關於藏書建設之理論則產生較晚」的現象。因爲過去各代藏書家們所「通過長期的實踐活動，逐步摸索和總結出一套關於藏書建設的理論與方法」，完全是在實際藏書活動中產生與發展的，因此時間的長期積累、醞釀也就成了藏書理論產生早晚的關鍵因素。〔註2〕

一、藏書相關理論的醞釀：先秦至隋唐

　　開始有圖書典籍的早期，所謂對於藏書的典藏管理，只停留在實際的操作與利用上。〔註3〕雖然，西漢時期劉向（約前77～6）、劉歆（前50～20）父子對官方所藏圖書的整理校正、分類列名，被視爲我國「目錄學」學術活動的開始。但這種將書籍分類庋藏，並按一定次序排列，妥善保管使之方便於取閱研讀的努力儘管有貢

〔註1〕 參見王邦雄等編著，《中國哲學史》（臺北：國立空中大學，2001年2月），頁8。
〔註2〕 謝灼華，〈我國古代藏書建設理論之發展〉，《圖書情報知識》1982年第2期，頁8～14。
〔註3〕 例如，根據《周禮》的記載，天地春夏秋冬六官，就依其專門分別保管著所謂的六冊，亦即：「政治事務」、「教育風化」、「禮儀形制」、「軍事事務」、「法律條文」、「工程建築」等。但這樣的記載只是實際操作官員執掌的說明，並不是當時人們認爲這樣是有益於藏書管理，而特別提出來的理論。

獻，但因沒有學術主動的積極意識，故未形成系統的藏書建設理論。〔註 4〕對藏書活動有意識的加以分析，並提出各式的「藏書理論」以供探討，則是在經過長時期實踐的隋唐五代後才開始漸漸出現。〔註 5〕

隋唐五代的藏書理論雖有初創的不完善處，但此時「伴隨著藏書活動日益普及活躍，藏書的意義也日益爲人所重視，紀錄歷代藏書事實的文獻不斷產生，有關藏書的訪求及分類編目等措理之術的研究也得到發展與完善，這標示著我國古代藏書理論在歷經漢魏六朝的醞釀後，已進入形成時期」。〔註 6〕

例如，隋代秘書監牛弘（545～611）的〈請開獻書之路表〉（隋書卷四十九〈牛弘傳〉），即就書籍對國家、社會的重要性進行深入闡述，其視國家藏書建設爲文化教育根本的「國本論」主張，亦成爲其藏書理論的核心。其特點表現在：一、「徵書」問題上，牛弘總結了從漢初到隋代，官方「徵集」民間圖書的辦法。對此一問題，他提出了一連串如何豐富國家藏書的原則與方法，像「勒之以天威，引之以微利」、「校寫既定，本即歸主」等等。事實也證明了這種恩威並施方法的成效是不錯的。二、第一次總結了春秋以來的圖書「五興」、「五厄」，並提出藏書「興集之朝，屬膺聖世」的觀點。三、「國本論」所建立的「典籍」興邦立國觀點，影響後世主政者積極藏書、收書的態度。

稍後，唐代魏徵（580～643）所修《隋書・經籍志》，基本受到牛弘的影響，又進一步發展出重視培養圖書經籍之研究人才的想法。另外，在《隋書・經籍志・總序》中他又明確表達了封建社會藏書分類應服務於封建統治階級的思想，並由此奠定了中國古代藏書目錄「四部分類法」的理論基礎。而魏氏所認爲書目分類應做到「剖析條流，各有其部」，且分類體系應隨時代和學術適時改變的主張，也在《隋書・經籍志》中得到了完整體現。

儘管牛弘、魏徵等人提出的藏書理論有其「形成期」的時代意義，但就藏書理論該有的具體措施與方法原理闡釋上卻仍有不足。〔註 7〕因此實際上，系統化藏書

〔註 4〕而這種差別，就在於：一種是説明如何去整理（劉向、劉歆的實務工作）；一種除了説明如何做外，爲何如此做的原因、優缺與如此做的前後歷史演變亦是要一併講明的。

〔註 5〕比起漢代，稍後的魏晉南北朝在藏書活動的作爲續有進步，但文獻記載上則大多只反映在藏書家抄書、聚書、校勘藏書的事跡上。但到了唐五代、宋以後，官方、私家藏書收書、保管的意識則越來越強，例如官方藏書已注意到收藏正、副本的作用，私家柳仲郢、王欽臣所藏書必有副本以確保圖書的保存等，即是其例。因而，隋唐後藏書理論的漸漸茁壯是其來有自的。

〔註 6〕任繼愈等編，《中國藏書樓》（瀋陽：遼寧人民出版社，2001 年 1 月），頁 554。

〔註 7〕例如，牛弘〈請開獻書之路表〉對於圖書搜求，只説要「勒之以天威，引之以微利」，

理論的形成時期，還是要到宋代以後。如果就上述標準去檢視，吾人可以說：古代中國的藏書理論還是要「到了宋代，才逐步形成和系統了藏書建設之理論。明清兩代，完成了封建社會藏書建設理論之體系，全面總結了藏書實踐的內容，取得了藏書建設理論化和系統化的成就」。〔註8〕而從宋代以後就逐漸開展的各式藏書理論探討，對於孫從添《藏書記要》藏書理論之成形，也就起了直接或間接的影響作用了。以下試論述之。

二、藏書相關理論的形成期：宋遼金元

　　此時期的官方藏書理論發展方面。接連出現的南宋程俱（1078～1144）《麟臺故事》、陳騤（1128～1203）等的《南宋館閣錄》、佚名《南宋館閣續錄》與元代王士點（1265年任職秘書監）、商企翁（1264年任職秘書監）的《秘書監志》等專門記錄中央政府藏書機構組織、沿革與設置情形的著作，可說具有史料、史實參考方面的價值。但是，在藏書理論的深入闡發上，這些作品則似嫌不足。例如，南宋秘書少監程俱《麟臺故事》中雖專門設立有「儲藏」一節，但卻只記載北宋秘書省三館秘閣的藏書故實而已，對於實際藏書的採訪方法則付之闕如。〔註9〕

　　其實，古代中國關於藏書建設的理論研究，比較集中在私人藏書家群體。就宋代而言，雖然宮廷與官府收藏了數量龐大的典籍，但因為公家藏書有其極現實的管理考量，因而官方藏書典藏問題的理論研究，並未引起當時官方或學者們的重視。

　　自古以來，官府的藏書就是天子、皇室們的財產，如果皇帝沒有特別的學術要求，管理人員首要注意的當然只有典藏物品的完整無缺。因而，針對如何方便管理官方藏書的考量，相關人員所會去注意的就屬：「諸如編撰的原則說明」、「規定嚴格的取閱規則」、「指示清楚的參考說明」與「記載詳細清楚的清單目錄」等等範圍了。例如，陳騤等人編撰的《南宋館閣錄》卷三〈儲藏〉一節，即詳記有：本節的撰寫沿革、秘閣圖書的借閱規定、校勘秘閣書籍的範式與秘閣諸庫藏品種類、收藏數量的清單等。〔註10〕而關於藏書的管理理論明顯是缺乏的。

　　　　對於實際藏書的採訪措施，就沒有進一步具體說明了。
〔註 8〕 同註2。
〔註 9〕 事實上，該書「儲藏」一節僅記載了淳化三年（西元992年）與咸平二年（西元999年）太宗、真宗臨幸秘閣、國子監等藏書處所的些許言行與事蹟。參見〔宋〕程俱撰、姚伯岳校點，《麟臺故事》（收錄於《中國歷史藏書論著讀本》中，成都：四川大學出版社，1990年7月），頁138～139。
〔註10〕 參見〔宋〕陳騤等撰、張富祥點校，《南宋館閣錄》（與《南宋館閣續錄》合刊，北京：中華書局，1998年7月），頁21～26。

此時期的私人藏書理論發展方面。諸如宋代蘇軾（1037～1101）的〈李氏山房藏書記〉、葉夢得（1077～1148）的〈紬書閣記〉、陸游（1125～1210）的〈書巢記〉和〈萬卷樓記〉、金代孔天監（生卒年不詳）〈藏書記〉、元好問（1190～1257）的〈故物譜〉和元代袁桷（1266～1327）的〈定海縣學藏書記〉、劉將孫（1257～？）的〈長沙萬卷樓記〉等。雖提出一些想法與觀念，但對於實際藏書管理活動的理論指導也仍舊是不足的。例如，金人孔天監〈藏書記〉稱云：「噫！是舉也，不但便於己，蓋以便於眾；不特用於今，亦將傳於後也。」〔註11〕作者記載並盛讚其友人承慶及邑中豪傑之士籌資購書，建立公共藏書樓以供貧窮士人閱讀的創舉，當中反映了他公開藏書於大眾的思想。雖然觀念極為先進，但卻沒有對具體的細節進行闡述，所以也就稱不上是「藏書理論」了。

因此可以說，雖然此時期私人藏書家的藏書理論續有發展。但真正能從私人藏書需要著眼，以實務經驗與管理技術為理論後盾，進而發展出一套「藏書理論」的人似乎是不多的。

古代私人藏書家與官方藏書管理者，因為出發點不同而產生了明顯的差異。私人藏書活動是自身的興趣與愛好所在，為了能夠好好的維護與妥善利用自己的藏書，各式各樣的圖書管理與保護方法，在長期實踐後漸漸地出現了。例如，宋代藏書家晁公武（1105～1180）、陳振孫（約 1183～1262）的《郡齋讀書志》與《直齋書錄解題》即是基於治學需要而編制的提要式藏書目錄，它們明確呈現出與官方藏書目錄截然不同的取向。但這還只是藏書管理方法的實際進步而已，真正等到時機成熟，各種藏書經驗或方法逐漸累積並形之筆墨後，相關藏書理論的作品也就應時而生了。

吾人如果依此脈絡去考察，可知，在宋代時首先能夠以自己的藏書理論指導實際藏書活動的，即當屬南宋私人藏書家鄭樵。鄭樵著有《通志》二百卷，其中的二十略可說是精華所在。二十略中之〈藝文略〉、〈校讎略〉、〈圖譜略〉等，不但對於圖書校讎方法、目錄編制實務有獨特的理論意義，重要的是，它同時也開創了古代校讎學與目錄學發展的新階段。

觀其《通志‧總序》所論〈校讎略〉的撰作旨趣云：「冊府之藏，不患無書，校讎之司，未聞其法。欲三館無素餐之人，四庫無蠹魚之簡，千章萬卷，日見流通。故作〈校讎略〉。」〔註12〕可知，〈校讎略〉重點在對「藏書工作者」提示有效管理

〔註11〕 參看李希泌、張椒華編，《中國古代藏書與近代圖書館史料（春秋至五四前後）》（北京：中華書局，1996 年 7 月），孔天監〈藏書記〉，頁 25～26。

〔註12〕 參見〔宋〕鄭樵撰、王樹民點校，《通志二十略》（北京：中華書局，1995 年 11 月），

圖書的訣竅，並進而使圖書文獻發揮出最大的功效。而這樣的觀念在當時可說是極為進步的。

另外，〈校讎略〉所提出的〈求書之道有八論〉九篇，〔註13〕則是鄭樵當時廣泛「借讀」公私藏書之家，於長期搜訪圖書的辛苦實踐中，總結當代圖書搜求經驗和自身採訪體會所撰述成的經驗著作，它對於私人藏書的參考價值、指導作用則是有目共睹的。由此可知，鄭樵〈求書之道有八論〉對於古代藏書建設理論不但發前人所未發，而且有其重要的啓發意義。也因此，同樣是藏書活動實踐「理論家」的孫從添之《藏書記要》，對於圖書文獻「購求」上的求書「六難」問題探討上，實淵源與蛻變於鄭樵〈校讎略〉的「求書八道說」的情況，則是很容易理解的。〔註14〕

又，〈校讎略〉中又有〈求書遣使校書久任論〉一篇云：「求書之官不可不遣，校書之任不可不專。」〔註15〕所謂「求書之官不可不遣」，即是在闡述如果搜訪圖書時有專門的人員，找書才能由近而遠，廣泛、全面而不遺漏。而孫氏《藏書記要‧購求》亦云：「但知近求，不知遠購，五難也；不知鑒識眞僞，檢點卷數，辨論字紙，貿貿購求，每多缺軼，終無善本，六難也。」〔註16〕強調了專門購求人員的重要，這樣去找書才能廣博無遺，收書才能確實鑑眞而不受欺。

所謂「校書之任不可不專」，即是在說明校讎是一件漫長的工作，爲了不使成績因中斷而打折扣，負責的專業人員是要長久處在其位的。過去，劉氏向歆父子校讎工作之相續「久任」，即是他們成功的關鍵因素。而《藏書記要‧校讎》中所強調校書工作是漫長連續，校書的專人要有時間且不間斷方能有成等，也是在說明此項原則。〔註17〕

總之，私家藏書產生很早，藏書理論也經過代代不斷的經驗積累。於是，宋代出現了鄭樵的《通志‧校讎略》，「分析了歷代典籍散亡的原因，說明搜訪典籍的必

頁 8〜9。

〔註13〕此「求書八法」，分別是：「即類以求」、「旁類以求」、「因地以求」、「因家以求」、「求之公」、「求之私」、「因人以求」、「因代以求」。參見：同註 12，頁 1813〜1814。

〔註14〕例如，孫從添「求書六難」中的「但知近求，不知遠購，五難也。」即是有感於儘管鄭樵在「求書八法」中已有提及像：「《孟少主實錄》，蜀中必有。《王審知傳》，閩中必有。……。如此之類，可『因地以求』。」的概念，但世人往往還是因爲貪圖方便而錯失了良機，故進而提出此一難處來提醒藏書家們。

〔註15〕同註 12，頁 1812〜1813。

〔註16〕參見〔清〕孫從添，《藏書記要》（台北：藝文印書館，1966 年，據清嘉慶十六年《士禮居叢書》本影印），頁 1 左。

〔註17〕同註 16，頁 9 左。

要性，並系統地提出了『求書八法』，藏書的實踐經驗開始得到理論性的總結，並被後代藏書家奉爲圭臬」。〔註18〕而其對後世藏書理論的影響與啓發，當然也就史不絕書了。

三、私家藏書理論的鼎盛期：明、清

鄭樵根據當時及歷代國家藏書、私人藏書的求書經驗，所總結出來的「求書八道」說，不僅「在中國圖書館學發展史上是有重要意義的」而且「他的這些理論，對於後世私人藏書家訪求圖書影響巨大，明代祁承㸁，清代孫慶增等，無不奉爲自己採訪圖書準則。」〔註19〕這恰恰說明了鄭樵發展出來的藏書理論受到後人推崇的具體情況。

事實上，到了明代以後，上述如鄭樵《通志‧校讎略》般的「這一類理論性的總結越來越多，如邱浚（1418～1495）的《大學衍義補‧圖書之儲》、高濂（生卒年不詳）的《遵生八箋‧燕閒清賞箋》、張萱（1557～1641）的《西園聞見錄‧藏書》等。然而，最重要的是藏書家祁承㸁在他的晚年所作的《庚申整書小記》和《澹生堂藏書訓約》兩部作品」。〔註20〕

《澹生堂藏書訓略》，爲《澹生堂藏書約》中的一部份，屬於藏書理論性著作。明代浙江山陰藏書家祁承㸁所撰著。其內容可分爲「購書」與「鑒書」兩個部分，論述主題圍繞在平生藏書的經驗闡發，該書理論精到，是學術參考性極佳的一部藏書理論性著作。其中，該文針對藏書的購求部分，亦在鄭樵「求書八法」的基礎上補充提出了「購書三術」，對之後孫從添的「求書六難說」也有一定啓發意義。而關於「鑒書」方面，祁氏提出了所謂的「五審論」，〔註21〕對於孫氏《藏書記要‧鑒別》篇的影響更是不小。

例如，根據祁氏鑒書五審中的「審輕重」所言，可知以經、史、子、集四部書而論，他認爲經書是第一位的；而以書籍的寫作時代而論，越古老接近原貌則是越好的。這則是因爲：

〔註18〕參見周少川，《藏書與文化：古代私家藏書文化研究》（北京：北京師範大學出版社，1999 年 4 月），頁 211。

〔註19〕同註 2。

〔註20〕同註 18。

〔註21〕其「購書三術」論，分別爲：「眼界欲寬」、「精神欲注」、「心思欲巧」。其「鑒書五審」論，分別爲：「審輕重」、「辨眞僞」、「核名實」、「權緩急」、「別品類」。參見〔明〕祁承㸁等撰，《澹生堂藏書約（外八種）》（上海：上海古籍出版社，2005 年 11 月），〈藏書訓略〉，頁 15～26。

> 垂於古而不能續於今者，經也；繁於前代而不及於前代者，史也；日亡而日逸者，子也；日廣而日益者，集也。……故得史十者不如得一遺經，得今集百者不如得一周秦以上子，得百千小說者不如得漢唐實錄一，此其書之不相及也。購國朝之書十不能當宋之五也，宋之書十不能當唐之三也，……此其時之不相及也。〔註22〕

而孫氏《藏書記要・鑒別》所云：「藏書之道，先分經史子集四種取其精華，去其穢秕。經為上，史次之，子集又次之。凡收藏者須看其板之古今，紙之新舊好歹，卷數之全與缺，不可輕率」。〔註23〕雖然，祁氏所云時代早晚、優劣高下主要是從書籍的內容著眼。而孫氏改變之另從書籍的外在價值著眼，視角雖有不同，但兩人的最終訴求卻是一致的。

　　例如，孫氏認為經書是四部的精華所在，且版本時代較早期的圖書，內容則是近古、近真說法，即顯現出孫、祁二氏實為同一理路。所以在基本上，孫從添因為經書重要而「尊經」，與「佞宋」才能有利於書籍研讀的傾向，和祁氏觀念不但基本相近，採用方法也是一脈相承的。

　　總之，同樣是藏書家在實際藏書活動中所體會出來的「藏書理論」，不同的時代雖然會有不同的面貌；並且，它們也常常受到時代的考驗而慢慢演化。但是，這些「去蕪存菁」後的各式藏書理論，其時代越晚越是讓人更加重視與樂於採用，而吾人從《藏書記要》理論內涵的新舊兼包與精華畢現上，就能很清楚、明瞭這一點。

　　清初的情況，與考據學逐漸興起有關，詳見下節。

第二節　考據學風的逐漸興起

　　孫從添生於康熙三十一年（1692），卒於乾隆三十二年（1767），生長時代正好橫跨了清初康熙、雍正與乾隆三個朝代（1662～1795）。此三朝代總共有 134 年，恰好佔了清朝全部歷史時程（即 268 年）的一半。故民國以來，史學家們都把這一歷史時期概括為所謂的「康乾盛世」。〔註24〕

〔註22〕同註 21，頁 18～19。

〔註23〕同註 16，頁 3 右。

〔註24〕例如，根據李治亭先生的說法，歷來所謂「盛世」朝代的明顯特徵，就表現在「國家統一」、「經濟發展」、「政局穩定」、「國力強大」和「文化昌盛」等五個方面的相對突出上，此時期則是符合此特徵的。參見其所著：《清康乾盛世》（南京：江蘇教育出版社，2005 年 9 月），〈自序〉，頁 2～3。

這一時期，除了政治上的相對穩定與經濟上的特別繁榮外，最突出的莫過於學術活動與教育文化的昌盛了，李治亭先生《清康乾盛世》一書如此說道：

康乾盛世的文化，全面昌盛，在文化、學術、教育等各個領域各有開拓、創新和發展，雖然在一些領域未必超過前代前人，卻在總體上顯示出超越古人的恢弘氣勢。一部卷帙浩繁的《四庫全書》，集歷代文化之大成，足以成為盛世文化的一大標誌，也是時代的輝煌！〔註25〕

事實也證明，「康乾盛世」時代在學術文化上的醞釀累積與開拓，大大促成了稍後「乾嘉學術」時期的全面繁榮，因而，可以說「清代文化方面的重大成果和成就，大多都產生於康乾盛世時期，其中，乾隆朝又佔了相當的比重，有深遠影響的成果及獨樹一幟的學術流派，也出現在這一時期。」〔註26〕而由此時期所帶領漸漸展露頭角的「考據之學」，除了成為了我國古代四大學術思潮之一外，〔註27〕此種學術因大量使用圖書文獻，其導引生成的新觀念與進步思潮也成了古代藏書學史、藏書理論向前發展的一大推手。

清初考據學風的逐漸成形有其種種的因素，其中「盛世」之下嚴厲的文化政策與殘酷的文字獄造成知識分子的「不愿出仕，轉而專心致志於與政治關係不大的校勘學、輯佚學和考據學之類，而這種學術研究是要求有一定數量的藏書做基礎的，很多學者經過努力搜求，也成為藏書家隊伍中的一員了」。〔註28〕由此可知，考據學者們開展其學問，常需要有豐富藏書為基礎，而眾多藏書在他們認真的學術運作下可說更加的正確與可讀，當然更受到學者的珍視。例如，清初學者何焯（1661～1722）「精於校書，所蓄數萬卷；又多見宋元舊本，點勘訛脫，分別丹黃，藏書得何氏校本，以為至寶。所校定《兩漢書》、《三國志》，考證尤精核。」〔註29〕可知他除了在校勘、考證學方面有其貢獻外，他同時也是一位藏書達數萬卷的知名藏書家。

清代康雍、乾嘉時期的學者們，思想上反對空談義理而總言之有物，在方法上則力求通過比勘各書版本、訓詁古今字句，去認識古代名物、制度，進而發展其獨特的義理規模。因而，在從事學術研究的基礎上，他們於廣搜群籍的同時，特別看重珍本、善本的收藏與研究。也由於這些學者以古代文獻的整理、校勘、疏釋、編

〔註25〕同註24，〈自序〉，頁4。
〔註26〕同註24，頁500。
〔註27〕梁啟超：「在我國自秦以後，確能成為時代思潮者，則漢之經學，隋唐之佛學，宋及明之理學，清之考證學，四者而已。」參見其所著：《清代學術概論》（收錄於《中國歷史研究法五種》一書中，臺北：里仁書局，1982年1月），頁554。
〔註28〕徐凌志等編，《中國歷代藏書史》（南昌：江西人民出版社，2004年7月），頁333。
〔註29〕支偉成，《清代樸學大師列傳》（長沙：岳麓書社，1998年8月），頁285～286。

目、輯佚、辨僞、刻印流傳爲目的，所以「幾乎都成了家富萬卷的藏書家，而講求版本，珍視宋元眞跡又成爲這個時代藏書家的共同特點」。〔註30〕清浙江錢塘學者吳振棫（1792～1871）曾述及此：

> 國家文化翔洽，篤學之士制經輯史，網羅百家。即以吾兩浙言，則有若趙氏小山堂、盧氏抱經堂、汪氏振綺堂、吳氏瓶花齋、孫氏壽松堂、郁氏東嘯軒、吳氏拜經樓、鄭氏二老閣、金氏桐華館，收藏皆極富。〔註31〕

即是在讚嘆此一政治、文化盛世下，蓬勃而連貫不絕的私人藏書風氣。又如，浙江海寧藏書家陳鱣，史載其「生平專心訓詁之學，閉戶勘經著述不倦，中年需次公車，嘗與錢竹汀宮詹、翁覃溪閣學、段懋堂大令，抽甲庫之秘，質疑問難以爲樂。……晚客吳門，聞黃蕘圃主政百宋一廛九經三傳各藏異本，於是欣然定交。互攜宋鈔元刻，往復易校，……莫不精審確鑿，俾經生家如見原書，不至爲俗刻所誤，其功與考定石經無以異。暮年歸隱紫薇講舍，手自鈔撮成書，……凡十有九篇，署曰《經籍跋文》。」〔註32〕可知，陳鱣因爲學問需要而廣搜宋元佳刻，後來則又因爲豐富的藏書幫助而更成就其學問。

當代私家藏書史研究學者范鳳書先生曾云：

> 大藏書家幾乎都是學問淵博能寫善論的著述家。清代以百計的大藏書家都有論著，學術研究相當活躍，在諸多學術領域都是碩果累累，成就喜人。〔註33〕

即說明在清代，藏書家與學術研究者並無絕對區分。又例如，清浙江仁和地區學者杭世駿（1698～1773），號堇浦，學識豐富，作品等身。曾著有《續禮記集說》百卷、《史記考證》七卷、《三國志補注》六卷、《榕城詩話》、《道古堂詩文集》、《金史補》、《補史亭剩稿》、《訂訛類編》、《續方言》等書。八千卷樓主人丁申（1824～1881）就說他：

> 王瞿《道古堂集·序》：「堇浦於學無所不貫，所藏書，擁榻積几，不下十萬卷。」……藏書之富，甲於武林。先生〈補史亭記〉云：「杭子疏

〔註30〕黃燕生，《天祿琳琅：古代藏書與藏書樓》（臺北：萬卷樓圖書有限公司，2000年6月），十七〈注重版本的乾嘉學者〉，頁167～168。

〔註31〕〔清〕吳振棫著、王濤校點，《養吉齋餘錄》（與《養吉齋叢錄》合刊，杭州：浙江古籍出版社，1985年1月），卷七，頁355。

〔註32〕參見〔清〕陳鱣，《經籍跋文》（收錄於《宋版書考錄》中，北京：北京圖書館出版社，2003年4月），管庭芬〈經籍跋文跋〉，頁271～272。

〔註33〕范鳳書，《中國私家藏書史》（鄭州：大象出版社，2001年7月），第二編第五章第8節〈清代藏書家的學術成就〉，頁425。

證《北齊書》既畢，越明年，乃補金史。先人庇屋，積有餘材，營度後圖，規爲小亭，……乃徙先世所遺群籍，凡有關涉中州文獻者，悉置其處。廣榻長几，手自讐溫，間有開明，輒下籤記。」先生以補金朝一史，所聚群籍已盈几堆榻，則其他書之富可知。……夫豈以百宋千元自矜儲藏之富者所可比擬哉！〔註34〕

的確，有如此多的藏書爲知識後盾的杭世駿，做起學問來當然是得心應手的。對於此點，近世文獻學者陳登原先生亦曾云：

> 有清（1644～1911）之興，雖承流賊紛擾之後，典籍零落。然其時藏弆家之抱殘守缺，補苴蟫漏，洵有足以令人興羨者。……。然則吾人敢爲一言，即吾人欲明清學之所以盛者，雖知其由多端，要不能與藏書之盛，莫無所關。〔註35〕

而上面所述雖然泛指整個清代藏書家的學術成就，但把它用來說明康雍、乾嘉時期互兼學者、藏書家身份的學人之成就也是很貼切的。清代考據學因反對明末心學的「束書不觀，遊談無根」而來，明末心學所據以爲理論來源的宋代理學家們認爲多讀書有時會傷害心性，因而並不主張博學。可是對清代的考據學家來說，多讀書以及多藏書籍卻是學術研究的先決條件之一。清代學者在藏書時所表現出來的這種態度，即最爲典型地顯現出了清代學術「智識主義」的一面，〔註36〕事實上，如果沒有足夠的藏書以及大量的傳抄本、珍本、善本書，以整理古籍爲主的考據學必然沒有穩固的立基之地。

總之，清代考據學者對於藏書活動是很重視的，也就是因爲「清代考據學的盛行，爲目錄學和版本學的良好發展提供了肥沃的土壤，學者和大部分藏書家都十分重視對圖書版本的鑒別，注重藏書目錄的編制工作」。〔註37〕

例如，清江蘇江都藏書家秦恩復（1761～1844），《清史稿》卷七十二本傳說他「讀書好古，所居五笥仙館蓄書萬卷，丹鉛不去手，尤精校勘」。可知，在清代考據學的風氣下，像秦氏這樣的藏書家，於版本目錄學的造詣上必然不低。同時，他所

〔註34〕〔清〕丁申，《武林藏書錄》（收錄於《澹生堂藏書約（外八種）》中，上海：上海古籍出版社，2005 年 11 月），卷下〈道古堂〉條，頁 64。
〔註35〕陳登原，《古今典籍聚散考》（臺北：河洛圖書出版社，1979 年 5 月），頁 319。
〔註36〕余英時先生在談及清初至乾嘉時期智識主義的興起時就曾提到：「從思想史的觀點說，清代的考證學應該遠溯至明代晚期的程、朱和陸、王兩派的義理之爭。由義理之爭折入文獻考證，即逐漸引導出清代全面整理儒家經典的運動。」參見其所著：《論戴震與章學誠：清代中期學術思想史研究》（北京：生活・讀書・新知，三聯書店，2000 年 6 月），內篇三〈儒家智識主義的興起——從清初到戴東原〉，頁 18。
〔註37〕同註 28，頁 334。

編撰的《石研齋書目》上、下卷，則體現了此時期藏書家擅長融合版本鑑識與編制目錄於一爐的情況。清代江蘇吳縣藏書家顧廣圻（1770～1839）評論其《石研齋書目》道：

> （石研齋書目）體製之善也。蓋由宋以降，板刻眾矣，同是一書，用較異本，無弗敻若徑庭者。每見藏書家目錄，經某書、史某書云云，而某書之何本，漫爾不可別識，然則某書果爲某書與否，且或有所未確，又烏從論其精確美惡耶！今先生此目，創爲一格。各以入錄之本詳注以下，既使讀者於開卷間目憭心通，而據以考信，遂不啻燭照數計，於是知先生深究錄略，得其變通，隨事立例，惟精惟當也。特拈出之書於後，爲將來撰目錄之模範焉。〔註 38〕

清代考據思潮下，此種重視版本鑒別與治學利用等多功能藏書目錄的漸漸風行，顧氏從時代風氣與學術潮流等因素去考察，其闡述自然是適當的。而這對圖書文獻的「鑒別」與「編目」工作，可以說，也是孫氏在《藏書記要》中所要探討的重點所在。重點是，就在學者們普遍重視文獻與藏書家們積極思考有效利用及善用圖書文獻的學術風氣下，身兼學者與藏書家身份的孫從添，於認眞思索如何完善保護圖書文獻的過程中，也付諸行動寫下了難得之作：《藏書記要》。

第三節　官方藏書的極盛發展

中國古代的官方藏書主要分爲：中央內府藏書與地方機構藏書兩個系統。清代開國初年，因爲改朝換代的動亂，無論公家藏書還是私人藏書都是不繁盛的，經過了十幾年的休養生息，隨著社會相對安定，官方藏書事業開始有了極大發展。所以可以說，到了康熙乾隆朝之「盛世」時期，「清代國家藏書發展到了我國古代國家藏書的全盛時期」。〔註 39〕

官方藏書的發展順序首先當然是中央的國家藏書部分，之後才是分屬各地的地方藏書機構，因而，此時期官方藏書最重要與影響最深遠的就屬位在中央的皇家內府藏書了。清代前期的藏書事業是古代中國藏書活動最發達的時期，這固然與當時社會經濟、文化教育的發展有一定關係，但有更重要影響力的還是清代初期幾個皇

〔註 38〕參見〔清〕顧廣圻，《思適齋集》（收錄於《顧廣圻書目題跋》中，與《黃丕烈書目題跋》合刊，北京：中華書局，1993 年 1 月），卷十二序六〈石研齋書目序〉條，頁 539。

〔註 39〕程千帆、徐有富，《校讎廣義——典藏編》（濟南：齊魯書社，1999 年 12 月），頁 84。

帝所施行的種種政治措施。例如，康熙皇帝為了標榜「崇尚經學」的思想，下令編纂刊行了眾多經典著作，諸如《日講易經解義》十八卷、《御纂周易折中》二十二卷、《欽定書經傳說匯纂》二十四卷等著作，在當時即大大充實了官府收藏。此時，又因為重視類書編輯而刊行的大部頭書籍，像《佩文韻府》四百四十卷、《古今圖書集成》一萬卷等，則在稍後乾隆皇帝的《四庫全書》徵集運動中，扮演了充實民間私人藏書的角色。

　　滿清入關，建立了古代中國最後一個封建王朝——清朝。清王朝建立初期，朝廷受到漢族與各民族在武力及思想上的激烈反抗，所以，清廷一面以武力鎮壓，一面採用相應的文化政策來籠絡。清初的順治、康熙、雍正、乾隆四朝，就曾是中國歷史上實施禁書與文字獄最多、最嚴厲的時期。學者提及此時即說道：

　　　　要以強力來取締不利於政府的思想，自免不了禁書。這原是一個老掉了牙的法子，只不過在清代前期經常與文字獄相結合，顯得特別兇殘和野蠻。此種文字獄集中在康熙、雍正、乾隆三朝，……。〔註40〕

這種禁書和文字獄相互聯繫所形成的嚴密文網，造成廣大知識分子們為了避禍而埋首於無關時政的「考據之學」中。後來的歷史發展，證明了這樣的文化措施在一定程度上的確發揮了它的效果。

　　清初統治者，為了知識分子的思想箝制，採取了許多迎合這些讀書人的文化政策，例如開科取士、提倡程朱理學、纂輯各式圖籍與宣揚稽古右文觀念等等。而這些作法，確實也激起了不少漣漪。很快地，全國各地皆形成了一種有助於朝廷統治、有利於學術文化發展的一股廣泛風氣。當時，可以說全國的「知識分子勤於著述，官、私、坊各個系統的出版事業得到空前發展，整個社會對圖書產生了空前的興趣，許多珍本秘笈從民間發掘出來，使得藏書事業出現了從來沒有過的興旺局面」。〔註41〕在清代初期的國家藏書中，屬於這些文化政策的推動者、統治者所擁有之中央內府藏書部分，更是因為他們的銳意搜求而達到了空前繁榮的盛況。

　　清代立國初年，除不斷的收集前代遺書，亦廣泛收羅四方各地之典籍，逐漸樹立了其國家皇室藏書的盛大規模。首先，清政府承襲了明代宮廷的全部藏書，但因為前代所遺留下來的藏書極為有限，所以必須廣泛向各地徵集圖書。順治皇帝即位之初，就多次下令廣泛搜求散佈各地有關明代天啟、崇禎二朝的史冊典籍。之後，康熙朝廷為了纂修明史、稽古右文等理由，亦有下詔徵求圖書文獻的情形。〔註42〕

〔註40〕陳正宏、談蓓芳，《中國禁書簡史》（上海：學林出版社，2004年1月），頁194～195。
〔註41〕同註6，頁1166。
〔註42〕例如，清王士禛云：「康熙二十五年四月，上諭禮部、翰林院：『……因思通都大邑，

但是，清代初期普遍徵書以充實國家藏書的各朝中，規模最大、影響最爲深遠的則當屬乾隆一朝。

自乾隆三十七年（西元 1772 年）正月四日，正式頒發徵書之諭，直到乾隆四十三年（西元 1778 年），此一龐大的徵書活動才正式告一段落。其時間之久與範圍之廣，皆是前所未聞。其中，乾隆皇帝由弱轉強的徵書態度，可說是官方藏書得以快速增加的重要因素。換句話說，從他一開始將搜求圖書純粹視爲「副在石渠，用儲乙覽」的溫和要求，到後來因積極編纂《四庫全書》而產生的威逼嚴催之詞，即顯示出乾隆皇帝漸漸的體認到，這樣做不僅有助於籠絡士人以進一步鞏固統治，而國家藏書大大充實之後，則還能使他博得後世史家「稽古右文」的美名。經過了他的「強烈」推廣，公私藏書活動皆達到高潮，〔註 43〕也造就了清中期以後廣爲人知的公私藏書盛況。

孫從添處在這一官方藏書極盛的時代，龐大官方藏書所賴以保持完整、完善的種種管理措施，諸如中央館閣有專職專人管理、廣泛編制各式藏書目錄掌握藏書等等，也都成了他可以去學習與仿效的對象。例如，明代時由專門官員負責「逐一點勘，編成書目，請用寶鈐識，永久藏弆」的文淵閣藏書。到了清代，其藏書單位的人員組織、管理措施則更加的完善。根據乾隆年間所纂修《歷代職官表·文淵閣閣職》的記載，其負責人員就有「文淵閣領閣事」二人、「文淵閣提舉閣事」一人、「文淵閣直閣事」六人、「文淵閣校理」十六人、「文淵閣檢閱」八人、「文淵閣辦理事務內務府司員」四人、「文淵閣筆帖式」四人等。而其具體執掌，譬如「文淵閣直閣事」：「掌典守釐緝之事，以時與校理輪番入直，凡春秋曝書，則董率而經理之。」、「文淵閣校理」：「分掌註冊點驗之事。」、「文淵閣檢閱」：「掌排次清釐之事。」等即可看出當時官方藏書組織與藏書管理的完備。相信，上述這些從書籍內在檢整到外在維護的一連串具體措施，當然也是私人藏書家管理藏書時所樂於採用的。〔註 44〕之後，雖然他沒有能夠看到乾隆皇帝纂修《四庫全書》時的盛大藏書規模與各式新穎

應有藏編，野乘名山，豈無善本。宜廣爲訪輯，……務令搜羅周佚，以副朕稽古崇文之至意。」參見：〔清〕王士禛撰、勒斯仁點校，《池北偶談》（北京：中華書局，1997 年 12 月），卷四〈談故四·訪遺書〉，頁 78～79。

〔註 43〕例如，范鳳書先生就曾說：「清乾隆年間進行《四庫全書》的編纂，它雖徵集了大批私家藏書，但對呈獻數百種之多的鮑士恭（1728～1804）、范懋柱（生卒年不詳）、汪啓淑（1728～1799）、馬裕（生卒年不詳）四家，又各賞以《古今圖書集成》一部；對進呈百種以上之九家，則賞以《佩文韻府》各一部。人知多藏爲榮，這無疑對清代藏書風氣的擴展又是一個推動」。參見其所著：同註 33，頁 270。

〔註 44〕參看〔清〕永瑢等編撰，《歷代職官表》（臺北：臺灣商務印書館，1968 年 3 月），卷二十五〈文淵閣閣職〉，頁 667～687。

的措理之術，〔註45〕但至少在他的生長時代，官方鼓勵私人藏書、獻書的風氣就已經造成了不少的影響。〔註46〕

第四節　私人藏書的風起雲湧

清代是滿人建立的朝代，入關雖然不費吹灰之力，但鞏固統治地位卻也花了不少的功夫。歷史上此時期各種政治手段、文化措施的積極運作就說明了這一點。從明代末年到清代初期，政治上經歷了由離亂到逐漸穩定的過程；與此同時，經濟、文化層面上，也由於清王朝的一系列措施而漸漸的恢復與更加繁盛。到了康熙、乾隆時期，社會經濟繁榮，文化事業也得到了進一步的進展，而其中圖書雕版印刷業的極度興盛，則是清初以後私人藏書事業能迅速發展的重要物質基礎。

就後世藏書風氣延續生成而言，經濟情況的持續許可，及前輩時人的時時倡導可說佔了極大的影響力，過去學者所強調的「一地人文之消長盛衰，盈虛機緒，必以其地經濟情形之隆詘為升沉樞紐。而以前輩導絜，流風輝映，後生爭鳴，蔚成大觀，為之點綴曼衍焉。」〔註47〕即是在說明此種情況。清初的私人藏書家，在濃厚藏書風氣的薰陶下，有些是延續前朝的家族傳統，〔註48〕更多的則是乘時大肆搜求的新興藏書家。〔註49〕此時期的藏書家，既有繼承也有新起，再加上書籍複製條件

〔註45〕　學者在研究存放七部《四庫全書》之一的「文津閣」為何能長久地妥善保護圖書時，發現當初該藏書樓建造設計時就已經考慮到：(1)、防火。(2)、防蟲。(3)、防潮濕霉變。(4)、防日曬。等四個重點了。參見盧順，〈文津閣及其藏書保護功能探因〉，《圖書館工作與研究》1991年第1期，頁20～23。

〔註46〕　例如，根據清初學者王士禎的說法，在康熙二十五年下詔求書之後，中央與地方的大臣紛紛的呈送所藏圖書。而當時擔任禮部侍郎的江蘇崑山著名藏書家徐乾學(1631～1694)，就獻上了其所藏《漢上易傳（並圖說）》、《紫巖易傳》、《讀易雜說》、《大易粹言》、《尚書表注》、《春秋經筌》、《周禮訂義》、《論語集說》、《續資治通鑑長編》、《大易集義》、《東萊書說》、《唐開元禮》與《毛詩集解》等十餘部珍貴圖書。參見其著：同註42，頁78～79。

〔註47〕　吳辰伯，《江蘇藏書家史略》（與《兩浙藏書家史略》合刊為《江浙藏書家史略》，臺北：文史哲出版社，1982年5月），〈序言〉，頁117。

〔註48〕　例如，浙江寧波范欽天一閣的藏書，直接傳遞給其後代；又如晉江千頃堂黃虞稷(1629～1691)繼承其父黃居中(1562～1644)六萬卷的藏書；常熟毛扆(1640～1713)繼承毛晉汲古閣八萬餘冊的遺藏等皆是其例。

〔註49〕　例如范鳳書先生曾說道：「明末清初一段時期，也正是私家藏書轉手買賣的興旺時期。一些收藏故家因變故而將藏書散出，像祁氏澹生堂、鈕氏世學樓、項氏萬卷樓、李氏得月樓、焦氏澹園等都於此時大批散出。新的愛書家則乘機大肆收購，所以在清初又新興不少藏書大家。像黃宗羲(1610～1695)、徐乾學、季振宜、朱彝尊(1629～1709)、王士禎(1634～1711)、宋犖(1634～1713)等皆屬於此。」參見其：同

的便利，自此而後，整個清代私家藏書也就一步步的邁向高峰了。

　　清代二百六十八年的歷史中，私家藏書無論是數量還是質量，於中國古代藏書史中都是獨占鰲頭的。而如同近世研究者所云：「就私家藏書的數量而論，清代當推各代之首；就質量而言，更集中國古代典籍之大成。」〔註50〕的講法絕對是不誇張的。

　　根據近代藏書史學家范鳳書先生的統計，中國歷代上有文獻記載藏書故實的5045名藏書家中，僅有清一代就佔了2082人，其比例大約為41%左右。〔註51〕另外，根據周少川先生與劉薔先生的查找分析，清代不僅是中國古典目錄學發展的鼎盛時期，而這時大量產生的各式圖書目錄中，光是私家藏書目錄的數量就達到了430家，628種之多，〔註52〕由此皆可見清代私家藏書之盛況空前。

　　如果孫從添不是處在於藏書風氣盛行的清代的話，失去了藏書前輩、友人與同志的激勵與鼓吹的他，可能也就無法寫出像《藏書記要》這樣具高度現實意義的作品。的確，一時代普遍文化的風靡流行，對其時人們的影響實在是深遠的。

　　私家藏書風氣在清代發展到了高峰，其所起的影響是極為深遠的。當中，諸如保存傳統學術、珍視圖書文獻的精神、加速普及文化教育、推動相關學術進步和促進各地文化交流等，都顯示出私家藏書的普遍作用力。藏書史家吳辰伯（1909～1969）先生即云：

> 藏書之風氣盛，讀書之風氣亦因之而興，好學敏求之士往往跋涉千里，登門借讀，或則輾轉請託，迻錄副本，甚或節衣縮食，恣意置書，每有室如懸磬而弆書充棟者；亦有畢生以鈔補秘籍為事，蔚成藏家者。版本既多，校讎之學因盛，績學方聞之士多能掃去魚豕，一意補殘正缺，古書因之可讀，而自來所不能通釋之典籍，亦因之而復顯於人間，甚或比勘異文，發現前人缺失，造成學術上之疑古求真風氣。〔註53〕

確實，這是藏書活動與時代風氣相互激盪下，所造成各式學術加速發展的「良性循環」現象。而孫從添所處的清代前期，公、私藏書的規模和數量不但超過以往，而伴隨著熱絡藏書活動所生成的藏書學、目錄學、版本學與校讎學等各式學科或理論，也更因此展現出遠邁前代的活力。對於這點，有學者如此評論：

> 有頻繁的藏書活動（如收書、鑑別、鈔錄和編目），便有眾多的文化

註33，頁269。

〔註50〕傅璇琮、謝灼華，《中國藏書通史》（寧波：寧波出版社，2001年2月），頁817。

〔註51〕同註33，頁685～689。

〔註52〕參見周少川、劉薔，〈清代私藏書目知見錄〉，《書目季刊》第33卷第4期，2000年3月，頁101～128。

〔註53〕同註47，頁118。

交流（如相互切磋、共同校勘、交換藏本等）。清代一些藏書家，出於總結經驗、提高藏書質量的目的，開始撰寫藏書管理技術方面的著述，其中以孫從添的《藏書記要》最爲詳盡而實用。〔註54〕
興盛藏書文化下所產生的獨特作品：《藏書記要》，確實是極爲呼應其時代風氣的。因此很明顯的，該書中的一些觀點可說就是在這文化激盪交流下所產生的新果實。

　　上述所提及藏書學理論方面，明代末年祁承㸁的《澹生堂藏書約》就已開始對藏書活動進行了理論上的總結，其中〈讀書訓〉、〈聚書訓〉、〈藏書訓略〉所談到的內容雖然具有一定系統性，但該書實際上與藏書技術理論有關的卻只有〈藏書訓略〉中的「購書」、「鑒書」二節而已。所以，就私人藏書家的全面參考需求來說，它是不足的。

　　到了藏書理論日益系統與完善的清代前期，像《藏書記要》般的藏書理論著作雖然「在藝術上的感染力是遠不及『密士老人』的書的」但其「對於搜藏古籍的技術，討論甚詳，較《澹生堂藏書約》爲精密」〔註55〕，也是更切合時代需要的。也就是說，該書「充分地展示了當時的藏書理論水平。……。如果說《澹生堂藏書約》系爲『子孫而設』，因而尚存有某些侷限的話，那麼《上善堂藏書記要》則是旨在爲同道弘宣其藏書技術經驗而撰集的一部專著，其出發點及審視角度皆高出一層」。〔註56〕所以，它不但對當時私人藏書家來說有其參考性，就算是對現今圖書館古籍管理人員來說，也將是意義重大的。〔註57〕

　　《藏書記要》一書共分爲八則，作者從「購求」、「鑒別」、「鈔錄」、「校讎」、「裝訂」、「編目」、「收藏」、「曝書」等八個主題，全面地總結了自己在藏書活動中的經驗與體會，自然是一部具有極大參考價值的著作。而其中，「鑒別」一節對於「版本學」中版本鑒別的原則提示；「校讎」一節對「校讎學」中校勘原則的補充說明；「編目」一節對「目錄學」中實際藏書目錄編制的創新觀念等，更是值得吾人去深入研究的。

第五節　常熟虞山藏書派新勢力的崛起

　　隨著宋代政府南遷後中國文化中心的南移，到了明清時期，各種因素交互影響

〔註54〕同註50，頁747。
〔註55〕同註21，〈出版説明〉，頁2。
〔註56〕同註6，頁1178～1179。
〔註57〕參看譚卓垣著、徐雁、譚華軍等譯，《清代藏書樓發展史》（與《續補藏書紀事詩傳》合刊，瀋陽：遼寧人民出版社，1988年6月），第三章第二節〈藏書家恪守的藏書之道〉，頁46～47。

下的江蘇、浙江二省不僅成為中國文人學者的最大源地。〔註58〕值得關注的，自從明清以後，江、浙兩地的藏書之風快速的蔓延開來，成為了私家藏書最密集的兩個地區。

根據藏書史學者范鳳書先生的統計，在其所查得的 5045 名中國歷代藏書家中，其區域分佈，於省區部分的前三名為：浙江的 1139 人、江蘇的 998 人、山東的 495 人；於市縣部分的前三名則為：蘇州的 277 人、杭州的 207 人、常熟的 146 人。〔註59〕所以，很明顯的，如「以蘇省之藏書家而論，則常熟、金陵、淮揚、吳縣四地始終為歷代重心」的說法是很值得吾人去重視的。〔註60〕而近代常熟藏書樓鐵琴銅劍樓第五代主人瞿鳳起（1907～1987）先生曾云：

> 常熟舊為蘇郡小邑，有虞山，故亦以山名縣。……自元迄清，藏家肩摩踵接，項背相望，不絕如縷，見於葉（昌熾）著者六十餘人，縣是《常昭合志》於傳記門中，專闢藏書家一門，為地方志中首創。〔註61〕

由此，更可知常熟地區的藏書活動在江蘇藏書史，乃至於在中國藏書史中的重要地位。在清代，常熟是蘇州府轄下的一個縣治，該地自古以來就是人才備出之地，早在春秋時代，就有孔子的弟子言偃（即子游）以「文學」著名而在此活動的紀錄。到了開始有科舉考試的時代，出身該地的著名歷史文人與科舉考試的魁首更是累世不絕的出現。

常熟一地，「自唐至清，有進士 438 名。其中狀元 8 名，榜眼 3 名，探花 4 名。北宋以來，私家藏書蔚為大觀，對全國較有影響」。〔註62〕其中，如以科舉考試的狀元產生比例來看，常熟一地在有清一代更是極高。例如，在清代曾經擔任江蘇昭文縣（今屬常熟）知縣的陳康祺（1840～？）《郎潛紀聞二筆》卷十一即云：「本朝狀元，自順治三年迄同治十三年，凡九十三人。江南一省，得四十五人。常熟一縣，已得六人，蓋順治戊戌孫承恩，康熙己未歸允肅，庚辰 汪繹，戊戌汪應銓，咸豐丙辰翁同龢，同治癸亥翁曾源也。……談形勝者，謂虞山地脈使然，豈果專藉地脈歟？」〔註63〕即說明常熟人才備出的多元因素。

〔註58〕 參看葉忠海、羅秀鳳，〈南宋以來蘇浙兩省成為中國文人學者最大源地的綜合研究〉，《華東師範大學學報》（哲學社會科學版）1994 年第 1 期，頁 63～68。

〔註59〕 同註 33，頁 677～681。

〔註60〕 同註 47。

〔註61〕 瞿鳳起，〈漫談清代四大藏書家〉，載於仲偉行、吳雍安、曾康編，《鐵琴銅劍樓研究文獻集》（上海：上海古籍出版社，1997 年 7 月），頁 164～170。

〔註62〕 參見江蘇省常熟市地方志編纂委員會編，《常熟市志》（上海：上海人民出版社，1990 年 11 月），〈概述〉，頁 2。

〔註63〕 參見〔清〕陳康祺撰、晉石點校，《郎潛紀聞初筆、二筆、三筆》（北京：中華書局，

又，清代王士禎《池北偶談》卷一亦云：「本朝一邑科第之盛者：無錫，壬辰狀元鄒忠倚；乙未探花秦鉽，長洲籍。秦又會元也；己亥榜眼華亦祥；榜姓鮑。甲辰探花周弘。榜姓秦。……。常熟，戊戌狀元孫承恩，丙辰探花翁叔元，己未狀元歸允肅。」〔註64〕亦不約而同地表現出清代常熟人才密集產生的空前盛況。

清代以來常熟地區能有如此多質量俱佳的藏書家出現，實牽涉到該地在多方面的優勢。例如，該地歷史悠久，文化源遠流長、〔註65〕教育發達造成人才備出、〔註66〕當地學者的積極著述與傳揚學術、各式各樣流派的接連出現與爭奇鬥豔、〔註67〕地理的環境優良與人們的務實進取所成就的極佳經濟條件等等，皆是明清以來常熟一地能在中國藏書史上得到很大重視與關注的重要原因。

歷史上的古代中國，某一時代、某些地區各式各樣的群體活動，往往總是會因長時間的累積、醞釀而產生獨特之性質並進一步形成所謂的「流派」，這不論是在文學史、學術史或是其他相關學問中，都是很容易見到的。

中國古代私家藏書史中，某一時期、某些地區，也因爲該地私家藏書風氣的特別鼎盛與繁榮，逐漸的形成了其獨特的風格。而時間一久，人數一多，具體影響漸漸的散發開來，一個有特色的「藏書流派」也就出現了。

如上述，從明清以來，常熟地區就是一個藏書家的重要聚集地，不論是藏書數量與質量上都是如此，於是慢慢的，該地產生的著名藏書家們某些有意思的喜好與藏書特色一一傳揚出去後，在當時，不但是一家啓發了另一家；而之後，更隨著時代的推移，一代接著一代的影響下去，因而，也就在藏書史研究中形成了所謂「常

1997 年 12 月），卷十一〈本朝狀元總數及常熟科名之盛〉，頁 519。
〔註64〕 同註 42，卷一〈談故一‧一邑甲科之盛〉，頁 8。
〔註65〕 該地擁有悠久的歷史文化傳統，是現今中國大陸國務院所批准的全國歷史文化名城之一。境內文化古蹟不少，有距今五千多年的崧澤文化遺址；亦有距今四千多年的良渚文化遺址；戰國時期的吳國文化遺址更是不少。參見：同註 62。
〔註66〕 清代時期，常熟當地除了有地方政府所興辦的「縣學」外，「書院」教育亦是相當發達的，例如該地著名的「文學書院」，即是其例。此外，常熟地區還有很多當地人自籌經費興辦，專門教授平民子弟的私塾「義學」，也擔負著教育子弟的責任。凡此種種皆可見其地教育的發達情況。參見王金中，〈淺說清代吳地狀元之盛的緣由〉，《無錫教育學院學報（社會科學版）》1994 年第 3 期，頁 48～50。
〔註67〕 例如，在文學方面，有文學理論號稱當時學者指南的「海虞二馮」（即馮班、馮舒）、有著名藏書家錢謙益創立的「虞山詩派」、有清末曾樸《孽海花》列爲「晚清四大譴責小說」之一，有黃人撰《中國文學史》爲近代「中國文學史」開創之作；在藝術、音樂方面，元代黃公望爲元代四大畫家之首，後來的傳承者清代王翬創立有「虞山畫派」、有明代嚴澂被譽爲一代琴宗，開啓了「虞山琴派」、有清代沈蘇書畫精絕，與林臯、王瑾所獨創的「虞山印派」等。皆是歷史上常熟流派紛呈的例証。

熟虞山派」的藏書家群體。〔註68〕但是更重要的，同樣身爲常熟藏書家的孫從添及其著作《藏書記要》就是典型受「常熟虞山藏書派」影響的一個代表。因而，探討「常熟虞山派」藏書家的崛起淵源、特點影響，也就成了理解《藏書記要》特殊內涵的另一重要方向了。以下試探討之。

一、「常熟虞山派」藏書家特色

　　根據當代學者瞿冕良先生（1924～）《常熟先哲藏書考略》的記載，常熟私家藏書淵源悠遠，從宋代起就有藏書家鄭時（北宋宣和年間進士）、錢佃（南宋紹興年間進士）等人的出現。〔註69〕但常熟地區的藏書家，其藏書特色能長久積累形成流派並造成廣泛的影響，還是在明代中晚期以後幾位藏書大家，如楊儀（1488～1564）、趙琦美等人出現以後的事。〔註70〕例如，首先提出「常熟派」藏書家說法的清代校勘、藏書家顧廣圻就說：

> 　　藏書有常熟派，錢遵王、毛子晉父子諸公爲極盛，至席玉照（名鑑）而殿。一時嗜手鈔者，如陸敕先、馮定遠爲極盛，至曹彬侯亦殿之。彬侯名炎，即席氏客也。各家書散出，余見之最早、最多，往往收其一二。乾隆年間，滋蘭堂主人朱文游三丈、白隄老書賈錢聽默皆甚重常熟派，能視裝訂籤題根腳上字，便曉屬某家某人之物矣。余喜從兩人問各家遺事頗悉。〔註71〕

依照顧氏的說法，「常熟派」藏書家的崛起與盛行，當在錢曾與毛晉等著名藏書家出

〔註68〕對於該藏書派的確定名稱問題，「虞山派」有人說（如徐雁、譚華軍、曹培根等）、「常熟派」也有人說（如謝灼華），但卻都指同一概念。因爲虞山畢竟還是常熟境內的一座山，所以爲了統一名稱起見，在此使用可以涵蓋全部的「常熟虞山派」之說。上述各人說法，參見徐雁、譚華軍，〈中國藏書之鄉的碑傳集——話說虞山派藏書家的崛起〉，載於曹培根編，《常熟藏書家藏書樓研究》（上海：上海文化出版社，2002年8月），頁1～21。曹培根，〈虞山派藏書家〉，載於其所編，《書鄉漫錄》（石家莊：河北教育出版社，2004年12月），頁94～103。謝灼華，〈試論清代江南常熟派藏書家〉，《江蘇圖書館學報》2000年第1期，頁43～46。

〔註69〕該書收錄於《中國歷史藏書論著讀本》中，同註9，頁674。

〔註70〕徐雁、譚華軍先生〈中國藏書之鄉的碑傳集——話說虞山派藏書家的崛起〉一文，就認爲「常熟虞山一派藏書家的異軍突起，當始於16世紀中葉前後，時系明代嘉靖年間（1522～1566）」。換句話說，就是「虞山派藏書家崛起於明代嘉靖以後」。而曹培根〈虞山派藏書家〉一文，亦認爲常熟虞山派藏書家的崛起，乃「自明代後期特別是嘉靖以後」。參見其撰：同註68。

〔註71〕參見〔清〕顧廣圻，《思適齋書跋》（收錄於《顧廣圻書目題跋》中，與《黃丕烈書目題跋》合刊，北京：中華書局，1993年1月），卷三〈清河書畫舫十二卷〉條，頁639。

現以後。顧氏先從常熟派藏書家善於親手抄書、講求鈔本的傳承傳統著眼去說明，並且最後還特別提出該派模仿宋元舊刻極精妙的所謂「影宋鈔本」來做評價。對於「常熟派」藏書家的崛起與特色問題，顧氏可說做了初步的探討。

之後，清代中後期另一位藏書家周星詒（1833～1904）亦提出了「常熟派」藏書家的說法，更在顧氏的基礎上，詳細概括此一藏書流派的特點爲：

> 藏書家首重常熟派，蓋其考證版刻源流，校訂古今同異，及夫寫錄、圖畫、裝潢、藏度，自五川楊氏以後，若脈望、絳雲、汲古及馮氏一家兄弟叔侄，沿流溯源，踵華增盛，廣購精求，博考詳校，所謂「讀書者之藏書」者，惟此諸家足以當之。故通人學士於百數十年後得其遺籍爭相誇尚，良有以也。〔註72〕

依照周氏的說法，此派藏書家的特點在於對所藏圖書文獻的整理與保存上，諸如，注重版本考證、文字校勘與重視圖書裝潢、典藏保管等方面皆是其收藏重點。亦即，此派把書籍從內容到形式上都視爲一個整體來看待，可說是「善於讀書、利用書籍的藏書家類型」。〔註73〕後來，他們極度珍視藏書的精神，與因此遺留下來的奇文秘笈，也成了繼承此派之藏書家的無形寶藏與珍貴遺產了。

綜合上述的說法與對常熟一地藏書家的歸納分析，可得出「常熟虞山」派藏書家的藏書活動特點爲：一、此派藏書家普遍重視宋元刻本、鈔本與稿本。二、該派藏書家特別愛好抄書與重視鈔本。三、他們的收藏圖書偏重於正經、正史，具有尊經、尊史傾向。四、他們善於利用藏書，積極提倡流通藏書於學術的傳揚上。五、此派藏書家們具有很獨特的傳承型態（例如，眾多藏書家族世代、當地所藏圖書的世代遞藏等）。

二、《藏書記要》與「常熟虞山派」藏書家

孫從添是生長在常熟地區的藏書家，其藏書態度不但有受到該地藏書家與藏書風氣的影響，而且其所藏書的很大部分也是來自於該地區的晚近藏書家。因此，身爲該派一員的他及其所著《藏書記要》，也就免不了會受到所謂「常熟虞山派」藏書家的影響了。

例如，清代常熟藏書家黃廷鑒（1762～？）曾云：「汲古毛氏，述古錢氏，兩家

〔註72〕參見〔清〕章鈺，《《讀書敏求記》校證》（臺北：廣文書局，1967年8月），周星詒〈題記〉，頁960～962。

〔註73〕另外，徐雁、譚華軍先生更把「常熟派」藏書家細分爲：「藏書者之藏書」（如趙琦美）、「讀書者之藏書」（如錢謙益）、「售書者之藏書」（如毛晉）等三種。參見：同註68。

陵替，吾邑藏書之風寖微，然亦未嘗絕也。以余所聞，玉照席氏、慶增孫氏、虞巖魚氏，皆斤斤雪鈔露校，衍其一脈。」此即說明了孫從添與常熟晚近藏書家的相傳承之處。〔註74〕大凡，一個藏書流派產生，且經過時間的考驗而漸漸成長茁壯後，「一個成熟的藏書流派應該有自己的藏書理論，孫從添的《藏書記要》就是虞山派藏書家藏書理論的代表作」。〔註75〕清初常熟藏書家孫從添所撰寫的這一本小書，從「購求」、「鑒別」、「鈔錄」、「校讎」到「裝訂」、「編目」、「收藏」、「曝書」等等八則，就是將圖書內部與外部皆視為一個整體，從圖書內容的整理開始，緊接著實行對外部樣貌的用心保護，涵蓋的層面的確是很完備的。

　　所以，孫氏這部書可說「就是對虞山（常熟）派藏書經驗的系統總結」。〔註76〕該書每則均有詳盡的論述，全書旨在為同道傳播常熟虞山派藏書家長期實踐中所積累的藏書經驗和技術。所以，我們從孫氏所述之八則中，是能夠清楚的找到切合於「常熟虞山派」觀點之藏書理論的。

　　例如，在特別愛好抄書與重視鈔本的特點上。從清末葉德輝《書林清話》卷十〈明以來之鈔本〉的記載，可知明以來鈔本書最為藏書家所秘寶者與可珍者，共有24家28個代表人物，其中常熟地區就佔了6家10人，他們分別是：汲古閣毛晉鈔本、馮舒、馮班、馮知十等三兄弟一家鈔本、錢謙益絳雲樓鈔本、錢曾述古堂鈔本、錢謙貞竹深堂鈔本等一家鈔本、楊儀七檜山房鈔本、秦四麟致爽閣鈔本、葉石君樸學齋鈔本等。〔註77〕而孫從添《藏書記要·鈔錄》：「新鈔馮已蒼、馮定遠、毛子晉、馬人伯、陸敕先，錢遵王、毛斧季各家，俱從好底本鈔錄，惟汲古閣印宋精鈔，古今絕作，字畫、紙張、烏絲、圖章追摹宋刻，為近世無有。能繼其作者，所鈔甚少。……余見葉石君鈔本，校對精嚴，可稱盡美」。〔註78〕就是在說明常熟地區虞山派藏書家辛勤抄書、樂於抄書與重視鈔本書的獨特成就。

　　而在收藏圖書偏重「正經正史」的尊經、尊史傾向方面。孫從添《藏書記要·購求》有云：「故書籍者，天下之至寶也。人心之善惡，世道之得失，莫不辨於是焉。天下惟讀書之人，而後能修身，而後能治國也。是書者，又人身中之至寶也」。

〔註74〕〔清〕葉昌熾撰、王欣夫補正，《藏書紀事詩》（與《辛亥以來藏書紀事詩》合刊，上海：上海古籍出版社，1999年12月），卷四席鑑條引黃廷鑒〈愛日精廬藏書志序〉，頁435。

〔註75〕同註68，曹培根〈虞山派藏書家〉。

〔註76〕同註68，徐雁、譚華軍〈中國藏書之鄉的碑傳集——話說虞山派藏書家的崛起〉。

〔註77〕參見〔清〕葉德輝，《書林清話》（與《書林餘話》合刊，長沙：岳麓書社，1999年4月），頁229～236。

〔註78〕同註16，頁7左～8右。

〔註79〕接著，《藏書記要‧鑑別》又云：「藏書之道，先分經史子集四種取其精華，去其穅秕。經爲上，史次之，子集又次之。……宋刻本書籍傳留至今，已成希世之寶，其未翻刻者及不全者，即翻刻過而又不全者，皆當珍重之。吉光片羽，無不奇珍，豈可輕放哉！……所以書籍首重經史，其次子集」。〔註80〕即是從書籍的「經世致用」功能著眼，所以他們自然重視所謂的「經、史」圖籍。而大部分「經、史」類圖書，當以相對近古的宋元舊刻爲寶的「佞宋」態度，在錢謙益、錢曾、毛晉、張金吾等等清代常熟藏書家身上，更是表現的極爲明顯。

例如，張金吾所撰《愛日精廬藏書志》的〈例言〉中就說明了其收書標準爲：「是編所載只取宋元舊槧及鈔帙之有關實學而世鮮傳本者，其習見之書概不登載。」、「是編義取闡明經訓、考證古今，故經、史兩門所錄較備。……蓋編錄遺書，當以窮經研史爲主，不以百氏雜學爲重也」。〔註81〕張氏友人黃廷鑒亦曾說道：「張（金吾）則鍾於經籍，而兼愛宋元人集」。〔註82〕等等皆是其例。

事實上，我們如果對整部《愛日精廬藏書志》做一分析，可得出張金吾藏書情況及其藏書愛好特點爲：1. 多宋元舊槧與有關實學的罕見抄本；2. 其來源多來自毛晉汲古閣、錢曾述古堂等常熟藏書家前輩；3. 書目著錄體制亦顯示出其重視版本鑑別與源流。而這些即是該派某些藏書特點的真實反映。

在關於注重藏書之裝幀，講求圖書的保護方面。明清常熟地區的藏書大家，對於圖書外表的處理要求是很高的。例如，汲古閣毛晉所藏圖書，在裝訂書面上除了極講究的使用「宋箋」、「藏經紙」、「宣德紙」等材料，並且還要去「染雅色」，甚至於，書籍襯紙的選擇也是非「自製古色紙」不可的。述古堂錢曾對於所藏書的裝訂亦極要求，吾人從其使用自造「五色箋紙」、「洋面箋紙」的情況中，則可看到這一點。正好，孫從添《藏書記要‧裝訂》所云：「明人收藏書籍，講究裝訂者少，總用棉料古色紙，書面襯用川連者多。錢遵王述古堂裝訂書面用自造五色箋紙，或用洋箋，書面雖裝訂華美，卻未盡善，不若毛斧季汲古閣裝訂書面用宋箋、藏經紙、宣德紙，染雅色，自製古色紙更佳。……惟毛氏汲古閣用伏天糊裱，厚襯料，壓平伏，裱面用洒金墨箋或石青、石綠、棕色、紫箋俱妙。……若舊書宋元鈔、刻本，恐紙舊易破，必須襯之，外用護頁方妙。書籤用深古色紙裱一層，籤要款貼、要正齊，

〔註79〕同註16，頁1左～2右。

〔註80〕同註16，頁3右～3左。

〔註81〕〔清〕張金吾，《愛日精廬藏書志》（台北：文史哲出版社，1982年3月），〈例言〉，頁7。

〔註82〕同註74，卷六陳揆條引黃廷鑒〈藏書二友記〉，頁624。

不可長短闊狹，上下歪斜，斯為上耳。虞山裝訂書籍，講究如此。」〔註83〕即都是在闡述常熟虞山派的裝訂風貌：1. 對控制裝訂時間的高度要求；2. 對書面裝訂紙料的精挑細選；3. 更加重視善本圖書的裝潢質量與保護功能等。

　　總之，要研究某一特定時空環境下所產生的作品，其時人、事、物的影響之探討是絕對不可少的。而孫從添生於常熟、長於常熟，該地自古以來就產生了眾多的知名藏書家，也形成了家家富有藏書的普遍現象。而受到常熟藏書家前輩或時人「藏書之風」薰陶的孫從添及其藏書理論──《藏書記要》，之所以能夠應時產生，則完全因該地的特殊氛圍而起。

　　的確，《藏書記要》是一部主旨在為同道們傳播「常熟虞山派」藏書家「真知灼見」（包括藏書經驗與技術）的一部參考書籍。〔註84〕所以，該書對於整個常熟藏書史乃至於整個中國私家藏書史，都具有深厚的時代意義。

〔註83〕同註16，頁11左～12左。
〔註84〕同註68，曹培根〈虞山派藏書家〉，頁100。

第四章 《藏書記要》問世前後有關理論傳承的重要著作

第一節 清初私家藏書理論的發展狀況

藏書風氣到了清代,可說發展到了極盛。據學者研究,單單就私家藏書的數量而論,「清代是封建時代私家藏書最鼎盛的時期,整個清一代確有文獻記載藏書事實者,……計有二千零八十二人,超過了前此歷代藏書家的總和」。〔註1〕的確,整個清代 268 年的歷史中,私家藏書不僅在數量上居於前此各朝代首位;並且,就質量來看,他們所藏亦是集古代典籍精華之大成;而從分佈範圍來說,這分散於大江南北的各式各樣藏書家們,即宣示著藏書確為當代的風潮。另外,就這些人在學術文化的發揚貢獻上,因其而保存下來的珍貴典籍當然是無庸置疑的。故,收藏家們長期藏書實踐所思索、衍生出來的許多「藏書理論」,當然是影響深遠值得探討的。

清代是中國古代最後的封建朝代,對琳瑯滿目的古代學術來說,不是在此時進一步的總結,即是從此走向了終結。

孫氏所在的清代初期,私人藏書理論的發展,在前代藏書家的基礎上可說開展了一個新階段。關於藏書理論的思索,在幾代前的南、北宋時,即開始有了理論上的突破;不論官方與私家,都因為各自藏書管理與實踐的要求,早已產生了服膺各自需要的理論。換句話說,當時為何要藏書的意義已日益為中央的帝王與地方的讀書人所重視,這代表那時的封建政權內部與士大夫階層之間,已經初步形成所謂的

〔註1〕范鳳書,《中國私家藏書史》(鄭州:大象出版社,2001 年 7 月),頁 269。

「藏書傳統」。而此時開始出現的官方圖書管理制度與累世不絕的藏書世家則是最明確的寫照。

同時，在某些經濟、文化有特定條件且具歷史淵源的地區，則業已形成了一種「藏書風氣」。例如，雕版印刷事業發達的北宋四川、江西地區和南宋的浙江、福建地區等，即是典型藏書風氣盛行的區域。〔註2〕有如此盛行的藏書風氣，自然也就開始了初步的藏書理論嘗試。這當中，屬於官方藏書理論的《麟臺故事》、屬於私人藏書理論的《通志‧校讎略》等作品，即是因其獨特之史料或理論價值而廣為人知的著作。

隨著明代以來雕版印刷技術的不斷發展，圖書販賣事業亦繼續邁向繁榮，私人藏書事業不但更加興盛，關於藏書的學問也日益為人們所關注。到了明代時期，關於藏書管理的理論性總結可說愈來愈多。例如，邱浚的《大學衍義補‧圖書之儲》、高濂的《遵生八箋‧燕閒清賞箋》、王世貞（1526～1590）的《弇州四部稿‧二酉山房記》及張萱的《西園聞見錄‧藏書》等，皆是其例。

發展到明代末期，終於出現像祁承㸁《澹生堂藏書約》這種具備高度實踐性，而理論與實務兼具的私人藏書理論作品。該書被認為是「歷史上第一部全面系統地紀錄藏書家關於讀書、藏書、聚書等方面的體會和經驗的專著」。〔註3〕換句話說，「如果說鄭樵等人的著述還是將公私藏書的方法放在一起討論的話，祁承㸁的著作則是第一次專門對私家藏書措理之術的系統研究，因此他的著作是清代對於私家藏書方法全面總結的濫觴」。〔註4〕這也是清初包括孫從添《藏書記要》在內，一些相繼出現的私人藏書思想與理論著作的引領風潮之作。

因為，古往今來世間事物普遍的發展勢態，總是數量越多則管理越精密，時代越晚則技術越發達的。故以此來衡量清代初期的藏書事業，可以看到，就是因為這「收藏之量愈富，措理之術愈精」的時代規律，而造成當時「藏書理論」的層出不絕。〔註5〕同時，也因為這「伴隨著藏書條件的大量具備和藏書活動的普遍活躍，有關藏書事業的圖書訪求、整理入藏、編目分類、庋藏保管、傳承傳播等『措理之

〔註2〕 例如，根據學者的研究，宋代沿襲三世以上的藏書世家共有十四家，而就分佈地區來說，江西有 3 家、浙江有 3 家、四川有 2 家為前三位，共佔了總數的一半一上。另外，沿襲二世以上的十六家中，江西有 5 家、浙江有 3 家、四川有 3 家、福建有 1 家，也佔了總數的四分之三。由此可見，這些地區的「藏書風氣」早已普遍到世代相續了。參見：傅璇琮、謝灼華主編，《中國藏書通史》（寧波：寧波出版社，2001 年 2 月），頁 375～376。

〔註3〕 參見任繼愈主編，《中國藏書樓》（瀋陽：遼寧人民出版社，2001 年 1 月），頁 1178。

〔註4〕 周少川，〈古代私家藏書措理之術管窺〉，《中國典籍與文化》1998 年第 3 期，頁 21。

〔註5〕 參見陳登原，《古今典籍聚散考》（臺北：河洛圖書出版社，1979 年 5 月），頁 301。

術』也得到了發展和完善」。〔註6〕當然，這樣的進步發展的確與此時的興盛藏書風氣是成正比的。

如前所述，因爲「清代前期的公私藏書不僅在規模和數量上超過以往任何一代，而且在理論和實踐上也超過了以往任何一代」。〔註7〕所以，清代初期在孫從添《藏書記要》前後出現的藏書理論著作，像曹溶的《流通古書約》和《絳雲樓書目・題詞》、丁雄飛（1605～？）的《古歡社約》、黃虞稷、周在浚（約 1637～1707）的《徵刻唐宋秘本書目》、周永年（1730～1791）的《儒藏說》、章學誠（1738～1801）的《校讎通義・藏書》等等作品，可說都是有相當參考價值的。雖然，他們撰述的主要動機，不是要對當時的藏書界宣揚自己的「藏書經驗或理論」，但在之後的歷史發展中，卻說明了上述作品對後來人們藏書事業與藏書學術所產生的深遠影響。

或許，這些清代初期的藏書理論作品，並不一定都對本論文所要探討的《藏書記要》有過啓發或繼承。但至少，分析這些作品撰述的具體內容與時代背景，能先去了解那個時代的普遍藏書風氣，並對當時藏書家們的認知喜好有大致的了解，則是本次研究進程中的重要步驟。因爲這麼做之後，對相同時代背景下的《藏書記要》的深入探究，想必是會有幫助的。

例如，就《流通古書約》和《絳雲樓書目・題詞》來說。其作者曹溶，是明末清初的著名藏書家，字潔躬，又字秋岳，號倦圃，浙江秀水（今浙江嘉興市）人。其《流通古書約》雖然只有一卷，短短的幾百字，但其中對於古書的流通有其眞知灼見。而其《絳雲樓書目・題詞》雖然篇幅不大，但亦對如何利用、流通古書的觀念表達了具體意見。

在《絳雲樓書目・題詞》中，作者有鑑於錢謙益絳雲樓一炬，珍貴的宋元古籍於「燼後不復見於人間」，全部亡失殆盡。〔註8〕於是他設想了一個方便藏書家們互通有無的條約：

> 予深以爲鑒戒，偕同志申借書約，以書不出門爲期，第兩人各列其所欲得，時代先後，卷帙多寡，相敵者，彼此各自覓工寫之，寫畢各以奉歸。
> 〔註9〕

〔註6〕 徐雁，〈全面展開中國歷史藏書的研究（代序）〉，載於徐雁、王燕均主編，《中國歷史藏書論著讀本》（成都：四川大學出版社，1990 年 7 月），頁 4。

〔註7〕 同註3，頁 1178。

〔註8〕 參見〔清〕錢謙益撰、陳景雲註，《絳雲樓書目》（臺北：華聯出版社，1965 年 5 月，據清道光三十年《粵雅堂叢書》本影印），曹溶〈題詞〉，頁 3927～3928。

〔註9〕 同註8。

而其《流通古書約》更做了分析：從宋朝以來，書目中所記載的書籍絕大部分會漸漸散佚不見，乃是因為大部分藏書家們的「束之高閣，秘不示人」所產生的弊端。於是，他又設想提出了能夠解決此一問題的簡便方法：

> 彼此藏書家，各就觀目錄，標出所缺者。先經注，次史逸，次文集，次雜說。視所著門類同，時代先後同，卷帙多寡同，約定有無相易。則主人自命門下之役，精工繕寫，較對無誤，一兩月閒，各齋所鈔互換。〔註10〕

《流通古書約》中的簡便方法，與《絳雲樓書目·題詞》所述方法其實並無二致，只是說明的詳略程度不同而已。這種藏書家互相約定、互通有無的方法，其好處則如作者所言為「好書不出戶庭也，有功於古人也，己所藏日以富也，楚南燕北皆可行也」。〔註11〕既然有如此多的好處，也無怪乎「崑山徐氏（傳是樓徐乾學）、四明范氏（天一閣范欽）後人、金陵黃氏（千頃齋黃居中）」等人會盛讚此方法的良善了。〔註12〕

另外，對於容易亡佚的古代詩文集，特別是宋、元人的作品部分，曹溶更提出了「從他書中，隨所見剔出，補綴成編，以存大概」的方法。這一類似後世「輯佚」亡書的辦法則是其來有自的。前此，明末祁承㸁的《澹生堂藏書約·藏書訓略·購書》即曾云：「書有著於漢而亡於唐者，然唐人之著述尚存之。書有著於唐而亡於宋者，然宋人之纂集多存之。每至檢閱，凡正文之所引用，註解之所證據，有涉前代之書而今失其傳者，即另從其書各為錄出」。〔註13〕

而事實也證明，祁氏此法不僅只是在藏書家之間廣泛流行而已。祁氏以後，這一方法的繼續推廣，則「直接對清代興起的大規模輯佚書是起了積極的作用」。〔註14〕可見「輯佚」古書的方法，雖然只能做到消極維護古書的作用，但就是因為「吉光片毛，自足珍重」的緣故，〔註15〕所以不論對藏書家或學者來說，也就顯得重要了。所以，曹溶在最後則語重心長的說：在「古書流通」條約廣泛流行之後，如果人人都還能盡力將此「輯佚」古書之法付諸行動的話，那麼「古籍不亡斷自今日始矣」的理想，則一定是可以實現的。〔註16〕

又如，黃虞稷、周在浚等人的《徵刻唐宋秘本書目》。作者黃虞稷，字俞邰，泉

〔註10〕參見〔清〕曹溶，《流通古書約》（收錄於《澹生堂藏書約（外八種）》中，上海：上海古籍出版社，2005 年 11 月），頁 35～36。

〔註11〕同註 10。

〔註12〕同註 8。

〔註13〕參見〔明〕祁承㸁，《澹生堂藏書約（外八種）》（上海：上海古籍出版社，2005 年 11 月），〈藏書訓略·購書〉，頁 17。

〔註14〕同註 2，頁 699。

〔註15〕同註 13，〈藏書訓略·購書〉，頁 17。

〔註16〕同註 8。

州晉江人，明末清初著名藏書家黃居中之子。而另一作者，周在浚，字雪客，河南祥符人，其父爲著名學者與藏書家周亮工（1612～1672）。

黃、周二人處於動亂的明、清易代之際，因思圖書文獻常常毀於兵火，學者從事學問研究時常常面臨到無書可讀的境況，但偏偏唯一的抄寫方法又是如此緩不濟急。所以，他們二人挺身而出提供其自身所藏珍貴書籍爲基本材料，號召了志同道合的朋友，編成了《徵刻唐宋秘本書目》一書，希望能夠徵得有心、有力的人一起去響應刊行。

該書關於私家藏書、流通理論的部分，則主要表現在由紀映鍾（1609～1681）、錢陸燦（1612～1698）、朱彝尊、魏禧（1624～1681）、汪楫（1626～1689）所同撰的〈徵刻唐宋秘本書啓〉、張芳（生卒年不詳）的〈徵刻唐宋秘本書論略〉與倪燦（1627～1688）、周銘（生卒年不詳）的〈徵刻唐宋秘本書例〉等幾篇文章上。〔註17〕

黃、周所發起的徵刻唐宋秘本書運動，被當時學者、藏書家們視爲藝林盛事並讚譽有加。由紀映鍾等五位名士共同發表的〈徵刻唐宋秘本書啓〉中可以看到，他們除積極響應外，喪亂之際能否順利流通圖書則更是他們關切的重點，如其云「竊惟訪西陽之逸典，遙集廑懷；搜芸室之遺編，流通是急」。而基於對圖書文獻的此種同理心，他們滿心期望海內外有志於學術文化事業的人，都可以踴躍出錢出力。因而，此法的未來展望當然是遠景可期的：「今吾黨不乏英喆，嗜書頗越前人。將數百年閟而未傳薄海內聞而未賭者，幽光發於四部，壽世脫於三災，能捐費於居諸，便增華於竹素。翹茲盛舉，快賭成書」。〔註18〕的確，這種積極倡導藏書家刊刻、流通書籍文獻的言論，在藏書風氣興盛的清代，確實也達到了一定的成效。

〈徵刻唐宋秘本書例〉的作者倪燦和周銘，兩人都是由明入清的學者，目睹明末焦竑（1540～1620）、朱謀瑋（生卒年不詳）等藏家之孤本秘籍的毀散，深爲痛心與不捨。爲了避免此種情況再度發生，他們認爲：黃、周二人的作法可說是最佳的因應之道。於是，歷來藏書家「秘不示人」的陋習，在他們看來並非是眞正的藏書，而知道要去傳布所藏的才是眞正的在藏書。同時，他們也知道秘本書籍要能夠順利傳布，單靠黃、周二人之力是不夠的，於是思索激起社會大眾的同理之心也就成了該文的寫作重心了。

另外，張芳的〈徵刻唐宋秘本書論略〉一文，共包括有〈論藏書宜刻〉、〈論讀

〔註17〕參看〔清〕黃虞稷、周在浚編，《徵刻唐宋秘本書目》（臺北：廣文書局，1999年7月，據清光緒三十四年《觀古堂書目叢刻》本影印），書前附錄，頁1425～1436。

〔註18〕同註17，〈徵刻唐宋秘本書啓〉，頁1425～1426。

藏書宜崇經史〉、〈論刻藏書宜先經史後子集〉與〈論藏書宜同心較刻〉四節。對於當時上述藏書家普遍崇向「經、史」類圖書的觀念與大方流通藏書的影響作了論述，則是當時關於「藏書理論」的重要篇章之一。

　　早先，黃、周二人公開其秘藏於世的豪舉，在當時的文壇起了很大的迴響，很多學子在知道後無不興高采烈的大聲叫好，張芳就是其中的一位，如其云：「今黃周二子，臚列所藏唐宋秘本，告天下共勷盛事……，可謂有功是矣，是僕之所歡喜讚頌也」。〔註 19〕所以，在稍後的文章中，張芳則繼續說明黃、周二人徵刻秘本、流通古書的理想爲何，而他對這群藏書家們的藏書心態、刻書理念所做的闡釋，自然也顯示出當時私人藏書家普遍遭遇的問題爲何，及思考如何因應的心態所在。而這些觀念、想法或問題，應當也是同時代的孫氏所會去思考或遭遇到的。

　　除此之外，像丁雄飛《古歡社約》將自己與黃虞稷相互借閱圖書的想法，以約法三章的形式做了條條縷縷的規定，除了從各自赴約的時間、招待的形式、借閱的期限，甚至於對僕役的人數及賞錢等都作了擬定外，並還訂有懲罰制度。而這種以嚴格的約則來督促彼此的作法，對於藏書家開放圖書流通的心態，是有一定程度啓發的。

　　此外，周永年因爲看到私人藏書易於流散，援引明末曹學佺（1574～1647）之說而撰述《儒藏說》，不僅理論上說要倡集儒書，還實際建築了「貸書園」，廣集眾人之力聚書其中，以招致四方來學。而他的強力宣傳，對清代纂修《四庫全書》起到了一定的影響。當然，章學誠《校讎通義・藏書第九》所云：「鄭樵以謂性命之書，往往出於道藏，小說之書，往往出於釋藏。夫儒書散失，至於學者已久失其傳，而反能得之二氏者，以二氏有藏，以爲之永久也」。〔註 20〕則是與《儒藏說》相契合的。

　　由上述，雖然根據目前所見資料，孫從添的《藏書記要》或許沒有受到上述作品影響的證據。但是，從上述作品所透露的訊息中，吾人還是能得到一些有關係的聯繫。也就是說，雖然它們沒有直接關係，但有關藏書風氣的某些時代特徵，在《藏書記要》中卻得到了相同的反映，這則是普遍的時代風氣延續下來後，對不同時、地的學者所造成的相同影響。

　　例如，《藏書記要・購求》：「是書者，又人身中之至寶也。以天下之至寶而一旦得之，以人身之至寶而我獨得之，又不至埋沒於塵土之中，拋棄於庸夫之室，

〔註 19〕同註 17，〈徵刻唐宋秘本書論略・論藏書宜刻〉，頁 1428。
〔註 20〕〔清〕章學誠著、葉瑛校注，《校讎通義》（與《文史通義校注》合刊，北京：中華書局，2004 年 9 月），頁 991。

豈非人世間一大美事乎」？〔註21〕即與黃虞稷、周在浚等人重視書籍的「實際價值」，因而思考使之加強流通而避免泯滅的想法是相同一致的。

又，《藏書記要‧鈔錄》：「於是鈔錄之書，比之刊刻者更貴且重焉。況書籍中之祕本，爲當世所罕見者，非鈔錄則不可得，又安可以忽之哉」！〔註22〕所提及的重視書籍鈔錄流通，與曹溶以「鈔錄」爲流通古書必要手法的觀念，是相合的。

另外，《藏書記要‧鑒別》所云：「藏書之道，先分經史子集四種取其精華，去其穅粃。經爲上，史次之，子集又次之」。〔註23〕則與上述張芳〈論讀藏書宜崇經史〉、〈論刻藏書宜先經史後子集〉：「天地間之所以不朽者，五經爲天地間有數文章，廿一史爲天地間有數人物。無人物則光嶽何以孳生？無文章則倫物何以昭著？惟是經史賴有儒者流通，遂可綱維古今；子集以潤色經史，特文章中一種」。〔註24〕中的「尊經」、「尊史」思想則有異曲同工之妙。

總之，因爲「藏書理論」的出現要比實際「藏書活動」晚得多，在明代中葉以後才開始有人嘗試私人藏書理論的寫作（如上述邱濬、高濂等人）。到了明代末期，理論走向成熟，這當中，如祁承㸁的《澹生堂藏書約》，「分撰〈讀書訓〉、〈聚書訓〉、〈藏書訓略〉（包含「購書」、「鑒書」兩篇）等，『全面探討』了有關藏書的各種問題」。〔註25〕過了不久，時間推移到了清代，承繼上述「明代高濂《遵生八箋》、曹溶《流通古書約》、祁承㸁《澹生堂藏書約》這些眞知灼見，清代的藏書建設理論又取得了輝煌的成就，作爲對藏書活動的學術總結，代表性的著作有孫從添的《上善堂藏書紀要》和葉德輝的《觀古堂藏書十約》」。〔註26〕

其中，祁承㸁《澹生堂藏書約》、孫從添《藏書記要》和葉德輝《藏書十約》等三部作品，即分別代表著明末、清初與清末「藏書理論」的發展水準。它們對於藏書學術的貢獻不但因爲「談論全面」而齊名並列，事實上，它們亦具有一定的理論傳承脈絡。因此，在下兩節中，我將以《澹生堂藏書約》、《藏書記要》和《藏書十約》的傳承關係爲探討中心，而重點則在凸顯《藏書記要》的「承先啓後」地位上。

〔註21〕參見〔清〕孫從添，《藏書記要》（台北：藝文印書館，1966年，據清嘉慶十六年《士禮居叢書》本影印），頁2右。

〔註22〕同註21，頁6左～7右。

〔註23〕同註21，頁3右。

〔註24〕同註17，〈徵刻唐宋秘本書論略‧論刻藏書宜先經史後子集〉，頁1430。

〔註25〕趙飛鵬，〈清代藏書學理論初探——以葉德輝《藏書十約》爲例〉，載於國立中山大學清代學術研究中心編，《清代學術論叢（第三輯）》（臺北：文津出版社，1999年11月），頁378。

〔註26〕徐凌志，《中國歷代藏書史》（南昌：江西人民出版社，2004年7月），頁336。

第二節 《澹生堂藏書約》對《藏書記要》的啓發

祁承㸁，字爾光，號夷度，又號曠翁、密園老人，浙江山陰（今浙江紹興市）人。生於明嘉靖四十二年（1562），卒於崇禎元年（1628），年 66 歲。萬曆三十二年（1604）進士，曾遊官山東、江蘇、安徽、河南等地，終官江西布政使右參政。

祁承㸁的藏書思想和藏書理論，可以說集中體現在其所撰《澹生堂藏書約》和《庚申整書小記》兩篇文章中。

《澹生堂藏書約》，具體內容除〈前言〉外，共有《讀書訓》、《聚書訓》、《藏書訓略》等三個部分；前言除自述其熱愛藏書、讀書的心得外，最後則有具體規戒子孫的「藏書約則」；《讀書訓》、《聚書訓》二篇，爲作者「雜取古人聚書、讀書足以爲規訓者」的資料集結，〔註27〕不過從其〈序言〉與所選事例中，仍可看到其有關「藏書理論」與「藏書思想」之處；《藏書訓略》，再分爲〈購書〉、〈鑒書〉兩部分，爲作者長期藏書實踐下，所體會出來的「購書、鑒書之法」則。〔註28〕

《庚申整書小記》（附〈庚申整書略例〉四則）。萬曆四十八年（1602），當時祁承㸁正里居於家，在親自整理所藏圖書編爲《澹生堂藏書目》時，面對子女爲何辛勤藏書的提問下所筆動撰寫。這是一篇闡釋他當時的藏書心情、整理編目與分類部次之原則與方法的作品。

那麼，在祁氏死後 64 年以後出生的孫從添及其作品《藏書記要》是否有受到祁承㸁《澹生堂藏書約》及其相關作品的啓發呢？

這個問題，我們從兩人生長時代接近（明末與清初）；所在地（浙江北部與江蘇南部）亦相距不遙遠；皆具有藏書家的身份（知名的藏書家前輩對後輩）與都寫作了關於藏書理論（《澹生堂藏書約》與《藏書記要》）等幾點上，都能合理的推測祁氏的作品對孫氏《藏書記要》是曾有過啓發或影響的。對於此點，近代圖書館學者錢亞新（1903～1990）先生在探討《澹生堂藏書約》對後世的影響時，就曾經說過：

> 自承㸁撰述《藏書訓約》以後，如曹溶的《流通古書約》、丁雄飛的《古歡社約》、孫慶增的《藏書紀要》等，都或多或少是受了他的影響而產生的，特別是編目上的「通」和「互」，除他孫兒理孫編制《亦慶藏書樓書目》時有所繼承外，到了章學誠手裡，更發揮了巨大的作用，而作爲他所提倡的「辨章學術，考鏡源流」的學說的主要一環。〔註29〕

〔註27〕同註 13，〈前言〉，頁 5。
〔註28〕同註 13，〈前言〉，頁 5。
〔註29〕參見錢亞新，《浙東三祁藏書和學術研究》（南京：江蘇省圖書館學會，1981 年 2 月），頁 21。

由此可知，在藏書家之間，理論的互相學習與模仿在古代的確是很普遍的。雖然，在孫從添的作品中，我們沒有看到直接的證據說明這一點。但是，仔細去分析兩個人的作品，其中某些思想與觀念其實是具有一脈相承之關係的。

所以，去考察《澹生堂藏書約》與《藏書記要》這兩部「藏書理論」的間接互動關係與前後發展脈絡，不但使吾人對明末清初時期私家藏書理論的發展有所體認；而更重要的是，孫從添及其《藏書記要》對過去理論的傳承部分與因此而有的特殊貢獻，則同樣會呈現在吾人面前。

以下，依據孫從添《藏書記要》的理論推演次序，分別從「購求圖書的理論」、「鑒別圖書的理論」、「書樓建築與典藏理論」等方面著手探討，重點在於突出孫氏對祁氏理論的相應處與創新所在。

一、關於購求圖書方面

（一）要能善於購書先要養成對讀書的嗜好

在祁承爜《澹生堂藏書約》的「購書三術」中，「精神欲注」是指先要養成讀書的嗜好。大凡「物聚於所好，奇書秘本，多從精神注向者得之」。〔註30〕所以，祁氏認為，讀書嗜好養成後，因為看書成為樂趣所在，自然而然就能專心致志的訪求圖書了。

對孫從添而言，雖然「購求書籍是最難事」，但因為事後能夠充分享受閱讀的樂趣，因而這些困難對他來說是非克服不可的。所以，另一方面，他也認為：在順利購得圖書後，所謂的「最美事，最韻事，最樂事」也就相應而來了。而孫氏的此種心情，我們單看他把書「置之案頭，手燒妙香，口喫苦茶，然後開卷讀之，豈非人世間一大韻事」的自得意滿神態，是頗能體會的。〔註31〕

（二）遇有好書立即購買不問殘闕與否和價錢高低

藏書家對於書籍的愛好之情是溢於言表的，一旦遇到心裡想要的書，就算赴湯蹈火也在所不惜，所以在藏書家的圈子中，所謂的老「蠹魚」型藏書家也就很常見了。

孫從添《藏書記要》「購書六難」的其中一難，即是在說好書當前卻還計較價錢，以致於錯失良機的情況。而像他這種「無他好而中於書癖」，常常「念茲在茲，幾成一老蠹魚」的人，〔註32〕尋訪圖書時如果看到難得的佳書秘本，一定不會放過。因

〔註30〕同註13，〈藏書訓略・購書〉，頁16。

〔註31〕同註21，〈購求〉，頁1左～2左。

〔註32〕同註21，〈自序〉，頁1右。

此，爲了避免「坐失於一時，不能復購於異日」的情況發生，每當他看到了「難得之書」，「不惜典衣，不顧重價，必欲得之而後止」的情形則是時常發生的。〔註33〕

這種對藏書時時刻刻「念茲在茲」的心情，對比祁承㸁因爲買到好書而「晝夜展讀，……至有性命之憂，……然而蠹魚之嗜，終不解也」，甚至於「覓有異本，即鼠餘蠹剩，無不珍重市歸，手爲補綴。十餘年來，館穀之所得，饘粥之所餘，無不歸之書者」的痴迷情況，則是很契合的。〔註34〕

有些時候，藏書家購買書籍，迫於現實（如自身經濟能力不足、該書是唯一孤本等）考量只能找到殘缺不全的本子，但這殘本因爲其稀少難得、學術性高，所以也時常成了藏書家們所寶貴的對象。像祁承㸁在其《庚申整書小記》中就曾說過：「慨遺書之難遇，殘闕必收，念物力之不充，鼠蠹并採，或補綴而成鶉結之衣，或借錄而合延津之劍，此又吾之收散合奔而轉弱爲強者也」。〔註35〕又：「如漢唐以前，殘文斷簡，皆當收羅。此不但吉光片毛，自足珍重。所謂舉馬之一體而馬未嘗不立於前也」。〔註36〕

對此，處在「佞宋」風潮下的孫氏則曾云：「宋刻本書籍傳留至今，已成希世之寶，其未翻刻者及不全者，即翻刻過而又不全者，皆當珍重之。吉光片羽，無不奇珍，豈可輕放哉」！〔註37〕可知，因爲時代風氣畢竟有別，與祁氏重視書籍內容的稀有性不同，孫氏則表現了對稀有「宋元舊刻」的汲汲求取之情。

總之，不論其典藏目與收藏內容、取向爲何，至少在表面意義上，兩人都不約而同地展現了對這「吉光片毛（羽）」的「珍重」之意。

（三）結合同志力量合作尋訪

古代交通不發達，書籍發行資訊亦不易得，所以好書常常會因而錯過。此時揪合一群朋友的力量，則有很大的幫助。例如，祁氏每到一個新地方，不但習慣會「力尋蠹好，詢於博雅，覓之收藏」，也常常會「復約同志，互相裒集，廣爲搜羅」。而這樣做的好處，除了因爲有眾人的分工合作所以省時、省力外，還能「以所重易其所闕」，而達到更充實所藏的效果。〔註38〕

孫從添亦認爲在搜尋圖書時，有幾個好朋友的幫助是很必要的。例如，他說：「且

〔註33〕同註21，〈購求〉，頁1左～2右。
〔註34〕同註13，〈前言〉，頁3。
〔註35〕〔明〕祁承㸁，《庚申整書小記》（收錄於《中國古代藏書與近代圖書館史料（春秋至五四前後）》一書中，北京：中華書局，1996年7月），頁27。
〔註36〕同註13，〈藏書訓略·購書〉，頁17。
〔註37〕同註21，〈鑒別〉，頁3左。
〔註38〕同註13，〈前言〉，頁4。

與二三知己，與能識古本、今本之書籍者，并能道其源流者，能辨原板、翻板之不同者，知某書之久不刷印，某書之止有鈔本者，或偕之閒訪於坊家，密求於冷鋪」。〔註39〕即是因爲，如果有同樣識貨的好朋友幫忙的話，找到好書的機會就更多了。

此外，這二、三知己好友則更是孫從添校讎書籍時的「良師益友」。如其《藏書記要·校讎》所云：「然而校書非數名士相好，聚於名園讀書處，講究討論，尋繹舊文，方可有成，否則終有不到之處」。即是清初處在藏書活動、學術相對繁榮、考據學術興起時代的孫從添，普遍會去利用的人脈與資源。〔註40〕

（四）勤奮抄、校以獲取難得之書

在古代，不一定每種圖書都能刻印出版。這時候，想要得到沒有刊刻或絕版的書，就只能靠抄寫了；同樣的，因爲這是「抄寫」的本子，校對的工作自然也就顯得重要。而祁承㸁的青年時代，就曾因爲「沈酣典籍，手錄古今四部，……卷以千記」，甚至還造成了「十指爲裂」的傷害。〔註41〕可見，對他來說，抄書有時是一種可以幫助增加藏書的方法。

吾人觀察祁氏《澹生堂藏書約·聚書訓》一節，可看到在其望子成龍的要求下，「鈔錄校讎更不可廢」似乎成了他的口頭禪。該文除了一再闡述古人認眞讀書、辛勤藏書的可貴心態外，其中所提及，諸如宋次道、宋綬善於手自校讎、穆子容、袁峻、王筠、張參、柳仲郢、朱存理等辛勤抄書、樂於鈔錄的事跡，亦成了他教導兒女們爲何要辛勤抄書時的活教材。〔註42〕

對於辛勤抄寫能增益藏書，用心校讎方能得好書的情形，孫從添亦體會頗深。因爲，在寫作《藏書記要》前的過去幾年以來，他不是「持稿以載所見」就是「攜篋以誌所聞」，所以抄寫書籍對他來說也猶如家常便飯。〔註43〕

此外，他還認爲抄寫書籍是「歷代好學之士」喜歡的方法，即是從「書之所以貴鈔錄者，以其便於誦讀也」的好處著眼。而且，更何「況書籍中之祕本，爲當世所罕見者，非鈔錄則不可得，又安可以忽之哉」！〔註44〕

〔註39〕同註21，〈購求〉，頁2右。
〔註40〕例如，前此的清初時期，黃虞稷、丁雄飛、周在浚等人才開始廣泛展開的私人藏書家間的藏書、學術「交流活動」；續鈔堂黃宗羲、二老閣鄭性（1665～1743）的藏書交流；瓶花齋吳焯（1676～1733）、小山堂趙昱（1689～1747）等的互校所藏書等，皆是清初藏書家藏書們「熱烈互動」的典型。
〔註41〕同註13，〈前言〉，頁3。
〔註42〕同註13，頁10～14。
〔註43〕同註21，〈自序〉，頁1左。
〔註44〕同註21，〈鈔錄〉，頁6左～7右。

又，他認為雖然明代各家「鈔本俱好而多」，但最好的還是要有「完全校正題跋者，方為珍重」矣！可見，對於鈔本的校對與否問題，他是重視的。〔註45〕也因此，他在《藏書記要》中才會設立有專篇來特別討論「鈔錄」與「校讎」等重要議題。

（五）以公私收藏目錄作為選書參考

在祁承㸁的「購書三術」中，「眼界欲寬」是指要能夠放開視野，才能知道人在圖書世界這個「曠然宇宙」中的渺小。而想要能夠以小馭大，最簡便、快速的方法，莫過於勤奮查找各大公私收藏目錄了。〔註46〕畢竟，一個人的力量極為有限，如能多方「考覽各代目錄書，以及近時各家的收藏，藉以了解古今著述之豐富，以及學問境界之無窮，而不以自己所藏所讀為滿足」，〔註47〕才能在藏書的最終目標中得到成功。

又，《澹生堂藏書約》「購書三術」的「心思欲巧」中，有祁氏所提出的求書新「三法」。當中的第三法即是將時人文集中的「書序」抽出單行，藉以編成一部「待訪（購書）目錄」，以作為採購當代書籍時的參考。這也是他利用「書目」去幫助購書、訪書之一例。〔註48〕

而孫氏所云：「如某書係何朝、何地著作，刻於何時，何人翻刻，何人鈔錄，何人底本，何人收藏；如何為宋元刻本，刻於南北朝何時、何地；如何為宋元精舊鈔本；必須眼力精熟，考究確切。再於各家收藏目錄、歷朝書目、類書、總目、讀書志、敏求記、經籍考、誌書、文苑誌、書籍誌、二十一史書籍志、名人詩文集、書序、跋文內，查考明白，然後四方之善本、秘本或可致也」。〔註49〕

可知，雖然孫氏是在說明「鑑別」書籍時的參考狀況，不過與祁氏利用這些參考書籍的精神則是基本相同的，所以對「購書」來說也是有效果的。而他所進一步擴大的參考內容，例如，利用眾多的各家收藏目錄、參看第一部版本賞鑑式藏書目：《讀書敏求記》等，則反映了孫氏所處清初時期，私家藏書目錄編制的日趨普遍及眾藏家們珍視「宋元舊刻」的時代風氣。

二、關於鑑別圖書方面

在《澹生堂藏書約》的「鑑書五審論」中，所謂「審輕重」是說四部圖書的撰

〔註45〕同註21，〈鈔錄〉，頁6左～9右。
〔註46〕同註13，〈藏書訓略‧購書〉，頁15。
〔註47〕嚴倚帆，《祁承㸁及澹生堂藏書研究》（臺北：漢美圖書有限公司，1991年7月），頁180。
〔註48〕同註13，〈藏書訓略‧購書〉，頁17～18。
〔註49〕同註21，〈鑑別〉，頁2左～3右。

述與刊刻流傳，與時代的推移則是有密切關係的。亦即，因為經類書籍「垂於古而不能續於今」，因而，就其內容與時代的關係來說，該類書籍是既經典而又接近眞實的，所以它是最能反映古代眞實思想的重要書籍。於是他說：

> 故得史十者不如得一遺經，得今集百者不如得一周秦以上子，……此其書之不相及也。購國朝之書十不能當宋之五也，宋之書十不能當唐之三也，……此其時之不相及也。總之，所謂審輕重者是也。〔註50〕

因此，從讀書、做學問的角度來說，如果能盡量掌握像經類圖書這種原始的資料當然是最好的。於是他認為在經、史、子、集四部中，經書是排在第一位的，而這乃是基於經書的此種特殊地位。

另外，《澹生堂藏書約》的「鑒書五審論」中，又有所謂「權緩急」。就是說，如從藏書的目的性來看，祁氏認為「聚書非徒以資博洽」，而在於能否經世致用。古人的學問，對於經世致用最重要的論述乃在於「經濟」之學的探討上。正好，「古人經濟之易見者，莫備於史」；況且，史類書籍還能夠：「考見得失，鑒觀興亡，決機於轉盼之閒，而應卒於呼吸之際，得史之益，代實多人」。〔註51〕所以，從實用目的來說，史部書籍是祁承爜在「尊經」以外最重視的。〔註52〕

孫從添身為一個清初時期的讀書人，各式各樣儒家的經籍、史書對其來說當然很重要，他也樂意去多多收藏。所以，孫氏特別就內容的角度來讚揚經書、史書對「齊家治國」的重要貢獻。例如，《藏書記要‧購求》：

> 夫天地間之有書籍也，猶人身之有性靈也。人身無性靈，則與禽獸何異？天地無書籍，則與草昧何異？故書籍者，天下之至寶也。人心之善惡，世道之得失，莫不辨於是焉。天下惟讀書之人，而後能修身，而後能治國也。是書者，又人身中之至寶也。以天下之至寶而一旦得之，以人身之至寶而我獨得之，又不至埋沒於塵土之中，拋棄於庸夫之室，豈非人世間一大美事乎？〔註53〕

〔註50〕同註13，〈藏書訓略‧鑒書〉，頁18～19。

〔註51〕同註13，〈藏書訓略‧鑒書〉，頁21～22。

〔註52〕在「藏書流派」的分別中，祁承爜與天一閣范氏因其所在地與收藏特點，而被學者歸類為「浙江派藏書家」；孫從添與毛晉、錢謙益、錢曾等人，因其所在地與收藏特點，則被學者歸類為「虞山派藏書家」。此兩派藏書家在收藏內容上有很大的不同。虞山一派，收藏圖書偏重於正經、正史，尤其尊經；浙江派藏書家，則比較重視收藏史部圖書、集部圖書。所以，祁氏尊經之外，特重史部書是有其淵源的。參見，曹培根，〈藏書流派及其比較〉，載於曹培根編，《書鄉漫錄》（石家莊：河北教育出版社，2004年12月），頁104～112。

〔註53〕同註21，頁1左～2右。

儘管如此，但孫氏又因為身處「佞宋」風氣極盛的清代，書籍刊刻時代的早晚有時更加受到重視，因而某些時候，藏書家們就不一定全然都以書籍內容近真與否為出發點了。例如，其《藏書記要・鑒別》所云：「藏書之道，先分經史子集四種取其精華，去其糠秕。經為上，史次之，子集又次之。凡收藏者須看其板之古今，紙之新舊好歹，卷數之全與缺，不可輕率。……所以書籍首重經史，其次子集」。〔註 54〕即是在說明此種觀念。

三、關於藏書樓建築與典藏管理方面

古代的公私收藏者，總希望所藏圖書能得到最好的安置，因而「金匱石室」成了最理想的藏書處所。但以物質條件來看，藏書家真正有能力建造這種藏書樓的人卻是稀少的，而就算有的話，也只能是所謂皇親國戚了。例如，明代內府的「皇史宬」書庫，四周用磚石，書櫃用銅皮，即是少數符合「金匱石室」含義的藏書樓類型。

一般私人藏書家，因為無法真正建造堅固無比的藏書樓，故只能在現有的建築材料與圖書管理措施上下功夫。如果因此使藏書能夠保存久遠的話，這象徵藏書永保無虞的「金匱石室」一詞，至少在意義上是人人都能使用的。

例如，祁氏《澹生堂藏書約・聚書訓》中所選「古人聚書足法者」中，就有一則是講「石倉藏書」的。如其云：「魯人曹平慕曾參之行，因名曹曾。家多書，慮其湮滅，乃積石為倉以藏，是謂曹氏書倉」。〔註 55〕儘管，祁氏認為這是可效法的，但畢竟這只是他對古人維護圖書的肯定與嚮往，實際可行性並不大。事實也證明，至少當時祁氏是不可能也不會如此做的。

另外，因為早年藏書樓的失火之痛，祁氏對藏書樓建置最主要的防火、防潮功能，不僅特別重視而且有其具體理論。雖然，這些對藏書樓建築的理論，不在《澹生堂藏書約》中，而散見詩文各處。但是，為了方便說明祁氏在藏書理論上的貢獻，在此引用其藏書約以外的文獻去證明與闡述。例如，明天啟三年（1623），祁承爜官於河南，就曾經寫家書叮嚀他的兒子，建造藏書樓時要注意防火、防潮功能：

> 只是藏書第一在好兒孫，第二在好屋宇。必須另構一樓，迥然與住房、
> 書室不相接聯，自為一境方好。但地避且遠，則照管又難，只可在密圍之
> 內外截度其地。汝輩可從長酌定一處來。我意若起樓五間，便覺太費，而
> 三間又不能容蓄。今欲分作兩層，下一層離基地三尺許，用閣柵地板，濕

〔註 54〕同註 21，頁 3 右～6 左。
〔註 55〕同註 13，頁 11。

蒸或不能上，只三間便有六間之用矣。前面只用透地風窗，以便受日色之
曬，惟後用翻軒一帶，可爲別室檢書之處，然亦永不許在此歇宿，恐有燈
燭之入也。樓上用七架，又後一退居，退居之中即肖我一像，每月朔日，
子孫瞻禮我像，即可周視藏書之封鎖何如。而此樓之制，既欲其堅固，又
欲其透風，須與我匠人自以巧心成之，但汝輩定此一處，可吩咐築基地也。
〔註56〕

由上可知，祁氏爲了防火，住家與書樓分開，並嚴禁火燭；爲了防潮，離地基三尺，
使用透地風窗，又避免日曬；造樓堅固、善於設想利用空間且有定期巡視之舉。

可以說，這種設計「考慮周詳，使藏書樓既能通風，又能免除日曬及濕氣。和
寢居之處隔離，則又可收防火之效，實爲精心設計也」。〔註57〕可見，長時間藏書
經驗所累積而成的理論，在其藏書樓建造的實務中，得到了發揮與肯定。

而《藏書記要》中，亦有〈收藏〉一則專門講述書樓防火、防潮、防蠹等等細
節。對於古代的「石倉藏書」，孫氏也認爲：「古有石倉藏書最好，可無火患，而且
堅久，今亦鮮能爲之」。就此點來看，可知他和祁氏的觀念相同，但迫於現實，「石
倉藏書」也只是心中理想的藏書樓典型。

此外，孫氏關於專人定期巡視書樓的問題上。如其云：「收藏書籍，不獨安置得
法，全要時常檢點開看，乃爲妙也。若安置雖妥，棄置不管，無不遺誤。……將書
分新舊鈔刻，各置一室封鎖，匙鑰歸一經管。每一書室一人經理」。即是在陳述專人
定時巡視、檢點藏書的必要性。

而對於藏書室需要通風防潮、設計堅固的問題。他則認爲：「四面窗櫺須要透風，
窗小櫺大，樓門堅實，鎖要緊密，……而卑濕之地，不待言矣。……書要透風則不
蛀，不霉。……下隔要高，四柱略粗，不可太狹，亦不可太闊，約放書二百本爲率」。
對書樓透風與堅固的要求，孫從添與祁氏是相同的。

同樣地，他也想到了居室與書樓分開即可防火的訣竅。如其云：「惟造書樓藏書，
四圍石砌風牆，照徽州庫樓式乃善。不能如此，須另置一宅。……接連內室廚竈、
衙署之地，則不可藏書」。〔註58〕即是其例。

就祁承㸁與孫從添的生長時代而言，所謂圖書館學術仍未形成，雖然當時官方
或私人收藏單位設想了不少保護圖書的辦法，但能像祁、孫二人般付諸實踐進而形

〔註56〕此家書未刊，手跡現爲黃裳收藏。引文參見：黃裳，〈祁承㸁家書跋〉，《中華文史論
　　　叢》1984年第4期，附錄，頁265～266。
〔註57〕同註47，頁199。
〔註58〕本頁孫氏說法皆引自《藏書記要·收藏》，同註21，頁14左～16右。

成理論的卻還沒有出現。吾人認為，不論祁氏或孫氏，愛惜書籍的心情跟古今藏書家並沒有多大分別。而他們之所以設想周到並形成具體理論，原因無它，這興盛藏書風氣下對各式藏書經驗的吸收消化，當是其中的關鍵。

如前所述，儘管沒有史料提到《澹生堂藏書約》啓發了《藏書記要》，但祁「承燦之後，這類文章也漸多起來，最有名的就是孫慶增的《藏書紀要》八則。《藏書紀要》的內容較《藏書訓略》要廣泛些，包括了版本鑑別、鈔錄、裝訂、曝書等方法，⋯⋯體例仍是延續《藏書訓略》而來的」，〔註59〕則確是一項不爭的事實；儘管沒有任何具體證據表明《藏書記要》有受到《澹生堂藏書約》影響而撰述產生，但可以確定的是，當時藏書家們的「經驗傳承」或「口耳相傳」，必定是促成此「間接交流」的幕後功臣。

總之，《澹生堂藏書約》與《藏書記要》所記載的藏書理論，之所以會受到後人重視，完全因為其理論具有高度實踐性。這兩部「藏書理論」一前一後的出現絕非偶然，時代風氣的逐漸醞釀，當是最重要的因素。而這因時代早晚有別與寫作目標不同，所造成兩者的理論差異，在《藏書記要》內容的愈加完備上，絕對可以明顯的看到。〔註60〕

第三節　《藏書十約》對《藏書記要》的繼承與創新

葉德輝，字煥彬，又字奐份，號直山、直心，又署郋園，清湖南湘潭（今湖南長沙市）人。清光緒十八年（1892）進士，授吏部主事。個性喜歡購書而善於鑑賞，精於版本目錄之學；收藏古籍甚富且精，為清末民初著名藏書家，著有《書林清話》、《觀古堂藏書目》、《郋園讀書志》、《藏書十約》等作品。

葉氏對於古籍文獻整理保藏的具體理論，除部分反映在其版本學理論著作《書林清話》中，絕大部分都表現在《藏書十約》裡。《藏書十約》一卷，撰成於清宣統三年（1911），可說是近代圖書館學術正式進入中國以前，私人藏書家對於古籍「藏

〔註59〕同註47，頁213。
〔註60〕例如，徐凌志先生認為：「《藏書紀要》突破了祁承爍《澹生堂藏書訓略》僅談『購書』與『鑒書』的限制，把觸角伸向了私家藏書活動涉及的方方面面，⋯⋯這些寶貴的經驗對後世的藏書家們有著重要的指導意義」。參見：同註26，頁337。另外，譚華軍先生亦認為：「如果說《澹生堂藏書訓略》係為『子孫而設』，因而尚存有某些侷限的話，那麼《上善堂藏書記要》則是旨在為藏書同道弘宣其藏書技術經驗而編集的一部專著。⋯⋯全面概要地總結提煉了自己在藏書活動中的心得和收穫。是一部系統討論私家藏書技術的專著，從而使後人得以略窺清初私家藏書的堂奧」。參見：同註6，譚華軍〈明清藏書樓秘約導讀〉，頁503。

書理論」的最後總結之作。其十約共分爲：「購置」、「鑒別」、「裝潢」、「陳列」、「抄補」、「傳錄」、「校勘」、「題跋」、「收藏」、「印記」等，而「這十約其實就是葉德輝以數十年累積的經驗，爲有志入門者（當然其子孫是主要對象）所撰的藏書指南」。〔註61〕

　　該書述及範圍廣泛，對於私人收藏古籍的種種措理之術，討論頗爲周詳。根據其〈自序〉所云，該書是作者在幾十年來收藏圖書的「見聞」與「閱歷」基礎上，所總結出來的「藏書理論」。〔註62〕每個條目可說都是他高度實踐下的心得之作，「篇幅雖短，但論斷精闢、言之有物，足與明祁承爍《澹生堂藏書約》、清孫慶增《藏書紀要》相比美，不僅反映個人藏書經驗之精華所在，且對古典文獻之整理保藏有值得借鑑之處」。〔註63〕

　　清代末期，私人收藏古籍的環境既已不如從前，封建時代私人藏書理論的撰述盛況不再而進入了尾聲。針對此時期（1911年）前後的私人藏書傾向做調整，葉德輝以其個人累積的數十年經驗，對於前此各家藏書理論，可說既有繼承亦有發展，成爲了當時藏書理論的總結與集大成之作。

　　其中，孫從添的《藏書記要》可說是影響《藏書十約》最爲重要的作品。這一點，我們從葉氏《藏書十約·自序》中就能看到：

> 國初孫慶增著《藏書紀要》，詳論購書之法與藏書之宜；以及宋刻名抄，何者爲精，何者爲劣。指陳得失，語重心長，洵收藏之指南，而汲古之修綆也。〔註64〕

可見，孫從添《藏書記要》的內容優點及其對於藏書家的高度參考價值，葉德輝是了然於心的。所以，他才會有模仿《藏書記要》去撰述《藏書十約》的想法。但是，葉氏又因爲當時收藏古籍的環境「不獨異於孫氏之世，且異於乾嘉之世」，因而將《藏書十約》的內容做了調整。亦即，因爲兩人時代終究不同，藏書技術和內容要求也有新的成份，故其《藏書十約》的篇目設計與內容安排，與孫氏是有所不同的。

　　《藏書十約》縱使有其創新之處，但卻是在繼承《藏書記要》的基礎上才有的作品。一部作品雖然會因爲時間的推移而不再讓人覺得完備，但是對於古籍收藏理

〔註61〕蘇精，《近代藏書三十家》（臺北：傳記文學出版社，1983年9月），〈葉德輝觀古堂〉，頁40。

〔註62〕參見〔清〕葉德輝，《藏書十約》（收錄於《澹生堂藏書約（外八種）》中，上海：上海古籍出版社，2005年11月），〈自序〉，頁42。

〔註63〕蔡芳定，〈葉德輝有關古典文獻整理保藏的十大主張〉，《書目季刊》第二十八卷第四期，1995年4月，頁32。

〔註64〕同註62，〈自序〉，頁42。

論來說，成熟的作品是不會因時代而失去參考價值的，這點評價對《藏書記要》來說則是很貼切的。

例如，近代圖書館學家譚卓恒先生於時間較晚的《藏書十約》外，仍特別極度推崇時代較早的《藏書記要》對於現代圖書館古籍典藏的重要參考價值，就是基於這個原因。如其云：

> 孫從添所寫的這部便覽，是整個十九世紀唯一的一部向私人藏書家交代藏書技術的參考書。令人驚奇的是，它所提出的意見一向爲藏書家們謹守不渝，直至今日還對現代中國的圖書館發生著影響。許多編纂珍本書目的術語都出自該書，更不用說後人以此書的意見爲鑒別宋元版本的標準了……，假如今後還沒有著述來取代《藏書紀要》的地位，那麼，中國的藏書家們還將在各方面仰仗於它。〔註65〕

即是其例。

因此，在這裡討探葉德輝《藏書十約》對孫從添《藏書記要》的繼承與創新，不僅能使吾人更加明瞭孫氏理論的精到之處。相對的，其理論的不完備處亦可在兩者的比較中顯現。如此一來，對吾人《藏書記要》的繼續深入研究，也將是有益的。

以下，就試著從孫從添《藏書記要》的理論發展次序著手，針對其與葉德輝《藏書十約》在「書籍購求與蒐集」、「圖書內容整理」與「書籍典藏保護」等幾個方面的接續關係上進行探討，重點則在揭示傳承關係及因此而有的創新上。

一、關於書籍購求與蒐集方面

（一）「購置」書籍時的尊經史傾向

中國古代，封建社會長久以來的觀念使然，儒家的「經籍」，不但因其是統治者所依循施政的工具，而成爲「法定經典」；更因其是廣大讀書人們所賴以一步登天的憑藉，而成爲了「必讀之書」。其原因乃是：

> 自漢武帝「罷黜百家，獨尊儒術」，確立了儒家文化學術思想的正統地位以後，在長達 2000 多年的中國封建社會中，經書作爲統治階級的思想文化工具最受尊崇，並形成了在世界圖書文化史上十分獨特的圖書文化現象和圖書文化特徵。〔註66〕

所以，不論是在現實利用上或是學術需要上，「經書」中以孔子爲代表的十三部儒家

〔註65〕 參見譚卓垣著、徐雁、譚華軍等譯，《清代藏書樓發展史》（與《續補藏書紀事詩傳》合刊，瀋陽：遼寧人民出版社，1988 年 6 月），頁 46～47。

〔註66〕 程煥文，《中國圖書文化導論》（廣州：中山大學出版社，1995 年 10 月），頁 50。

經典（即十三經），都是人們首先關注的。因而，藏書家在選擇圖書時，「經部」書必然是首要目標。此外，就這一「經世致用」的功能而言，「史部」書中之「正史」，因爲可藉以觀興替與寓意教化，所以亦是讀書人與藏書家們的必備書籍。

　　孫從添因爲「書籍者，天下之至寶也。人心之善惡，世道之得失，莫不辨於是焉。天下惟讀書之人，而後能修身，而後能治國也。是書者，又人身中之至寶也」。〔註67〕所以他認爲：「藏書之道，先分經史子集四種取其精華，去其穢秕。經爲上，史次之，子集又次之……所以書籍首重經史，其次子集」。〔註68〕

　　而葉德輝所主張：「置書先經部，次史部，次叢書；經先十三經，史先二十四史，叢書先其種類多校刻精者」。〔註69〕即是孫氏藏書之道的延續。

　　此外，《藏書十約》較特別的是，他撇開「子、集」二部書而專收「叢書」的觀點，即反映出：（1）清代中葉以後叢書刊刻的大盛；（2）叢書自產生以來「子目」內容的特點：即多「子、集」二部書；（3）而且，葉德輝書中所舉《十三經》、《二十四史》等等，也都是後來的知名叢書。

（二）「抄補」、「傳錄」書籍的方法

　　抄書一直是古代藏書家們增加藏書的重要手段，即使是在印刷術已有相當水準的明清時期，各地藏書家們抄書之風仍然盛行。如前舉祁承㸁、孫從添與此處的葉德輝即都是熱中抄書的藏書家類型。對於此點，我們從孫從添、葉德輝的《藏書記要》與《書林清話》中對於知名抄書家的推崇，即可看出當時藏書家們對抄書的熱衷與其貢獻所在。〔註70〕

　　究其原因：一則爲世人著述尙未盡付刊刻，還有相當一部份只有鈔、稿本流傳；

〔註67〕同註21，〈購求〉，頁1左～2右。
〔註68〕同註21，〈鑒別〉，頁3右～5左。
〔註69〕同註62，〈購置〉，頁43。
〔註70〕例如《藏書記要・鈔錄》中所云：「明人鈔本，吳門朱性甫、錢叔寶、子允治手抄本最富，後歸錢牧翁。絳雲焚後，僅見一二矣。吳寬、柳僉、吳岫、孫岫、太倉王元美、崑山葉文莊、連江陳氏、嘉興項子京、虞山趙清常、洞庭葉石君諸家鈔本俱好而多，但要完全校正題跋者，方爲珍重。王雅宜、文待詔、陸師道、徐髯翁、祝京兆、沈石田、王質、王穉登、史鑑、邢參、楊儀、楊循吉、彭年、陳眉公、李日華、顧元慶、都穆、俞貞木、董文敏、趙凡夫、文三橋，湖州沈氏，寧波范氏、吳氏，金陵焦氏、桑悅、孫西川皆有鈔本甚精」。參見：同註21，頁7右～7左。又，葉德輝《書林清話卷十・明以來之鈔本》：「明以來鈔本書最爲藏書家所秘寶者，曰吳鈔，長洲吳飽庵寬叢書堂鈔本也；曰葉鈔，先十八世族祖昆山文莊公賜書樓鈔本也；曰文鈔，長洲文衡山徵明玉蘭堂鈔本也；……皆竭一生之力，交換互借，手校眉批。不獨其鈔本可珍，其手跡尤足貴」。參見：〔清〕葉德輝，《書林清話》（與《書林餘話》合刊，長沙：岳麓書社，2000年4月），頁229～230。

二則爲書籍中之秘本，如爲當世罕見者，非抄錄則不可得；三則爲抄書是讀書的方法之一，而且精鈔本，別有藝術價值、鑑賞情趣，所以自然受到珍視。

孫從添就曾說過：「書之所以貴鈔錄者，以其便於誦讀也。歷代好學之士皆用此法。所以有刻本，又有鈔本，有底本。底本便於改正，鈔本定其字劃。於是鈔錄之書，比之刊刻者更貴且重焉。況書籍中之祕本，爲當世所罕見者，非鈔錄則不可得，又安可以忽之哉」！〔註71〕即是在說明抄書的好處。而且，又因爲「凡書之無處尋覓者，其書少，必當另鈔底本，因無刻本故也」的緣故，〔註72〕鈔錄書籍就更顯得重要了。

對於此點，葉德輝的「抄補」除了亦重視抄本的「校對」外，較孫氏遇到「宋元板有模糊之處，或字腳欠缺不清，俱用高手摹描如新，看去似刻，最爲精妙」〔註73〕的片面說法更進一步的是，他所云「抄補」即是對凡是短缺卷頁的舊書，根據相同刻本，利用「影鈔配補」的方法使之齊全。〔註74〕

而葉德輝《藏書十約・傳錄》：「居今日而言收藏，……而猶有待於傳錄者，蓋其書或僅有抄本，不能常留，過目易忘，未存副錄；校刻則有不給，久假復不近情；有彼此借抄，可獲分身之術」。〔註75〕則與孫氏相同都在說明：對於一些傳世較少的典籍，是可以利用傳錄方法取得進而收藏的。

二、關於圖書內容的整理方面

（一）「鑑別」圖書時的利器：公私目錄

圖書購置前後，質量、眞僞的鑑定都是不可少的步驟。對於藏書家們來說，鑑定書籍的最佳參考書莫過於公私收藏目錄了。

就孫從添而言：因爲「藏書而不知鑑別，猶瞽之辨色，聾之聽音，雖其心未嘗不好，而才不足以濟之，徒爲有識者所笑，甚無謂也」。所以，爲了增加準確率，他主張：「某書係何朝、何地著作，刻於何時，何人翻刻，何人鈔錄，何人底本，何人收藏；如何爲宋元刻本，刻於南北朝何時、何地；如何爲宋元精舊鈔本；必須眼力精熟，考究確切。再於各家收藏目錄、歷朝書目、類書、總目、讀書志、敏求記、經籍考、誌書、文苑誌、書籍誌、二十一史書籍志、名人詩文集、書序、跋文內，查考明白，然後四方之善本、秘本或可致也」。〔註76〕即是強調，要避免失察造成

〔註71〕同註21，〈鈔錄〉，頁6左～7右。
〔註72〕同註21，〈鈔錄〉，頁8左。
〔註73〕同註21，〈裝訂〉，頁12右。
〔註74〕同註62，〈抄補〉，頁48～49。
〔註75〕同註62，〈傳錄〉，頁49～50。
〔註76〕同註21，〈鑑別〉，頁2左～3右。

譏諷，愼重選擇公私收藏目錄當作參考書籍，絕對是不二法門。

對此，葉氏亦云：「四部備矣，當知鑒別之道，必先自通知目錄始。目錄以欽定《四庫全書總目提要》、阮文達元《揅經室外集》（即《四庫未收書目》，茲從全集原名。）爲途徑。不通目錄，不知古書之存亡；不知古書之存亡，一切僞撰抄撮，張冠李戴之書，雜然濫收，淆亂耳目。此目錄之學，所以必時時勤考也」。〔註77〕則明顯與孫氏說法相合。

另外，對於版本的優、劣鑒別，葉氏則從「古雅與否」、「序跋、題詞」、「仿刻、重刻」、「評閱、圈點」、「行格用紙」、「避諱字」、「手跡、藏印」等幾個方面去探究，較孫氏所談範圍雖超過無多，但卻更系統化與便於閱讀。〔註78〕

（二）文獻「校勘」的原則

校勘是圖書入藏後確保書籍質量的進一步加工。對藏書家來說，經過仔細校勘後的書本，不僅可利用性直線上升，身價則更是水漲船高，故藏書家無不熱衷於此。而「孫從添《藏書紀要》一書中把校勘古書看成藏書必要條件：爲藏書而校書，爲刻書而校書。葉德輝亦不例外！葉德輝重視藏書的校勘工作，以爲書不校勘，其弊無窮，不如不讀」。〔註79〕

例如，孫氏認爲「校讎書籍，非博學好古，勤於看書而又安閒者，不能動筆校讎書籍。所以每見庸常之人，較書一部，往往弗克令終，深可恨也。惟勤學好問隱居君子，方能爲之。古人每校一書，先須細心綢繹，自始至終，改正字謬錯誤；校讎三四次乃爲盡善……。所以書籍不論鈔刻好歹，凡有校過之書，皆爲至寶」。〔註80〕

而葉氏認爲「書不校勘，不如不讀」的看法，與因此而提出來的校勘「八善」主張。〔註81〕則是在強調：唯有在經過仔細校勘以後，每本書籍才能成爲可讀可看的「至寶」。

又，《藏書記要·校讎》：「至於宋刻本校正字句雖少，而改字不可遽改書上。元板亦然。須將改正字句寫在白紙條上，薄漿浮簽貼本行上，以其書之貴重也。……若明板坊本、新鈔本，錯誤遺漏最多，須覓宋元板舊鈔本、校正過底本或收藏家祕本，細細讎勘，反復校過，連行款俱要照式改正，方爲善本」。〔註82〕可知，孫氏

〔註77〕同註62，〈鑒別〉，頁44～45。

〔註78〕同註62，〈鑒別〉，頁45。

〔註79〕蔡芳定，「葉德輝觀古堂藏書研究」（臺北：國立臺灣大學圖書館學研究所碩士論文，1993年11月），頁83～84。

〔註80〕同註21，〈校讎〉，頁9左～10右。

〔註81〕參見：同註62，〈校勘〉，頁50～51。

〔註82〕同註21，頁9左～10右。

爲保護珍貴的宋、元版書籍，而強調「改字不可遽改書上」是「佞宋」藏書家們的通則，但其所提出「照式改正」的校勘方法，卻是後來黃丕烈等人所謹守的校勘法則（即死校）。〔註83〕

葉氏則更進一步歸納，得出了古人校勘的方法爲「死校」與「活校」兩種。〔註84〕雖然時代已接近民國，但其說法進而成爲早期對「校勘方法」總結的篇章，則是一項不爭的事實。〔註85〕

三、關於書籍保管典藏方面

（一）「裝潢」書籍的細節

對藏書家們來說，書籍內容固然需要校勘整理，書籍外觀亦是少不了精心裝潢，更何況書籍除了外表美觀外，恰到好處的裝訂、裝潢更是保護圖書流傳久遠的秘訣所在。

例如，《藏書十約・裝潢》所云：「書不裝潢，則破葉斷線，觸手可厭。余每得一書，即付匠人裝飾；今日得之，今日裝之，則不至積久意懶，聽其叢亂。裝訂不在華麗，但取堅緻整齊」。〔註86〕可見藏書是否裝訂美觀得宜，藏書家們是很在意的。對此問題，孫從添在早先就已認爲「裝訂書籍不在華美飾觀，而要護帙有道。款式古雅，厚薄得宜，精緻端正，方爲第一」。〔註87〕可見，葉氏承襲的意味是很明顯的。

在具體的裝潢步驟與材料使用上，因爲所在時代、地點不同，兩人各依其所慣用材料與施工方法而各自表述並且都能達到效果。因爲這裡著重在點出兩人對書籍裝訂皆抱持「護帙有功」觀點，所以他們所用的詳細材料與施工手法在此則不贅述。

此外，較特別的是，孫氏「裝訂」書籍時，在使用材料的選擇與施行手法的論述中，對特定裝訂工法的防蟲或防潮宣示，於其行文當中則屢屢可見，葉氏亦然。而不同的是，在論述之後，葉氏則常常更進一步強調裝潢時「適時、適地」的重要性。

例如，孫氏《藏書記要・裝訂》：「書套不用爲佳，用套必蛀，雖放於紫檀香楠匣內藏之，亦終難免。惟毛氏汲古閣用伏天糊裱，厚襯料，壓平伏，裱面用洒金墨

〔註83〕參見王欣夫，《文獻學講義》（臺北：文史哲出版社，1987年9月），〈什麼是死校法〉，頁319。

〔註84〕參見：同註62，〈校勘〉，頁50～51。

〔註85〕例如管錫華先生認爲清代人對「校勘方法」的認識超越前人，其中葉德輝的《藏書十約・校勘》則是比較早的一篇總結專文。參見其所撰：《漢語古籍校勘學》（成都：巴蜀書社，2003年12月），頁160。

〔註86〕同註62，頁46。

〔註87〕同註21，〈裝訂〉，頁11右。

箋或石青、石綠、棕色、紫箋俱妙。內用科舉連裱裏，糊用小粉、川椒、白礬、百部草細末，庶可免蛀。然而偶不檢點，稍犯潮濕，亦即生蟲，終非佳事。糊裱宜夏，摺訂宜春。若夏天摺訂，汗手并頭汗滴於書上，日後泛潮，必致霉爛生蟲，不可不防」。〔註88〕對於裝訂時的防護與日後的保護，都先考慮到了。

葉氏《藏書十約・裝潢》：「斷不可用蝴蝶裝及包背本，蝴蝶裝如裱帖，糊多生霉而引蟲傷；包背如藍皮書，紙豈能如皮之堅韌，……北方書喜包角，南方殊不相宜，包角不透風，則生蟲；糊氣三五年尚在，則引鼠。……又北方多用紙糊布匣，南方則易含潮。用夾板夾之最妥，夾板以梓木楠木爲貴，不生蟲，不走性，……二十年前，余書夾多用樟木，至今生粉蟲，無一部不更換，始悔當時考究之未精」。〔註89〕即是依照自身實際經驗，先考慮到各地的差異，而在裝潢時「因時、因地制宜」選擇適當的材料與裝潢方法，則才能眞正的做到「護帙有道」。

（二）圖書編目「陳列」、「收藏」的措施和秘訣

經過上面的各種步驟後，圖書終於可以順利編目而正式上架了。但是，對藏書家們來說，工作卻還沒有結束。妥善的分類圖書並且上架，好方便日後的閱讀使用；審愼的思考藏書樓布局，好應付任何可能威脅書籍的突發狀況，則是他們最後所要關注的重要課題。

《藏書記要・編目》中，孫氏主張藏書家要編有：一、大總目錄。二、宋元刻本、鈔本目錄。三、分類書櫃目錄。四、書房架上書籍目錄及未訂之書、在外裝訂之書、鈔補批閱之書目錄等等四種目錄。〔註90〕其中的「分類書櫃目錄」就被葉德輝《藏書十約・陳列》所沿襲採用，不過葉氏對於書籍「陳列」時的分類與次序問題則講的更加詳細。〔註91〕

在藏書的收藏與藏書樓的布置規劃上，孫從添的理論見於其書的〈收藏〉與〈曝書〉二則中。其中，對於書籍的專人負責檢點、書櫃材料樣式、書樓透風防潮、書庫遠離住家防火、書套使用與否、特殊物料防蟲鼠、書籍上架原則、定時曝書等等問題上都做了探討。其詳細內容，請參見前面第二節〈《澹生堂藏書約》對《藏書記要》的啓發〉的討論引用，此不贅述。

葉德輝關於此方面的理論，則集中體現在其《藏書十約・收藏》一節中，如其云：「藏書之所，宜高樓，宜寬廠之淨室，宜高牆別院，與居宅相遠。室則宜近池水，

〔註88〕同註21，頁12右。
〔註89〕同註62，頁46～47。
〔註90〕參看：同註21，頁12左～14左。
〔註91〕參看：同註62，頁47～48。

引濕就下，潮不入書樓。宜四方開窗通風，兼引朝陽入室。遇東風生蟲之候，閉其東窗。……古人以七夕曝書，其法亦未盡善，南方七月正值炎薰，烈日曝書，一嫌過於枯燥，一恐暴雨時至，……不如八九月秋高氣清，時正收斂，且有西風應節，藉可殺蟲，南北地氣不同，是不可不辨者也。春夏之交，宜時時清理，以防潮濕，四五月黃霉，或四時久雨不晴，則宜封閉。六七月以後至冬盡春初，又宜廠開。櫥下多置雄黃石灰，可辟蟲蟻，櫥內多放香烈殺蟲之藥，……食物引鼠，不可存留，燈燭字簍引火之物，不可相近。……非有書可以互抄之友，不輕借抄，非真同志著書之人，不輕借閱」。〔註92〕

由此可知，其實葉德輝在防火、防潮、用藥防蟲鼠等問題上與孫氏沒有多大差別。但其中對曝書時節「因地制宜」的季節選擇與依月份定期清理書室封閉門窗以防潮、防濕的作法，和慎選友人以進行書籍交流等等問題上，葉氏則是更進一步的。

綜合上面所述，我們可以了解到，就是因為葉德輝深受孫氏影響而進行撰述，於是他的「《觀古堂藏書十約》與《澹生堂藏書訓略》、《上善堂藏書紀要》並列齊名為中國藏書史上的三部著名的藏書技術專著」。〔註93〕

另外，從此吾人又可以得到一個概念。雖然，清末《藏書十約》之所以產生，明顯牽涉到：（1）當時的藏書風氣；（2）不同地域環境的差別；（3）個別藏書家的不同需求等等不同因素。但它既然有承繼自孫氏《藏書記要》的部分，那麼對孫氏有過啟發的《澹生堂藏書約》，自然也直接或間接是葉氏的參考重點了。

於是，對於《藏書記要》的這種前後相承的特質，學者說：「《澹生堂藏書訓略》、《上善堂藏書記要》和《觀古堂藏書十約》是中國藏書史上三部時代大致接續的藏書技術經驗著作，是研究十七世紀以來中國私家藏書的極其珍貴的文獻史料」。〔註94〕即是對此三部「藏書理論」接續關係的最佳寫照。

總之，吾人對於這種前後「接續」關係的深入探討，除了將有助於釐清古今「藏書理論」發展的脈絡外，更重要的意義則在於：明清私家藏書風氣的演變史，更在此三部「藏書理論」著作中得到了真實的反映。例如，明清私人藏書家，對於「叢書」殷切愛好因素、私人藏書家「佞宋」與否的時代演變脈絡等，即是其例。而詳細的討論內容則見下節所述。

〔註92〕同註62，頁52～53。
〔註93〕王建，〈收藏之指南汲古之修綆──試說葉德輝的《觀古堂藏書十約》〉，《山東圖書館季刊》1994年第1期，頁59。
〔註94〕參見：同註6，譚華軍〈明清藏書樓秘約導讀〉，頁503。

第四節　從《澹生堂藏書約》到《藏書十約》：明清藏書風氣演變的縮影

創造圖書與藏書活動都是人類社會的產物。在過去人們的發展歷史中，只有在進入到了文明時代後，圖書典籍才能被創造生成；而文明社會的繼續發展，在經濟條件與生產力的配套運作下，圖書典籍的大量生產成爲可能，私人藏書活動才能出現。私人藏書活動出現後，一時代普遍的藏書風氣在特定的時代繼續發揮著它的影響力，而這一特定的「藏書理論」就是相應其時代的藏書風氣而創造生成的。程煥文先生提到圖書的文化意義時說道：

> 圖書是人類在其發展過程中創造出來的，一定的社會決定著一定的文化，作爲文化一部份的圖書文化，它既受到社會的制約，又受到文化的影響。社會、文化的每一步發展都或多或少地直接制約和影響著圖書文化的發展，而圖書的產生、發展和變化則又較全面地反映了人類社會與文化的發展面貌。〔註95〕

圖書與是社會、文化的一部份，圖書受到社會、文化的制約影響，社會、文化也因圖書文化而慢慢改變。藏書家們在收藏圖書的過程中，所經驗、體會出來的「藏書理論」，其中當然不但受到其時代社會、文化的制約與影響；而反過來，它也必然進一步推動其時代社會、文化的開展。

因此，吾人亦可以說，一個時代的藏書風氣是逐漸累積成形的，而「藏書理論」即是藏書家們在特定藏書風氣下慢慢吸取營養而生成的。既然，某一藏書理論是與其所處時代藏書風氣有必然關係而非偶然形成，這麼一來，假使能夠去對這一藏書理論進行剖析的話，此時代藏書風氣的重點與特色所在，也就不難掌握了。

如上所述，祁承爜的《澹生堂藏書約》、孫從添的《藏書記要》與葉德輝的《藏書十約》等三部反映特定時代的藏書理論，正好在時間上就分別代表著明末、清初與清末等三個時期，既是時代大致接續的三部理論，也代表這三個階段的藏書家們的一些普遍經驗與看法。

因此，能去進一步幫助釐清明末、清初與清末的藏書風氣，以及揭示從明末到清末藏書風氣的轉變脈絡，自然也成了這三部「藏書理論」所具備的重要功能。以下分別試著從「藏書的態度」、「收藏的嗜好」與「整理藏書的方式」等幾個方向來探討。

〔註95〕同註66，頁33～34。

一、藏書的態度與藏書風氣

大凡藏書之風氣盛，讀書之風氣也因而愈盛。對古人來說，「萬般皆下品，唯有讀書高」，不論是達官貴人或販夫走卒，都認爲讀書是一件可以改變氣質與提高地位的事業。因而，每個有能力的人都想要藏書並進而讀書。「讀書致用」也就成了收藏圖書者的主要目標。這一點，對在明末的祁承煠與處於清末的葉德輝而言，則都是基本相同的。

對祁承煠來說，因爲「聚書，非徒以資博洽，猶之四民，所業在此，業爲世用」。〔註96〕所以，他認爲如果「能常保數百卷，千載終不爲小人。……積財千萬，不如薄伎在身，伎之易習而可貴者，無過讀書」。〔註97〕這種觀點，即是著眼於藏書的致用之資上。

因爲書籍中蘊含有無窮的智慧，孫從添認爲「聖賢之道，非此不能考證」。〔註98〕所以「天地間之有書籍也，猶人身之有性靈也。人身無性靈，則與禽獸何異？天地無書籍，則與草昧何異？故書籍者，天下之至寶也。人心之善惡，世道之得失，莫不辨於是焉。天下惟讀書之人，而後能修身，而後能治國也。是書者，又人身中之至寶也」。〔註99〕由此可知，孫氏對於書籍也是持「致用」態度的。

事實上，祁承煠與孫從添觀念之相合並非偶然。例如，時代處在他們兩人之間的江蘇崑山藏書家徐乾學則亦是如此認爲，吾人從其藏書樓名「傳是樓」與其藏書印「黃金滿籝不如一經」中，就可知道他藏書乃爲了致知與致用的心態。

到了清末，葉德輝《藏書十約》雖沒有明言，但從其「置書先經部，次史部」〔註100〕的傾向，與其「吾家累代楹書，足資取証」的說法，〔註101〕可知其藏書也是重視「致用」的。

二、收藏嗜好與藏書風氣

古人往往崇古、信古，過去往往就是因爲「凡古必眞」的觀念，以致於有人會僞撰古人言論來爲自己牟利或立言。而與此種「崇古」習慣相隨而來的是所謂的「嗜舊」。古老的物品，因年代久遠而成爲價值很高的老「古董」。這表現在書籍的收藏方面，即成爲明清之際私人藏書家「佞宋」風氣的大盛。

〔註96〕同註13，〈藏書訓略・鑒書〉，頁21。
〔註97〕同註13，〈讀書訓〉，頁6。
〔註98〕同註21，〈自序〉，頁1右。
〔註99〕同註21，〈購求〉，頁1左～2右。
〔註100〕同註62，〈購置〉，頁43。
〔註101〕參見：同註70，〈書林清話自序〉，頁1。

祁承㸁生長的時代，雖然有錢謙益、毛晉等愛好「宋元舊刻」的藏書家相繼以「佞宋」而知名於世。且影響深遠的錢、毛等人後來則更被歸類爲「常熟虞山派」藏書家的代表。

但被後人歸類爲「浙東藏書派」代表的祁承㸁，〔註102〕其藏書的目的在於「讀書致用」，所以他不是一個會以珍貴版本相夸示的藏書家。因而，他在《澹生堂藏書約》中所提到的「異本」、「佳本」等，也大都從內容價值著眼。

孫從添因爲與錢、毛諸家時代地域、圖書嗜好的相近，而被後世學者歸類爲「虞山派」的代表人物之一。如上述，雖然其藏書亦是從實用處著眼，但免不了的，「佞宋」這個名詞在他身上也是行得通的。例如，其曾云：「宋刻本書籍傳留至今，已成希世之寶，其未翻刻者及不全者，即翻刻過而又不全者，皆當珍重之。吉光片羽，無不奇珍，豈可輕放哉」！〔註103〕即是其例。

由上可知，在祁氏所處的明末時期，前面雖有王世貞「莊園換宋刻」、朱大韶（1517～1577）「美婢易宋版」等等「佞宋」的代表性藏書家引領風騷。但此風氣漸漸的普遍流行，還是要到錢謙益、毛晉、錢曾等人的大力提倡與形成潮流後。而之後，孫從添與清代中葉「佞宋」派藏書家們此起彼落的盛況空前，則是最具體的例證。

「藏書崇尚宋元版肇始於明代，經明末藏書家錢謙益、毛晉大力提倡，清初錢曾、季振宜、徐乾學繼之，至乾、嘉蔚成風氣，……這種風氣一直延續至近代」。〔註104〕可知葉德輝所處的清末時代，藏書家「佞宋」風尚依舊。

但是，葉德輝「重視一本書內容之好壞，遠過於對版本新舊之講求；因而對時人佞宋尚元之習癖頗不以爲然，對張之洞《書目答問》以清刊爲主頗爲推崇。因此葉氏重視清代各家刻本。……本人更以行動糾正時人之弊，藏書之中，十之七八爲清刻」。〔註105〕在《書林清話》中，葉德輝甚至批評朱大韶等人云：「此則佞宋之癖，入於膏肓，其爲不情之舉，殆有不可理論者矣」！〔註106〕因此，在其《藏書十約》中，諸如：重視清代「武英殿本」、阮刻《十三經注疏》或稱讚國朝諸儒所校所刻爲「善本」等，皆是葉氏珍視當代人所刻書的例子。

總之，「佞宋」風尚可以說從明末瀰漫到清末，而葉德輝因爲對於「佞宋」行爲的反動而重視時人所刻，正好說明了此現象在清末的持續流行。

〔註102〕參見：同註52。
〔註103〕同註21，〈鑑別〉，頁3左。
〔註104〕李雪梅，《中國近代藏書文化》（北京：現代出版社，1999年1月），頁219。
〔註105〕同註79，頁183。
〔註106〕同註70，卷十〈藏書偏好宋元刻之癖〉，頁243。

三、叢書收藏風氣

此外，從明代以來就大量湧現且呈現繁榮刊刻景象的叢書，透過藏書家們的普遍收藏，也大大提高了可看性與實用價值。而吾人從祁承爜、孫從添與葉德輝等人的藏書理論與實際收藏中，則更能看出明清以來藏書家收藏叢書與叢書刊刻風氣的盛況。

祁氏《澹生堂藏書約》雖未曾說到有關於收藏叢書的事例，但是吾人從其實際的收藏書目去考察，可知祁氏對於叢書收藏不但很重視，甚至還是明代藏書家中收藏「叢書」的佼佼者。例如，學者考察其藏書目錄的叢書著錄，即云：

> 總集和類書在唐宋時代就已經相當盛行，但是叢書的盛行，卻要到明代以後，……承爜書目中叢書類的數量，頗為豐富，當時著名的叢書，如袁褧的《金聲玉振》、顧元慶的《明四十家小說》、陸楫的《古今說海》、吳琯的《古今逸史》、商濬的《稗海》、程榮的《漢魏叢書》、……大大小小的叢書全部收備，約達七十五種之多。而這些叢書在同時期左右的其他私家目錄中，卻不易見到。〔註107〕

由此可見，處在普遍風行藏書家刊刻叢書、收藏叢書的明代，祁氏喜歡收集叢書是有特定時代背景的。

而對於收藏叢書，孫從添亦如數家珍的說：「各種書籍，務於舊刻、祕鈔完全善本為妙。又必於《稗統》、《稗海》、《百川學海》、《眉公祕笈》、《文煥叢書》、《漢魏唐宋叢書》、《夷堅志》、《津逮祕書》、《邱林學山》、《顧氏四十小說》、《皇宋四十家小說》、《皇明小說》等書，擇其卷數完全刻本，與宋本、舊鈔、祕鈔本，對明卷數、字句，同與不同，一一記清，以便檢不全而未備者棄之，見有全而精美者收藏之」。〔註108〕可見，對於叢書的好處與使用時的風險所在，他是很明白的。

處在清末的葉德輝，對於明代至乾嘉以來所刊刻，且質量俱佳的叢書更是深表推崇之意：「叢書先其種類多校刻精者，……叢書則明弘治間華珵重印宋左圭《百川學海》、程榮《漢魏叢書》、毛晉《津逮祕書》、《武英殿聚珍板叢書》、……鮑廷博《知不足齋叢書》、潘仕誠《海山仙館叢書》、伍崇曜《粵雅堂叢書》。其書多而且精，足資博覽。俟有餘力，徐求他刻叢書及單行善本」。〔註109〕對此，他則在《書林清話·乾嘉人刻叢書之優劣》一文中，詳細作了闡述。〔註110〕

〔註107〕同註47，頁102～103。
〔註108〕同註21，〈鑑別〉，頁6右。
〔註109〕同註62，〈購置〉，頁43～44。
〔註110〕參見：同註70，卷九〈乾嘉人刻叢書之優劣〉，頁209。

　　從明末到清末，三百多年的時間如流水般連續不斷的過去了。在這中國封建社會的最後一個階段中，因為數不清的藏書家而產生的文獻成長與學術進展是無法估計的。這當中，特定時期總結而成的「藏書理論」，既是藏書家們在辛勤求書、整書的實踐經驗下而歸納完成的系統陳述，也是當時藏書活動普遍風貌的縮影。而正好分別處在明末、清初與清末的《澹生堂藏書約》、《藏書記要》與《藏書十約》，與其它理論（如《流通古書約》、《古歡社約》等）相比，正好因為討論範圍的全面與代表時間的連貫接續性，於是也成了輔助窺看此時階段「藏書風氣」演變的利器。

第五章 《藏書記要》藏書建設思想與方法（上）：有關「蒐集」方面

在談到蒐集聚合圖書、適時整理圖書與妥善利用圖書等三個步驟的關係時，有學者認為：「（圖書）聚集而後始能整理，整理而後始能應用，因應用而後始求聚集。此三者如階之級，鍊之環，彼此維繫，互為因果，不可廢其一也」。〔註1〕儘管，古代藏書家們不一定都會去應用（讀書），但圖書的聚集、整理再加上應用則是古代私人藏書家們的普遍模式，而《藏書記要》則是將上述三者歸納成為理論形之於筆墨的少數作品之一。

該書共分八則，依序分為：第一則「購求」、第二則「鑒別」、第三則「鈔錄」、第四則「校讎」、第五則「裝訂」、第六則「編目」、第七則「收藏」、第八則「曝書」等，對於私人收藏書籍的各個方面（即「購求蒐集」、「內容整理」、「閱覽利用」等）都依序進行了探討。

因而，在此依其內容將該書歸納分為三個主題來探討，即相關書籍『蒐集』探訪的理論方面（包含「購求」、「鑒別」、「鈔錄」等三則）、關於藏書內容與外在『整理』的部分（包含「校讎」、「裝訂」等兩則）以及關於圖書典藏『維護』的探討方面（包含「編目」、「收藏」、「曝書」等三則）等。故第五章第一、二、三節，是屬於第一個主題的討論部分；第六章第一、二節，則是第二個主題的討論部分；而第七章第一、二、三節，則都是第三個主題的討論範圍部分。這其中，各節所排列的順序，則是按照該書原始各則的理論次序而定。

另外，如果依據各則的名稱可知，該書各則雖然有各自所論及的主題，但實際

〔註1〕 邢雲林，《圖書館圖書購求法》（南京：正中書局，1936年10月），〈前言〉，不著頁數。

去考察這八則，吾人會發現有時候各則所討論的內容並不限定於其名稱所訂定之範圍。例如，「鈔錄」則在討論鈔本的取得問題時，各式鈔本的「鑑別」問題，自然也成了該則的論述重點之一；「鑑別」則在討論圖書版本的鑑別方法時，關於圖書內容的「購求」選擇問題，亦成了該則的討論要點之一。所以，為了方便內容統一探討與集中主題焦點起見，針對這種各則之中所附帶提及的相關內容，本論文在接下來的各章節中，會依照其內容屬性將其移置於相符合的各種主題討論中。因此，各節之中所引述者之所以會包含有該書各則的內容，基本上是因為《藏書記要》的此種特殊性質的緣故。

又，如前所述，《藏書記要》不僅對古代私家藏書理論的突破有其重要性，它的某些論點亦是現代圖書館學、文獻學相關學科所借鑑、取法的對象。因而，在對本文理論的分析之外，適時利用現今圖書館學、文獻學的理論去對比、討論及評判亦是必須的。雖然，今日的圖書館學、文獻學是世界性的學術，但生長於此的孫氏及其書對吾國的影響則更是顯而易見。所以，為方便討論與專注焦點起見，稍後章節所引述的現今圖書館學、文獻學理論或原則（例如圖書館的古籍整理工作），則將以臺灣或中國大陸的著作觀點為主軸。

第一節　書籍探訪「購求」方法

一、購求書籍所要避免的「六種難處」

對於收藏圖書的第一步：「購求」方法的講求。《藏書記要》開頭即云：「購求書籍是最難事，亦最美事，最韻事，最樂事」。〔註2〕此種特殊說法正好表現出孫氏過去對「購求」書籍曾有的辛苦經歷，與其對藏書家普遍熱愛藏書的「感同身受」之體會。

前此，不論是宋代鄭樵的《通志‧校讎略‧求書之道有八論九篇》〔註3〕或明代祁承㸁的《澹生堂藏書約‧藏書訓略‧購書（三法）》〔註4〕都是從「正面」來說明求書、購書的方法。

〔註 2〕〔清〕孫從添，《藏書記要》（台北：藝文印書館，1966 年，據清嘉慶十六年《士禮居叢書》本影印），〈購求〉，頁 1 右。

〔註 3〕求書之道有八：「即類以求」、「旁類以求」、「因地以求」、「因家以求」、「求之公」、「求之私」、「因人以求」、「因代以求」。參見：〔宋〕鄭樵撰、王樹民點校，《通志二十略》（北京：中華書局，1995 年 11 月），頁 1813。

〔註 4〕購書三法：「眼界欲寬」、「精神欲注」、「心思欲巧」。參見：〔明〕祁承㸁，《澹生堂藏書約（外八種）》（上海：上海古籍出版社，2005 年 11 月），頁 15。

　　而經過藏書家們慢慢的嘗試後，發現「無論是鄭樵的八求也好，祁承㸁的補充也好，雖然前人想盡辦法，大概還是遇到了一些困難，所以明代的謝在杭提出五難。清人孫慶增在《藏書記要》裡，又衍其意而改為六難」。〔註5〕而以下，即是孫從添從反面來探求求書規律的「購書六難」之說：

> 知有是書而無力購求，一難也；力足以求之矣而所好不在是，二難也；
> 知好之而求之矣，而必欲較其值之多寡大小焉，遂致坐失於一時，不能復
> 購於異日，三難也；不能搜之於書備，不能求之於舊家，四難也；但知近
> 求，不知遠購，五難也；不知鑑識真偽，檢點卷數，辨論字紙，貿貿購求，
> 每多缺軼，終無善本，六難也。有此六難，則雖有愛書之人而能藏書者，
> 鮮矣。〔註6〕

第一難、第三難是教人要先衡量「購書經費」的多寡，妥善去思索、分配購書經費的比率，從最需要的先下手購買，而這是不得不去考慮的；第二難是說藏書家對某類書籍喜好，常常是能否買到好書的關鍵，所以培養一個可以長久經營的購求方向也就很重要了；第四難是指各地書坊、藏書家的刻書質量不佳與秘不示人的態度，使好書難以得手，因而事前縝密的購求計畫、推演絕對是重點；第五難是說明古代的交通條件所造成的嚴苛購書環境，故有一四通八達的購書管道、網路就更顯得關鍵；第六難則是說採購人員的專業素質高低是能否買到好書的決定性因素，因此所謂採訪人員對書籍質量鑑別的專業訓練與職前教育，一定是勢在必行的。

　　而孫氏分析了各種購求圖書時所會遇到的難處後認為，正是由於上述「六難」的影響，造成了愛書之人無法專心、不知如何下手系統地收藏圖書的窘況；相反地，如果能克服掉這「六難」的話，距離成為一個真正的職業「藏書家」的目標也就不遠了。

　　雖說，上述「六難」是從反面來論述的購書理論，但事實上，這些困難如果都能避免掉的話，不也像是在說明如何「正面」購求圖書的法則。

　　因為主客觀因素的影響，或許對古代藏書家來說，知道困難所在也未必可以克服。不過，可確知的是，這六難在現今圖書館古籍採購工作中則不難解決。例如，在經費不足的問題上。像是「專案經費」的申請，利用「交換」、「複製」、「徵集」、「捐贈」等多元得書方式，即是不錯的變通方法。另外，與「書商」的密切合作及對館員的工作訓練，對於購書訊息的取得與藏書質量的確保，則是最有效益的作法。

〔註5〕　唐弢，〈書城八記・八道六難〉，載於唐弢編著，《晦庵書話》（北京：生活・讀書・
　　　　新知，三聯書店，1998年5月），頁389。
〔註6〕　同註2，頁1右～1左。

另一方面，他又因爲對「先苦後樂」的道理有過深刻的體會，所以他特別會去享受這收穫之後的歡愉。也就是說，因爲他認爲辛勤努力而得到的果實總是最甜美的。所以，對孫氏來說，得到好書也就同樣是「最美事」、「最韻事」與「最樂事」了。〔註7〕

二、對書籍部類的選擇收藏原則

而在接下來的「鑒別」篇中，孫從添則提到了關於特定圖書內容方面的購求與選擇原則。一般而言，「經、史」類圖書，在時代較早的宋元刻本中保存的最多，版本古老是這些「經、史」類圖書的質量保證，故對藏書家們來說，讀它們肯定不會有錯。所以，「經、史」類圖書特別受到藏書家們重視，與它們刊刻時間的早是有一定關係的。孫氏所云：「五代刻本，六經刻起，蜀本六經第一，今亦罕有。《史》、《漢》至宋初方行刻板印本，便於誦讀，相傳至今，盛行於世矣。所以書籍首重經史，其次子集」。〔註8〕即說明了這一點。

另外，孫從添之所以重視宋、元舊版書籍，一方面是因爲其文物稀有性，更重要的因素，則是在它的「內容」優勢上。宋、元舊刻不僅內容錯誤少，而且還是一種藝術品，讀它會讓人如獲至寶而不忍放手。因此，儘管宋元舊刻是那樣的難得，喜歡讀書的藏書家們，縱使「縮衣節食」也要想辦法購求或弄到手。

於是，在其「鑒別」則中講完了書籍版本的鑒定方法後，孫氏則繼續說明各部類圖書鑒別選擇，進而購求收藏的原則。

（一）「經、史、子、集」四部書的選擇方法

最初，藏書家們重視「經、史」類圖書；慢慢的，「子、集」類書籍也因爲內容的實用有益而受到青睞。所以，面對種類繁多且都有可看性的四部書籍，如何鑒別、選擇就很重要了。

對於經、史二部書籍的選擇，孫氏提出了他的看法：「鑒別書籍，經史中有疏義、注解、圖說、論講、史斷、互考、補缺、考略、刊正謬俗、稗官野史、各國春秋、傳載、音釋、句解者，當細心鑒之」。〔註9〕收藏重點在於仔細判別、選擇合乎需要的「體裁」。

而對子、集二部書籍，他說：「至於雜記、小說、偶錄之書，有關行誼、考據、學問、政治者，紬繹而收藏之。述古文詞、翰苑經濟之文、小學、字學、韻學、山

〔註7〕參見：同註2，頁1左～2左。
〔註8〕同註2，〈鑒別〉，頁5左。
〔註9〕同註2，〈鑒別〉，頁5左。

經、地志、遊覽、技藝、養生、博物、種植、歲時、醫卜、九流雜技之書，有關利濟學術者，亦須留意。文辭、詩集、文集、詞曲、碑記、性理、語錄、子書、小說等書，皆當擇其最上者收藏之」。〔註10〕收藏重點則在於是否具有經世、實用的內容上。

（二）各式「叢書」或「總集」的選擇原則

如《藏書記要・鑑別》所述，孫氏認為「各種書籍，務於舊刻、祕鈔完全善本為妙」。但是「叢書」與「總集」，因為其數量與內容的龐大、龐雜，一時總讓人難以分辨優劣。所以，對於「叢書」、「總集」的鑑別選擇問題，孫氏想到了一個好辦法：亦即先把它們跟「舊刻、祕鈔完全善本」作比對、校正後，再進一步去揀選、收藏。

因為，「有些叢書尤其是明代的某些叢書編輯粗糙、錯誤較多、刪削割裂、不取全書。加之一些書商為了謀取利益，任意竄改原書、以假亂真，致使謬種流傳」。〔註11〕於是，如果遇到像「《稗統》、《稗海》、《百川學海》、《眉公祕笈》、《文煥叢書》、《漢魏唐宋叢書》、《夷堅志》、《津逮祕書》、《邱林學山》、《顧氏四十小說》、《皇宋四十家小說》、《皇明小說》、⋯⋯《說鈴》、《學海類編》、《昭代叢書》」之類的明清叢書。他認為要：「擇其卷數完全刻本，與宋本、舊鈔、祕鈔本，對明卷數、字句，同與不同，一一記清，以便檢不全而未備者棄之，見有全而精美者收藏之」。〔註12〕

而對於「《漢魏百三名家》、《唐音統籤》、《全唐詩》、趙孟頫《分類唐詩》、〔註13〕吳門席氏《百家唐詩》〔註14〕」等各種詩文總集。他則認為要先「揀擇善本，校正宋

〔註10〕同註2，〈鑑別〉，頁5左～6右。

〔註11〕李春光，《古籍叢書述論》（瀋陽：遼瀋書社，1991年10月），頁26。

〔註12〕同註2，〈鑑別〉，頁6右。

〔註13〕趙孟頫（1254～1322），字子昂，號松雪，又號鷗波、水晶宮道人，浙江湖州人。精書法繪畫，善於鑑定古器物名畫，平時勤於抄書，藏書頗豐。而《分類唐詩》一書，孫氏《上善堂書目》著錄云：「景宋鈔趙子昂《分類唐詩》一百卷」。但查考趙孟頫生平事蹟，則無發現趙氏曾編此總集之記載。而根據《四庫全書總目・唐詩類苑》提要云：「明張之象編。初，宋趙孟堅有《分類唐詩》，佚闕不完，世無刊本，之象因復有此作」。又，由《四庫全書總目・彝齋文編》提要可知，趙孟堅，字子固，號彝齋，浙江海鹽人，趙孟頫從兄，宋慶元五年（1199）生。而且據總目之考證，其卒年則在宋咸淳三年（1267）以前。可見，孫氏《藏書記要》、《上善堂書目》所云，當是錯混了趙孟頫與趙孟堅。參見：〔清〕永瑢等編撰，《欽定四庫全書總目》（臺北：藝文印書館，2004年10月），卷一百九十二集部〈總集類存目二〉、卷一百六十四集部〈別集類十七〉，頁4017下、3228上～3229上。

〔註14〕即席啓寓（1650～1702），字文夏，號治齋，原籍江蘇吳縣，後卜居常熟虞山。藏書處為「琴川書屋」，以刻書著名，曾刻《十三經》、《十七史》傳世，又輯刻《唐人百

刻底本」後，才能眞正達到「收藏爲美」的境界。〔註15〕

三、對孫從添「購求」則的檢討

總之，對於上述孫氏所提出的「購書六難」說，與其因此而享受到的藏書「美事」、「韻事」與「樂事」，我們可以有如下的體會：

第一，因爲在孫氏前面已經有人提出如何去購求、取得書籍的理論。這時，他如果還是直接教人該如何做的話，肯定無法突破前人論述、探討過的範圍，而且重點是，直接教人如何去做，有時還比不上直接展示困難處般的令人印象深刻。

亦即，也就是因爲藏書家們如果無法避「此六難，則雖有愛書之人而能藏書者，鮮矣」的緣故。〔註16〕孫從添的「購書六難」理論，對藏書家們就不只有「一針見血」的觀感了；相反的，其購求理論因此而產生的震撼力與說服力則是前所未有的。所以，他這種利用反面教材的方法確實是立意頗善的。

另外，國家圖書館「特藏組」，關於「蒐集」舊籍文獻的作業內容裡，有一項爲「採訪舊籍文獻有關消息」，具體內容爲：「（一）留心海內外報紙、期刊、書目、書訊等消息。（二）注意收藏家動態。（三）請教學術界及出版界消息靈通人士。（四）與各有關學術機構、學校、圖書館、出版業、舊書商等保持聯繫」。〔註17〕即與孫氏所提示必須要克服的「六難」大同小異。

第二，因爲「中國社會政治、經濟和文化的制約，中國圖書在其發展中亦形成了與世界其他國家和民族殊異的社會心理、社會行爲和價值取向等諸方面的文化特徵」：即「唯上崇古」、「嗜書重守」、「讀書致用」等。〔註18〕面對圖書的此種特質，孫從添則在《藏書記要》中「提示提高了對書籍作用、藏書意識的認識。……可以視爲書籍和藏書活動與社會精神文明建設關係的理論上的啓蒙」。〔註19〕事實上，這樣的呼籲正是適合當時現實的藏書環境的。

因而，如果以上述普遍讀書人的圖書心理或文化特徵，去進一步對比《藏書記要》所揭示之私人藏書家的心態，可以看到，對於古代藏書家們來說，他們之

家詩》（《百家唐詩》）三百二十六卷。

〔註15〕同註2，〈鑒別〉，頁6左。

〔註16〕同註2，頁1左。

〔註17〕參見：國家圖書館研究組編，《國家圖書館工作手冊》（臺北：國家圖書館，1999年6月），七、特藏組〈舊籍文獻之蒐集及典藏〉，頁165。

〔註18〕參見程煥文，《中國圖書文化導論》（廣州：中山大學出版社，1995年10月），頁75。

〔註19〕范鳳書，〈論藏書家孫從添及其《藏書紀要》的學術價值〉，載於曹培根編著，《常熟藏書家藏書樓研究》（上海：上海文化出版社，2002年8月），頁162～163。

所以喜歡藏書、熱衷收藏圖書，原因則在於：對「讀書致用」的熱切渴望、能結交良師益友「品舊論古」的快樂、與「坐擁」書城更勝「南面百城」的真實愉悅神情上。

　　所以，與其只是死板的教導他們如何去購書、訪書，還比不上將因藏書而自然流露的快樂表現出來的令人印象深刻。例如，明代學者、藏書家高濂在談到辛勤搜訪而得到好書時的愉悅時，就說道：

　　　　藏書者，無問冊帙美惡，惟欲搜奇索隱，得見古人一言一論之秘，以
　　　　廣心胸未識未聞，至於夢寐嗜好，遠近訪求，自經書子史，百家九流，詩
　　　　文傳記，稗野雜著，二氏經典，靡不兼收。……故積書充棟，類聚分門，
　　　　時乎開函攤几，俾長日深更，沉潛玩索，恍對聖賢面談，千古悅心快目，
　　　　何樂可勝？〔註20〕

而孫從添所云：「以天下之至寶而一旦得之，以人身之至寶而我獨得之，又不至埋沒於塵土之中，拋棄於庸夫之室，豈非人世間一大美事乎？」、「且與二三知己，與能識古本、今本之書籍者，并能道其源流者，能辨原板、翻板之不同者，知某書之久不刷印，某書之止有鈔本者，或偕之閒訪於坊家，密求於冷鋪，於無心中得一最難得之書籍，不惜典衣，不顧重價，必欲得之而後止。其既得之也，勝於拱璧，即覓善工裝訂，置之案頭，手燒妙香，口喫苦茶，然後開卷讀之，豈非人世間一大韻事乎？」、「至於羅列已多，收藏既富，牙籤錦軸，鱗比星章，不待外求而珍寶悉備，以此為樂，勝於南面百城多矣。」〔註21〕等神采奕奕的藏書家面容及其對藏書家所起的強大吸引力等，皆是其例。

　　至少，對於私家藏書之樂的自然流露，與孫氏同時代的清代藏書家們是很能體會與認同的。〔註22〕而一些藏書家友朋之間，為了讓彼此都能享受到收得好書並能藉以藏之的喜悅，相互之間不間斷的訊息提供與互助鈔錄，可是很常見的情況。例如，清乾嘉時期藏書家黃丕烈跋《論語叢說》三卷云：

　　　　此《論語叢說》上中下三卷，錢唐何君夢華為余鈔得者也。余初得《大

〔註20〕〔明〕高濂，《遵生八箋》（蘭州：甘肅文化出版社，2004年10月），〈燕閒清賞箋・論藏書〉，頁341。

〔註21〕參見：同註2，頁1左～2左。

〔註22〕例如，嗜書的盧文弨（1717～1795）「猩猩見酒」自比的陶醉之情；黃丕烈每每「積晦明風雨之勤、奪飲食男女之欲」的「佞宋」神態；與章鈺（1865～1937）因愛慕宋代藏書家尤袤「飢讀之以當肉，寒讀之以當裘，孤寂而讀之以當友朋，幽憂而讀之以當金石琴瑟」的藏書樓「四當齋」之名等，皆是清代藏書家真情流露而沈浸於藏書、讀書之樂的真實寫照。

學、中庸、孟子叢說》，獨缺《論語》。夢華借余本鈔之並補余所缺，且爲
余云：《論語叢說》即余本所逸。印本大小闊狹紙墨都同，眞奇事也。書
藏德清徐氏，緩日擬爲余購之。〔註23〕

即是其例。而此處的藏書摯友錢唐何夢華（即何元錫）即是提供黃氏《藏書記要》
「本附於《文瑞樓書目》後，今書目已刊行而此猶缺焉，其刻之宜急也。」〔註24〕
線索的人。

　　第三，關於現今圖書館「採訪」的意義，現代學者認爲：「『採』的意義爲『揀
選、分別揀選，選而進之，收而有之』。……『訪』的意義爲『覓求，發現，徵求意
見，請教方家』。……合爲一詞，意義更爲清楚而明顯，簡而言之，即爲『覓求、揀
選與收取』。」〔註25〕對比孫從添所要求的購求原則，精神的確是很契合的。

　　另外，在談到如何做好圖書採訪的關鍵上，學者則認爲要做好圖書「採訪工作，
除了文化知識傾力支出，還應經常關注和研究經費、讀者需求（讀者工作）、文獻出
版與發行市場和感情投入等諸多因素，才能構成一個完整的採訪理念」。〔註26〕

　　將之對比上述購書時的「六難」與想要能產生「美事」「韻事」、「樂事」所要下
的功夫。可以知道，在克服「六難」與達成「美、樂、韻事」的必要條件中，諸如
「經費的考量」、「遠近覓求揀選的要求」、「常跑書店書攤的必要性」、「多方請教友
朋的輔助」、「瞭解圖書出版情況」、「妥善收藏以便於使用」與「激起熱愛藏書的同
理感情」等等作法，不論在無形的精神或實質的方法上，都展現出與現今圖書採訪
觀念相符合的地方。

第二節　圖書版本「鑑別」法則

　　收藏圖書首先必要學會的是考察書籍版本價值的本事，也就是《藏書記要‧鑑別》
所云：「夫藏書而不知鑑別，猶瞽之辨色，聲之聽音，雖其心未嘗不好，而才不足以
濟之，徒爲有識者所笑，甚無謂也」。〔註27〕孫從添認爲無論是購入前或購入後，書
籍版本鑑定如果能夠做得好的話，藏書質量一定能因此得到確保。只有懂得鑑別圖書
版本的藏書家，才能在購書時從容發揮「眼力精熟，考究確切」的專業而買到好書，

〔註23〕〔清〕黃丕烈著、屠友祥校注，《蕘圃藏書題識》（上海：上海遠東出版社，1999年
　　　　10月），卷一，頁56。
〔註24〕同註2，黃丕烈〈藏書記要跋〉，頁17右。
〔註25〕顧敏，《圖書館採訪學》（臺北：臺灣學生書局，1979年10月），頁5。
〔註26〕周萍，〈採訪漫論〉，《圖書館論壇》第23卷第4期，2003年8月，頁46～48。
〔註27〕同註2，頁2左。

但更重要的則是，有一定程度的「鑑別」能力也才能避免掉後世學者可能會有的譏評。

鑑別圖書除了持續不斷的經驗、學識累積外，適時的多方查閱各式參考書籍與請教各方專家學者則更是重要。

所以孫氏接下來所說：「再於各家收藏目錄、歷朝書目、類書、總目、讀書志、敏求記、經籍考、誌書、文苑誌、書籍誌、二十一史書籍志、名人詩文集、書序、跋文內，查考明白，然後四方之善本、秘本或可致也」。〔註28〕就是在闡述利用各種公私收藏書目、文集序跋對於鑑別圖書的好處。而吾人考察其《上善堂書目》，確實可以找到像《內閣書目》、《天下各省刻書目》、《菉竹堂書目》、《牧齋小樓書目》、《汲古閣書目》、《脈望館書目》與《讀書敏求記》等等各式公私書目，可見孫氏平時是需要利用到此種類型之書籍的。〔註29〕

對藏書家來說，版本解題式目錄「對一種書的不同版本，給予詳細記載，說明其版本、沿革，對鑑別版本，具有十分重要的意義」。〔註30〕孫氏書中所提到的「敏求記」，即是清初著名藏書家錢曾的《讀書敏求記》，而該書也是此類書目的首創之作。〔註31〕事實也證明，後來的藏書家們在搜訪購求與鑑別圖書時，是常常會利用像《讀書敏求記》一類的書目來作爲參考工具的。例如，孫氏稍後的黃丕烈，其跋《孟子注疏解經》十四卷云：

> 是書於辛亥歲從學餘書肆中得來。始余於肆中見有是書，攜歸翻閱，見有殘缺，心不甚喜，因還之。後偶檢錢曾《讀書敏求記》，其所載《孟子注疏》十四卷，是叢書堂錄本，簡端五行爲鮑翁手筆。……間以建本、監本校對，踳謬脫落，乃知鮑翁鈔此爲不徒然也云云。方悟所見之本爲也是翁家故物，亟往索之，云已攜至玉峰書籍街去矣。迨至書船返棹，而是書依然在焉，喜甚，攜之歸。……然猶幸余之因《敏求記》中語而知是書而寶之，不亦快哉。

又，黃氏跋《前漢紀》三十卷：

〔註28〕同註2，頁2左～3右。

〔註29〕參看〔清〕孫從添，《上善堂宋元板精抄舊抄書目》（《宋元版書目題跋輯刊》第二冊，北京，北京圖書館出版社，2003年6月，據民國瑞安陳氏刻《湫漻齋叢書》本影印），頁409～463。

〔註30〕李芳，〈版本式解題目錄〉，《圖書館研究與工作》1986年第2期，頁25。

〔註31〕該書不僅是第一部「提要式版本目錄」，也是最早的一部「古籍善本書目」。其中關於版本鑑定的貢獻方面，主要表現在：一、考釋辨別書籍版本源流，爲後世學人、藏書家提供了重要依據。二、總結版本鑑定經驗，而提出較爲科學的版本考察法則，他根據古籍版刻、字體、紙張、墨色來確定版刻年代；從初印、重印、原版、翻刻來鑑定版本的優劣，找出了鑑定版本的一般規律，可視爲清代最早研究版本的專著。

> 此書係明刻，合前後《漢紀》而爲一部。余於辛亥歲得諸酉山書肆
> 中，開卷見朱墨兩筆，稍有點讀而未終，遇脫落處，則曰疑有誤。乃知
> 此人亦未得善本校讎，故所閱未竟。惟落款屛守老人，初不知何人，及
> 檢錢遵王《讀書敏求記》，知爲馮己蒼，方悟卷首之大樹將軍印，本馮氏
> 印也。〔註32〕

即是其例。

另外，大凡學者要做好學問總不能是「孤立無援」的，對於藏書家們來說亦是
如此。例如，清初大儒顧炎武（1613～1682）曾說：

> 人之爲學，不日進則日退。獨學無友，則孤陋而難成；久處一方，則
> 習染而不自覺。不幸而在窮僻之域，無車馬之資，猶當博學審問，古人與
> 稽，以求其是非之所在，庶幾可得十之五六。若既不出戶，又不讀書，則
> 是面墙之士，雖子羔、原憲之賢，終無濟於天下。〔註33〕

而孫氏《藏書記要・鑒別》所說：「大抵收藏書籍之家，惟吳中蘇郡虞山、崑山，浙
中嘉、湖、杭、寧、紹最多，金陵、新安、寧國、安慶及河南、北直、山東、閩中、
山西、關中、江西、湖廣、蜀中，亦不少藏書之家在。其人能到處訪求，辨別眞僞，
則十得八九矣」。〔註34〕即是在說明這個道理。

總之，在鑒別版本所要具備的內在學識能力（經驗、讀書積累）與外在輔助條
件（專家、參考書）都具備了之後，對書籍版本的眞正判斷也就開始了。對此，孫
氏先歸納了幾項鑒別的具體內容：一、成書的時代與地點。二、刻書的時代與翻刻
情況。三、鈔錄、收藏的人爲何與底本的來源問題。四、考察宋元刻本、鈔本的特
徵。〔註35〕而以下就是孫氏對各種書籍版本、內容的評價與鑒別。

一、對經史要籍版本的評價

對於經、史、子、集四部書籍，孫氏認爲，就內容的價值來說「經」、「史」類

〔註32〕同註23，卷一、卷二，頁53、81。

〔註33〕清・顧炎武，《亭林文集》（《續修四庫全書》1402冊，上海：上海古籍出版社，2002
年3月，據遂初堂藏清刻本影印），卷四〈與人書一〉，頁108下。

〔註34〕同註2，頁3右。

〔註35〕現今的圖書版本學研究中，有所謂的「版本分析」，其中「圖書版本的類型劃分部分」
主要爲：一、按出版時代劃分。二、按出版地劃分。三、按出版者劃分。四、按出
版情況劃分。五、按版本形態劃分。六、按圖書內容劃分。七、按版本價值、作用
劃分。八、按書版和版本流傳情況劃分。則大部分與孫氏所提示的相同。參見：姚
伯岳，《中國圖書版本學》（北京：北京大學出版社，2004年12月），頁58～62。

圖書當然是最重要的，〔註36〕所以在收藏時的順序上，也就成了先「經、史」、後「子、集」了。對於數量還是很龐大的「經、史」類圖書，孫氏則提出首先要收藏的方向，亦即先從「十三經」、「二十一史」、「三通」、「三記」等書去鑑別並取得。而收藏的主要考量，則是這些書的「板之古今」、「紙之新舊好歹」與「卷數之全與缺」等等特性上。

（一）宋刻本「十三經」、「十七史」

藏書家購求與鑑別時，現成而具體的「版本清單」是很重要的參考資料。對於購求經史圖書的入門之階──「十三經」、「十七史」諸類書籍，孫氏列舉了一些從宋代以來的珍貴「善本」，以供藏書家選擇時參考。當然，刻本時代的古老和刊刻的精美與否，則也是考慮購買時的首要條件之一。

對「十三經」類的書籍，孫氏評價云：「『十三經』蜀本為最，北宋刻第一，巾箱板甚精。其次南宋本亦妙，唐本不可得矣。北監板無補板初印亦可，其餘所刻各有不同」。〔註37〕

當然，蜀地自唐而五代，一向就有刻書的傳統，因此養育了眾多熟練的工人，也成了宋代的刻書中心之一。而四川蜀地的印刷品，自五代十國後蜀毋昭裔（生卒年不詳）刊刻《九經》、宋代井憲孟（生卒年不詳）開雕「眉山七史」以來，出版、雕印品質一向備受肯定。值得注意的是，宋代蜀地刻書的品質優良，亦在後人研究中得到了重視：

> 《十三經》，以蜀本為最，北宋刻第一，巾箱板甚精。（常熟孫從添慶增《藏書紀要》）。南宋刻書最有名者，為岳珂相臺家塾所刻《九經三傳》，別有總例，似乎審定極精；而取唐《石經》及蜀《石經》殘卷校之，……往往彼長而此短。故北宋蜀刻諸經之可貴者，貴其源出唐蜀《石經》也，宋本中建安余氏所刻之書，不能高出蜀本者，為其承監本漕司本之舊也。至於史、子，亦以北宋蜀刻為精，如《史記》、《漢書》、《後漢書》、《三國志》見於各藏書家題跋所稱引者，故可見其一斑。……然則宋刻之弁冕，當推北宋蜀刻矣。〔註38〕

即是其例。

〔註36〕除了深受「儒家」傳統的影響外，「虞山派」藏書的偏愛「經、史」亦有關聯。參見：曹培根〈藏書流派及虞山派、浙東派比較〉，載於：同註19，頁22～33。

〔註37〕同註2，頁3右～3左。

〔註38〕錢基博，《版本通義》（《書目類編》第88冊，臺北：成文出版社，1978年7月），頁39663～39664。

而宋巾箱本經部書籍，則有論者以爲刊刻精良。例如，清代中葉藏書家陳鱣〈宋本尚書孔傳跋〉云：「《尚書孔傳》十二卷，宋刻巾箱本。……其孔傳之勝於今本處，不可殫述。所附釋文，亦可校正進刻。……余得之吳閶書肆，首尾完善，彫鏤精良，小可納懷，殊便展玩」。〔註39〕即是其例。

至於總體南、北宋時期所刻「十三經」類圖書，歷來風評普遍都是極佳的。例如，清代藏書家邵懿辰（1810～1861）談及此問題時，認爲：「十三經以北宋單注單疏刊本爲最佳。南宋有合刊注疏本，合單疏本，分卷不附音釋，是合刊第一本，最佳」。〔註40〕可見，對於年代古老、質量俱佳的宋本舊籍，每個藏書家都是一致看重的。

而對於「十七史」類的書籍，他則認爲：「『十七史』宋刻九行十八字最佳，北宋本細字『十三經注疏』、『十七史』亦精美可愛。南北朝各家經史，《漢書》字劃甚精。其『十七史』北監板無補板初印本亦妙。『宋、遼、金、元四史』，以初印好紙者爲佳，而零收雜板、舊板刻本湊成原印者，勝於南監本多矣」。〔註41〕

針對孫氏上面所述，清末藏書家繆荃孫則有不同的解釋：「案各史宋刻之佳者，以十行十九字最佳，九行十八字則罕見矣。……案南監本《二十一史》調取各學宋元板修配印行，舊印本自佳。北監刻於萬曆年間，即照南監本重刻，改易行款，有南監缺葉而誤連者，最不足重，此所紀恐南北互訛」。〔註42〕

其中，繆氏所提出明代南監刻本優於北監的說法，當然沒有問題。不過，錯就錯在他誤判了孫氏所說南、北「宋」監本是指「明」南北監本上。

（二）汲古閣刻本《十三經》、《十七史》

明代汲古閣毛晉非常重視校勘的工作。對此，明代學者陳繼儒（1558～1639）曾云：

> 吾友毛子晉，負妮古之癖。凡人有未見書，百方購訪，如縋海鼇山，以求寶藏，得即手自抄寫，糾訛謬、補遺亡。即蛛絲鼠壤、風雨潤濕之所糜敗者，一一整頓之。〔註43〕

〔註39〕〔清〕陳鱣撰，《經籍跋文》（收錄於《宋版書考錄》中，北京：北京圖書館出版社，2003年4月，據清道光十七年海昌蔣光煦刻本影印），頁205～207。

〔註40〕〔清〕邵懿辰撰、邵章續錄，《增訂四庫簡明目錄標注》（上海：上海古籍出版社，2000年7月），卷第一經部一，頁5。

〔註41〕同註2，頁3左。

〔註42〕〔清〕繆荃孫輯，《藕香零拾》（臺北：廣文書局，1968年，據清光緒二十二年刊《藕香零拾》本影印），繆荃孫《藏書記要・鑒別》案語，頁2左～3右。

〔註43〕〔明〕毛晉撰、潘景鄭校訂，《汲古閣書跋》（與《重輯漁洋書跋》合刊，上海：上

而根據毛晉的〈重鎸《十三經》《十七史》緣起〉一文的說法，〔註44〕可知單是在刻印《十三經》、《十七史》時，他就構想要招募 30 個負責校對的工作人員，其中13 人校經書，17 人校史書，可見其對校勘工作的重視。

然而，對於毛晉刻書時「校勘」的問題，孫氏依舊舉例及批評道：「惟毛氏汲古閣《十三經》、《十七史》校對草率，錯誤甚多，不足貴也」。〔註45〕稍後，清代中葉藏書家邵懿辰則對毛刻《十三經》、《十七史》表達了不全同於孫氏的看法：「崇禎時汲古閣毛氏又從北監本翻刻（《十三經》）。毛刻《十三經》，訛誤甚多，不及其《十七史》，多據古本重刻，勝於監板也」。〔註46〕可見，對於毛晉刊刻《十三經》、《十七史》的優劣得失問題，如果從不一樣的角度來看待，所得結論也是迥異的。

延續此問題，清末藏書家葉德輝曾有如下的中肯評論：「（毛晉）刻書不據所藏宋元舊本，校勘亦不甚精。數百年來，傳本雖多，不免貽佞宋者之口實」。〔註47〕而對於上述諸人因個別考量而抱持的種種看法，今人曹之先生則有不同以往的回應。〔註48〕

二、對不同時代、地域或性質等書籍版本的鑒別

（一）宋元刻本的品評鑑賞

1. 宋版書收藏時的原則

在宋刻本的鑒別討論前，孫氏基於對宋版書的珍視，先對遇到宋版時的收藏態度作了原則性的說明。亦即：宋刻本因爲流傳久遠，所以是「希世之寶」；至於沒有翻刻過又不完整的，或是已翻刻過但卻是不完整的，皆要以珍貴視之；即使是剩下幾張書葉，依舊要有「吉光片羽，無不奇珍」的收藏態度，不可輕易放過！

海古籍出版社，2005 年 11 月），陳繼儒〈汲古閣書跋敘〉，頁 5。
〔註44〕 同註43，頁 122～124。
〔註45〕 同註2，頁 3 左。
〔註46〕 同註40，卷第一經部一，頁 3。
〔註47〕 〔清〕葉德輝，《書林清話》（與《書林餘話》合刊，長沙：岳麓書社，2000 年 4 月），卷七〈明毛晉汲古閣刻書之一〉，頁 156～158。
〔註48〕 曹之先生說：「第一，已如前言，毛晉重視校勘工作。錯誤存在，但並不多。第二，毛晉刻了那麼多書，出現一些文字錯誤，當屬正常現象，不值得大驚小怪。我們不能苛求古人。況且有些錯誤是宋本本身就有的，毛晉從不臆改宋本，總是盡量按照宋本的本來面目刻印古書。後代一些迷信宋本的人，以爲宋本十全十美，反而把宋本固有的錯誤推到毛晉身上，這是不公平的」。參見其所撰：《中國古籍版本學》（武昌：武漢大學出版社，2002 年 4 月），頁 337。

可見，宋版書對他而言是那麼貴重，因而其對於當中曾經「人爲破壞」的類型，也只能雖表慨嘆而依舊收藏了。如其所云：「宋元刻本書籍雖眞，而必原印初刻，不經圈點者爲貴。古人尊重宋刻，弗輕塗抹。後世庸流俗子，不知愛惜書籍，妄自動筆，有始無終，隨意圈點，良可歎也」。〔註49〕即是其例。

2. 列舉以供藏書家參考的宋刻名目

《藏書記要・鑒別》：「宋刻有數種，蜀本、太平本、臨安書棚本、書院學長刻本、仕紳請刻本、各家私刻本、御刻本、麻沙本、茶陵本、鹽茶本、釋道二藏刻本、銅字刻本、活字本。諸刻之中，惟蜀本、臨安本、御刻本爲最精」。〔註50〕而這些都還只是孫氏過去所經眼、經手過的幾種宋刻，宋版書籍的名目與數量當然不止於此數目。

在孫氏視爲最精的「蜀本」、「臨安本」與「御刻本」等三種本子中。〔註51〕「御刻本」，當指由中央官府（如「國子監」、「秘書監」、「崇文院」等）所刻，注重爲政治服務的各種經史書籍。

當然，其中的國子監則是影響後來各代中央刻書最深遠的單位。國子監之名起於唐代，五代與宋代皆因襲之。原是官師結合的教育機構，但是因爲教育需要有圖書的配合，故後來其職官中設置了綜理刻印圖籍的「書庫官」。其開始刻書，始於五代後唐長興三年（932）二月，中書門下奏「請依石經文字刻《九經》印版」。而那時由政府出資雕印的各式儒家經典，則正是國子監集合博士儒徒們所負責的。這可說是古代中國歷史上第一次出現的儒家經典的雕印本，也是所謂「監本書」的濫觴。從它開始，不僅標誌者雕版印刷術已被統治階層正式接納，也開啓了宋代國子監廣泛刻印儒家「經、史」書籍的新頁。

「臨安（書棚）本」，指的是南宋定都臨安以後，京城內到處林立的私人刻書舖所刻書，其中的佼佼者當然是指「臨安府棚北睦親坊南陳宅書籍舖」或「臨安府棚北大街陳解元書籍舖」所刻書籍了。對其刻書的質量問題，清末藏書家葉德輝就曾評論云：

> 南宋臨安業書者，以陳姓爲最著。諸家藏書志、目、記、跋，載睦親坊棚北大街陳解元，或陳道人，或陳宅書籍舖刊行印行者，以唐宋人詩文

〔註49〕同註2，頁4右。
〔註50〕同註2，頁3左～4右。
〔註51〕近代版本學者錢基博（1887～1957）先生與孫氏則抱持相同看法：「宋時官私刊刻，不勝僂指。監本而外，有蜀本，杭州本，臨安書棚本，州郡官刻本，私宅家塾本，福建本，麻沙本，釋道二藏刻本。諸刻之中，惟蜀本、杭州本、臨安書棚本爲最精。臨安書棚本，擅譽南渡。而杭州本、蜀本，則稱勝北宋」。參見：同註38，頁39653。

小集為最多。……大抵臨安府棚北大街睦親坊陳宅書籍舖，為陳起父子所開。其云陳道人者，當屬之芸居，其云陳解元者，當屬之續芸。〔註52〕

清末藏書家楊守敬（1839～1915）在《日本訪書志・李推官披沙集》提要中亦說：「序後有『臨安府棚北大街陳宅書籍舖印行』，世謂之『府棚本』。蓋陳氏在臨安刊書最多而且精也。今觀此本，刻印雅潔，全書復完美無缺，信可寶也」。〔註53〕可見，「臨安書棚本」所刻書的質量俱佳，是有其品質保證的。

「蜀本」，指的是宋代四川成都、眉山地區所刻的書籍。「蜀本傳世較少，多為經史類書，……字體多似顏體，字劃肥勁樸厚，正文、小注字體統一。就大字而言，字大如錢，版式疏朗，讀來賞心悅目。一般採用麻紙，紙張潔白。校勘精審，翻刻監本也一絲不苟，故一向為人們所推重」。〔註54〕不過，到了「十三世紀中葉，元兵南下，首先攻佔四川，經濟、文化遭到浩劫，書籍、木板也大都毀於戰火中，蜀刻由此而一蹶不振。所以流傳至今的蜀刻本遠比浙、建本少，因而也顯得格外珍貴」。〔註55〕的確，不論是「書籍種類繁多」、「數量稀有少見」或是「刻印品質極佳」等等特質，都很符合孫氏的收藏口味，也無怪乎他對「蜀本」的多次讚譽有加了。

此外，其宋刻有「銅字刻本、活字本」的說法，則亦有加以引用者。〔註56〕

3. 宋刻作偽的手法

事實上，孫氏之前，在明代高濂的《遵生八箋・燕閒清賞箋・論藏書》中，對於宋版書作偽的情形，就曾嘆云：「近日作假宋版書者，神妙莫測。……百計瞽人，莫可窺測，多混名家，收藏者當具真眼辨証」。之後，該文並針對假冒紙張樣式、偽刻序跋年月等書估作偽宋版書的細節作了探討。〔註57〕清末藏書家繆荃孫在其藕香

〔註52〕 同註47，卷二〈南宋臨安陳氏刻書之一〉，頁40～47。

〔註53〕 〔清〕楊守敬撰、張雷校點，《日本訪書志》（瀋陽：遼寧教育出版社，2003年3月），頁228～230。

〔註54〕 程千帆、徐有富，《校讎廣義——版本編》（濟南：齊魯書社，2003年9月），頁207。

〔註55〕 顧廷龍，〈唐宋蜀刻本簡述〉，載於宋原放主編，《中國出版史料：古代部分（第一卷）》（武漢：湖北教育出版社，2004年10月），頁302～309。

〔註56〕 參見陳妙英，〈我國金屬活字發明的歷史史証及技術條件〉，《廣東印刷》2005年第1期，頁67。

〔註57〕 其說法：「近日作假宋板書者，神妙莫測。將新刻模宋板書，特抄微黃厚實竹紙，或用川中蠶紙，或用糊扇方帘綿紙，或用孩兒白鹿紙，筒卷用棰細細敲過，名之曰刮，以墨浸去臭味印成。或將新刻板中殘缺一二要處，或濕霉二五張，破碎重補。或改刻開卷一二序文年號。或貼過今人注刻名氏留空，另刻小印，將宋人姓氏扣填兩頭。角處或妝茅損，用砂石磨去一角。或作一二缺痕，以燈火燎去紙毛，仍用草烟燻黃，儼狀古人傷殘舊迹。或置蛀米櫃中，令蟲蝕作透漏蛀孔。或以鐵線燒紅，錘書本子，

零拾本〈藏書記要跋〉中，對於《藏書記要》「宋版書」的鑒別探討，就引用了與高濂《遵生八箋・燕閒清賞箋・論藏書》內容「大略相同」的明代屠隆（1543～1605）《考槃遺（餘）事》的「論宋版」說法來做補充。〔註58〕由此，更可見孫氏討論版本偽作的法則是有其理論淵源的。

前人常說「宋刻日少，書估作偽，巧取善價，自明已然」。〔註59〕當然，孫氏所生活的清代時期，因爲時代因素（時間相對較晚、「佞宋」風氣流行）的緣故，宋版書更是深受藏家珍視。總之，在利之所趨的情況下，書估們作偽宋版書的種類可說更嚴重與形式多樣。

因而，對於過去宋版書的作偽情形，孫氏進一步特別專就利用「翻刻本」作偽的手法，來闡述他的鑒別經驗與批評道：「又有元翻宋刻本，明翻宋刻本、金遼刻本；元初刻本作宋刻本，明初刻本作元刻本、金遼刻本與宋刻本稍遜」。〔註60〕

因爲當時明代的覆宋元刻本是比較常見易得的，這些「覆刻宋元本，版式、字體一仿底本，刻印很精，作偽者即撕去序跋，挖去有明代紀年的牌記或刊印題記，以冒充宋元本」後，〔註61〕迅速就可以上架出售，所以作偽者趨之若鶩。換句話說，對書籍作偽者而言，以明覆宋元本剜補改換冒充宋元本比較方便快速，因而使其成爲了一種比較常見的手法。

於是，他所列舉的幾種作偽實例中，這種偽造方式是最多與常見的。例如，其所云：「而蘇人又將明藩本、明蜀本、明翻宋刻本，假刻本文序跋，染紙色，偽作宋刻，眞贗雜亂，不可不辨」。與其云：「近又將新翻宋刻本，去其年月，染紙色，或將舊紙印本，偽作宋刻甚多」。〔註62〕皆是其例。

4. 鑒定宋元刻的方法

孫從添對於版本鑒定的方法是「凡收藏者須看其板之古今，紙之新舊好歹，卷數之全與缺，不可輕率」。〔註63〕但這只是個大方向，正式面對宋刻本時要把目光焦點放在更細的幾個地方。例如，前此明代藏書家高濂在討論宋元舊刻的外在形式

委屈成眼，一二轉折，種種與新不同。用紙裝襯陵錦套殼，入手重實，光膩可觀，初非今書彷彿，以惑售者。或札朵圈，令人先聲指爲故家某姓所遺。百計瞀人，莫可窺測，多混名家，收藏者當具眞眼辨証」。參見：同註20，頁342。

〔註58〕同註42，繆荃孫〈藏書記要跋〉，頁13右～14左。
〔註59〕同註47，卷十〈宋元刻偽本始於前明〉，頁221。
〔註60〕同註2，頁4右。
〔註61〕陳正宏、梁穎編，《古籍印本鑒定概說》（上海：上海辭書出版社，2005年6月），頁21。
〔註62〕同註2，頁4右～4左。
〔註63〕同註2，頁3右。

特徵時，就有其長年經驗、體會下的詳細歸納云：

> 宋人之書，紙堅刻軟，字畫如寫，格用單邊，間多諱字，用墨稀薄，雖著水濕，燥無湮迹，開卷一種書香，自生異味。元刻仿宋單邊，字畫不分粗細，較宋邊條闊多一線，紙鬆刻硬，用墨穢濁，中無諱字，開卷了無嗅味。〔註64〕

所以，同樣是對宋元舊版有過長期鑒別實踐與目驗經歷的孫氏接著說「鑒別宋刻本，須看紙色、羅紋、墨氣、字劃、行款、忌諱字、單邊、末後卷數不刻末行、隨文隔行刻，又須將眞本對勘乃定。如項子京《蕉窗九錄》、〔註65〕董文敏《清祕錄》，〔註66〕講究宋刻，僅舉其大略耳」、「若果南北宋刻本，紙質羅紋不同，字畫刻手古勁而雅，墨氣香淡，紙色蒼潤，展卷便有驚人之處，所謂墨香紙潤，秀雅古勁，宋刻之妙盡之矣」、元刻不用對勘，其字腳、行款、黑口一見便知」。〔註67〕當然，這些說法需要長時間經驗累積方能有深切體悟，孫氏於此並未細說。但後來的藏書家們對此則有一些心得與體會。例如，模仿孫氏而作《藏書十約》的清末藏書家葉德輝，對於古書版本的鑒定判斷，亦強調要有長時間經驗積累才方能達到「神悟」的層次：

> 按高（濂）氏說書估作僞之弊，至爲透闢。然究之宋刻眞本，刻手、紙料、墨印，迥然與元不同。元人補修宋版，明人補修宋元，多見古本書之人，可以望氣而定。……且新紙染舊，燥氣未除，初印新雕，鋒芒未斂。種種無形之流露，可以神悟得之。吾沉溺於此者三十餘年，所見所藏，頗有考驗。高氏之言，但明其迹，吾所論則純取之於神理也。〔註68〕

即是其例。

〔註64〕同註20，頁341。

〔註65〕即項元汴（1525～1590），字子京，號墨林山人，浙江嘉興人。精鑒賞，工繪事，富收藏，所居天籟閣收藏法書名畫，極一時之盛。而其《蕉窗九錄》一書，據《四庫全書總目》云：「今考其書，陋略殊甚。彭序亦弇鄙不文，二人皆萬萬不至此。殆稍知字義之書賈，以二人有博雅名，依託之以炫俗也」。可見該書爲孫氏當時不察之僞作。參見：同註13，卷一百三十子部〈雜家類存目七〉，頁2581下。

〔註66〕即董其昌（1555～1636），字元宰，江蘇華亭人。著名書畫家，萬曆己丑進士，官至禮部尚書，謚文敏。《清秘錄》，全名爲《筠軒清祕錄》，據《四庫全書總目》云：「今考其書，即張應文所撰《清祕藏》，但析二卷爲三卷。蓋應文之書，近日始有，鮑氏知不足齋刊版，附其子丑《眞蹟日錄》後。從前鈔本流傳，不甚顯著。書賈以其昌名重，故僞造繼儒之序以炫俗射利耳」。可見該書亦爲孫氏不察之僞作。參見：同註13，卷一百三十子部〈雜家類存目七〉，頁2582上。

〔註67〕同註2，頁4右～4左。

〔註68〕同註47，卷十〈宋元刻僞本始於前明〉，頁221～223。

現今版本鑒定方法有所謂的「直觀法」（即經驗判斷法），就是從圖書的外觀形態方面對圖書版本進行的一種考察。亦即，從圖書的裝訂形式、紙張、墨色、版式、字體、刀法等方面，對圖書出版時地、出版者和流傳狀況作一番梳理辨別。

過去，像孫從添一樣的藏書家或書商們，就常常會使用這種因長期經驗而養成的能力來鑒別圖書。針對這種「望氣而定」的特殊能力，學者認為：

> 這一來是因為他們經眼經手的版本眾多，具有豐富的感性認識；二來是因為他們在收書和售書時，經常需要對版本的價值迅速地做出判斷和估計，而沒有過多的時間去考證。所以逐漸形成從版本的外觀形態進行鑒別和判斷優劣的習慣。過去人稱此種鑒別方法為「望氣而定」或「觀風望氣」，也有人稱之為「直觀法」，使人感到玄而又玄，不可捉摸。其實這種鑒別方法是書商和藏書家長期實踐經驗的總結，是有規律可循的，只要經過一段時間的學習和訓練，多接觸一些古書，是完全有可能掌握的。〔註69〕

因而，孫氏雖然沒有很具體的說明相關細節，但他所揭示的這種鑒定方法卻有其規律可尋，如果能有可供學習熟練的環境的話，要擁有這種能力則是指日可待的。

此外，現今版本鑒定方法中又有所謂的「版本對勘法」，因為「鑒別版本，憑查檢考證和經驗判斷二法還不夠，還要盡可能地尋求同書的各種現存版本與之進行對比，以使鑒別結論準確無誤，也就是說，還要使用版本對勘的方法」。〔註70〕而這一點孫氏也做到了。

所以，就是因為他知道「光是字面理解是鑒別不了宋元版的，所以他補充了兩種辦法，一是將真本對勘，二是利用明人集納之本對勘，只有這樣才不致失誤」。〔註71〕例如，孫氏云：「鑒別宋刻本，……又須將真本對勘乃定」。與其云：「汲古主人集大小各種宋刻《史記》一部，名曰《百合錦史記》，以此對勘，方為精詳而無錯誤者也」。〔註72〕

考察其《上善堂書目》，著錄云：「宋板《百合錦史記》一部，毛斧季集成，有錢陸燦跋。……宋板《史記》八本，集各種宋刻，俱有毛氏作對樣本」。〔註73〕可知孫氏即藏有此類書以供其平常的版本對勘與利用。

〔註69〕同註35，頁121。
〔註70〕同註35，頁129。
〔註71〕謝灼華，〈孫慶增其人及其書〉，《圖書館學通訊》1986年第4期，頁81～82。
〔註72〕同註2，頁4右～4左。
〔註73〕同註29，頁413～414。

（二）明刻本的品評鑑賞（刻書者簡介參見：附錄一）

　　基於對宋元刻本的重視，元代以後出版的書籍，對孫氏來說，相對的沒有那麼珍貴。但如「從時間上看，明刻本各個時期的風格是不同的。從洪武到弘治，刻本基本上沿襲元代的風氣，刊刻的精美程度可比元刊，雖有例外，但一般來說質量是比較高的」。〔註74〕

　　所以，就明代的版本來說，因爲明初刻本近宋、元，尚且還保有宋元舊刻的風格與質量，所以還受到了孫氏的一點推崇，如其所云：「而洪武、永樂間所刻之書，尚有古意，至於以下之板更不及矣」。〔註75〕即是其例。針對這個問題，清末知名藏書家繆荃孫則從印書材料選擇、刻書工人素質的角度，來說明明代中葉以來版刻品質逐漸每下愈況的情形云：

　　　　宋人印書紙工墨價，與今仿佛，但流傳於世者，無不精妙，不似今之
　　粗率。明人刻工最輕，製書雅意，在有明中葉，尚屬講求，末造則不及矣！
　　〔註76〕

而清中葉江蘇常州學者錢泳（1759～1844）則更從寫書匠刻書時筆法的優劣問題上去評論此情況云：

　　　　刻書以宋刻爲上，至元時翻宋，尚有佳者。有明中葉，寫書匠改爲方
　　筆，非顏非歐，已不成字，近時則愈惡劣，無筆畫可尋矣。〔註77〕

亦是其例。

　　對於明代的其他刊本，儘管如他所說：「況明季刻本甚繁，自南北監板以至藩院刻本、御刻本、欽定本、各學刻本、各省撫按等官刻本，又有閩板、浙板、廣板、金陵板、太平板、蜀板、杭州刻本、河南刻本、延陵板、王板、袁板、樊板、錫安氏板、坊板、凌板、葛板、陳明卿板、內監廠板、陳眉公板、胡文煥板、內府刻本、閔氏套板，所刻不能悉數」。〔註78〕亦即，明代刻書種類雖然多，卻沒有能與宋、元舊刻等同而論的好書。

　　不過，其中一些具備各種優點，值得推薦給同好們的「明刻」本還是有不少的。如其所云：「惟有王板翻刻宋本《史記》之類爲最精。北監板、內府板、藩板行款字腳不同，袁板亦精美。較之胡文煥、陳眉公所刻之書多而不及。其外各家私刻之書，

〔註74〕同註54，頁178。
〔註75〕同註2，頁4左。
〔註76〕同註42，繆荃孫〈藏書記要跋〉，頁15左。
〔註77〕〔清〕錢泳撰、張偉點校，《履園叢話》（北京：中華書局，1997年12月），叢話十二〈藝能・刻書〉，頁323。
〔註78〕同註2，頁4左～5右。

亦有善本可取者，所刻好歹不一耳。稚川凌氏與葛板無錯誤，可作讀本。獨有廣、浙、閩、金陵刻本最惡而多，陳明卿板、閔氏套板亦平常；汲古閣毛氏所刻甚繁，好者亦僅數種」。〔註79〕即是其例。

其中，「王板」翻刻《史記》，指的是明代王延喆（1482～1541）的精刻本《史記》。對該書翻刻宋本的精良，清初學者王士禎的《池北偶談》卷二十二中有極為生動的記載。〔註80〕

「袁板」，指的當是明代袁褧（1490～1573）嘉趣堂所刻書。袁氏所刻的《六臣注文選》堪稱當時覆刻宋本的代表作，此書刻的與宋本沒有多少差別，所以書估常利用該書作偽，這種精美的明代覆宋刻本的好處與缺點，孫從添則是最能體會的。對此，清末藏書家葉德輝在探討《天祿琳琅書目》中利用袁氏《六臣注文選》作偽的情形時，即云：「合計內府所藏《文選》十部，而作偽居八九。此可見袁本雕刻之精，而書估狡獪之奇，亦層見疊出而未有已也」。〔註81〕就說明了此種現象。

古代私人藏書家在評定版本優劣時，總是會受到其主觀愛好（如因「佞宋」，而特別偏好宋元舊刻）與客觀限制（如所見並不全面，而以偏蓋全）的影響。所以，上述孫氏如何說，吾人其實不可以一概皆聽信。

這當中，孫氏持「正面評價」的本子大都正確無誤，但某些孫氏持「負面評價」的本子，就不一定如其所云了。例如，對於毛晉汲古閣刻書精不精的問題，孫氏有其偏見，這在上面已經討論，在此不贅述。

又如，明代刻書家胡文煥（生卒年不詳）、陳繼儒所刻叢書，重視版本的人總批評云：「胡文煥《格致叢書》，陳繼儒祕笈之類，割裂首尾，改換頭面，直得謂之焚書，不得謂之刻書矣」。〔註82〕但如果從保存珍貴文獻的角度來看，《寶顏堂秘笈》

〔註79〕同註2，頁5右。

〔註80〕如其云：「明尚寶少卿王延喆，文恪少子也。其母張氏，壽寧侯鶴齡之妹，昭聖皇后同產。延喆少以椒房入宮中，性豪侈。一日，有持宋槧《史記》求售者，索價三百金。延喆紿其人曰：『姑留此，一月後可來取直。』乃鳩集善工，就宋版本摹刻，甫一月而畢工。其人如期至，索直，故紿之曰：『以原書還汝。』其人不辨真贗，持去。既而復來，曰：『此亦宋槧，而紙差，不如吾書，豈誤耶？』延喆大笑，告以故，因取新雕本數十部，散置堂上，示之曰：『君意在獲三百金耳，今如數予君，且為君書幻千萬億化身矣。』其人大喜過望。今所傳有震澤王氏摹刻印，即此本也」。參見：〔清〕王士禎撰、勒斯仁點校，《池北偶談》（北京：中華書局，1997年12月），卷二十二談異三〈王延喆〉條，頁536。

〔註81〕同註47，卷十〈坊估宋元刻之作偽〉，頁220～221。

〔註82〕同註47，卷五〈明人刻書之精品〉，頁101～106

與「《格致叢書）所收的都是傳統典籍之外的書，一般不容易看到，所以受到世人的重視」。〔註83〕因而，考量角度的不同是造成褒貶不一的主要原因。

再如，孫氏還認爲「廣、浙、閩、金陵刻本最惡而多」。這種說法肯定有其偏頗之處，因爲，以這四地範圍之大、所刻書之多，孫氏豈能全部看見，所以下此評判稍嫌武斷、片面；再來，就算閩地素來就有聲名不佳的「麻沙本」，但該地區好的刻本仍舊很多，故此說法亦是不顧全體的。例如，學者討論明末以來建陽麻沙鎮所刻書的質量問題時，曾說道：

> 關於建本，還有一點應當說明的就是建陽麻沙鎮所刻書，由於粗製濫造，當時及後世都獲得了不好的名聲。麻沙本幾乎成了劣本的代稱。……但事實上，麻沙鎮書坊也刻過一些好書，不能一概而論。〔註84〕

即是其例。

（三）清刻本的品評鑑賞

清代初期，因爲異族統治的緣故，統治者相當重視利用漢人文化做爲鞏固政權與籠絡漢族文人的工具。其中，刻印大量欽定、御纂的「御刻」、「精刻」書籍供士子學習以加強思想統治，就是一項重要工作。

因爲是皇室內府所刻之書，所以不論是在主事人員的選擇與刊刻用料的質量上都是當時一流的。那時刻書會有這般成績，除了歸功於上位者的嚴格督促，明訂的賞罰分明亦是學者盡心盡力的最大誘因。例如，清末學者朱彭壽（1869～？）《安樂康平室隨筆》卷一在談到康熙朝「欽定」書爲何極精工時，即說道：

> 本朝人所刻之書，以康熙間最爲工整，至當時欽定諸籍，其雕本尤極精良，然大都出自臣工輸貲承辦。如《全唐詩》則爲通政使曹寅所刻，《歷代賦彙》則爲詹事府詹事陳元龍所刻，……蓋其時士大夫中，皆以校刻天府祕笈、列名簡末爲榮，故多有竭誠報效者。〔註85〕

因而，這些書籍的刊行「立意」或許不佳，但在專責人員文字校對的精嚴、材料選擇、裝幀式樣的精美方面，則是能與宋版書相匹敵的。〔註86〕當然，其中像清初學

〔註83〕 繆咏禾，《明代出版史稿》（南京：江蘇人民出版社，2000 年 10 月），第十四章第一節〈傑出出版家述評・10、胡文煥〉，頁 477。

〔註84〕 同註 54，頁 216。

〔註85〕 〔清〕朱彭壽，《安樂康平室隨筆》（與《舊典備徵》合刊，北京：中華書局，1997 年 12 月），頁 166～167。

〔註86〕 對於清初時期中央刻書的盛況，近代藏書家陶湘（1870～1939）在〈清代殿板書始末記〉一文中說的很詳細：「康熙一朝刻書極工，……於武英殿設書處，校對官員、寫刻工匠咸集於茲。……兩淮鹽政曹寅以鹽羨刻《全唐詩》，軟字精美，世稱揚州詩

者、藏書家曹寅（1658～1712）所監刻的《全唐詩》及其它，不論在素質或數量上皆備受推崇，則很自然：

> 江寧織造曹公子清有句云：「賺得紅氍剛半熟，不知殘夢在揚州。」
> 自謂平生稱意之句。是歲兼巡淮鹺，遂逝於淮南使去院，則詩讖也。公素耽吟，擅才藝，內廷御籍多命其董督，雕鏤之精，勝於宋版。今海內稱「康版書」者，自曹始也。〔註87〕

於是乎，此時期中央刻書的精良，在孫氏《藏書記要·鑒別》中有極高評價，如其所云：「本朝所刻之書，有御刻、精刻可與宋竝，惟《全唐詩》雖極精美，惜乎校正猶為未盡也」。〔註88〕即是其例。

（四）外國、釋道刻本的品評鑑賞

　　所謂「域外漢籍印本」的價值主要體現在：「首先是往往保存了一些在本土已經佚失、稀見的中國古籍，或同一部中國古籍的更好的版本，有較高的學術價值。……其次是刻家翻刻漢籍態度比較嚴肅，不妄改漢籍底本之字，……同時也常常對漢籍底本進行細緻的校勘。……再次是不少域外漢籍印本紙墨精良，裝幀考究，有相當的藝術價值」。〔註89〕所以，與中國本土刊印的書比起來，外國所刻印的漢籍有時反而是比較好的。

　　《藏書記要·鑒別》中即表達了對古朝鮮所刻漢籍的推崇之意：「若外國所刻之書，高麗本最好，五經、四書、醫藥等書皆從古本。凡中夏所刻，向皆字句脫落，章數不全者，高麗竟有完全善本」。〔註90〕而所謂「高麗本」之所以受到孫氏重視，除了內容正確外，當然其外在書品也有一定水準。

　　例如，學者探討高麗所刻漢籍的特點時，共提出了：一、高麗是現今世界上發現最早雕版印書的國家。二、高麗是最早接受中國雕版印刷術的國家。三、高麗是

局刻本。……雍正一朝，精刻內典，別規格式，字體力求方整，刀法力求勻淨。乾隆一朝，四年詔刻《十三經》、《二十一史》，內典停刻。於武英殿設修書處，特簡王大臣總裁其事，殿板之名遂大著。……凡在十二年前刊印者，其寫刻之工致，紙張之遴選，印刷之色澤，裝訂之大雅，莫不盡善盡美，斯為極盛時代。……康乾兩朝百二十年間殿板之書，匪微卑視元明，抑且跨越兩宋」。參見：陶湘編、實水勇校點，《書目叢刊》（瀋陽：遼寧教育出版社，2000年1月），〈清代殿板書目·清代殿板書始末記〉，頁65～68。

〔註87〕〔清〕金埴撰、王湜華點校，《不下帶編》（與《巾箱說》合刊，北京：中華書局，1997年12月），卷一，頁11。
〔註88〕同註2，頁5右～5左。
〔註89〕同註61，頁121～123。
〔註90〕同註2，頁5左。

世界上最先大量鑄造金屬活字的國家。四、高麗是翻刻中國古籍最多、最廣泛的國家。五、高麗古籍向為中國藏書家所寶藏。其中的第五點云：

> 高麗印本，字體大，書品更大；且紙好墨佳、裝訂精緻，外觀上有很多書比中國線裝書美觀大方；加上門類齊全，內容完整，錯字少，並有不少佚書與異本，因此曾引起中國學術界和藏書家的重視，千方百計加以收藏。〔註91〕

即是其例。

又，每個地區都有其特定的學術專長，就「天文」、「算法」類等書籍來說，西洋人所寫、編印的圖書當然是比較好的，於是他認為：「天文、算法西洋為最」。另外，方外「釋」、「道」二氏藏經刻本，與一般書籍不同，其差異正好就表現在版式上：「宋本釋道二藏經典刻本行款，非長條行款，即闊本，另自一種，與所刻不同」。〔註92〕所以也是要注意並仔細鑑別的。

三、鑑別宋元古鈔本時所歸納得出的鈔本鑑定法則

在下來的「鈔錄」則中，孫氏則針對「鈔本」的鑑定問題，提出他的經驗看法與原則說明。

（一）字樣、紙色、墨氣方面

在古籍版本的鑑定方法中，有所謂的「直觀法」：亦即為「對古書之紙質、墨色、字體、裝訂、刀法、版式等，先憑視覺觀察，以獲取第一印象，亦即書畫鑑定上所謂的『目鑑』。目鑑的先決條件，是某朝某地的版本見得較多，有實物可供反覆比較研究，而能釐清某朝某地版本的風格與特徵，在心目中樹立起樣板，以此作為以後鑑定某朝某地刻本之基準」。〔註93〕

與刻本相同，不同時代的鈔本所使用的字體、紙張、墨料既然是不相同的，因而，這些形式各異的特徵也就成了鑑別鈔本時的重要依據。更何況，孫氏是個有經驗的藏書家，豐富的版本目驗經歷即已養成絕佳的鑑賞能力，加上他也知道要拿真品來當做鑑別的輔助，因而鈔本真偽的判定成了事半功倍的工作。

例如，《藏書記要·鈔錄》所云：「宋人鈔本最少，字畫墨氣古雅，紙色羅紋舊式，方為真本。若宋紙而非宋字，宋跋、宋款而非宋紙，即係偽本。或字樣、紙色、

〔註91〕參見黃建國、金初昇主編，《中國所藏高麗古籍綜錄》（上海：漢語大詞典出版社，1998年2月），〈前言〉，頁3～5。
〔註92〕同註2，頁5左。
〔註93〕李清志，《古書版本鑑定研究》（臺北：文史哲出版社，1986年9月），頁4。

墨氣無一不眞，而圖章不是宋鐫，印色不舊，割補湊成，新舊相錯，終非善本。元人鈔本亦然」。又：「常見古人稿本，字雖草率而筆法高雅，紙、墨、圖章色色俱眞，自當爲希世之寶」。〔註94〕皆是其例。

（二）書寫材料、裝訂樣式方面

古代書籍裝幀形制的演變規律，總是與書籍的製作材料或製作手法的演變及方便保存或利用等方面的要求緊密相關。因而，能夠考察每個時代書籍的使用材料與裝訂手法的異同，則有助於鈔本辨別。

例如，孫氏云：「宋元人鈔本用冊式，而非漢唐時卷軸矣。其記跋校對極其精細，筆墨行款皆生動可愛」。又：「古人鈔錄書籍，俱用黃紙，後因詔誥用黃色紙，遂易以白紙」。〔註95〕

當然，現代甚或孫氏所處清初，宋、元人鈔本不僅少有，當中的宋人鈔本更是極稀見的。吾人從《上善堂宋元板精抄舊抄書目》僅著錄幾部元人鈔的情況中可以知道這一點。

第三節　書籍「鈔錄」流通利用

明代江蘇太倉學者陸容（1436～1494）曾云：「古人書籍，多無印本，皆自『鈔錄』」。〔註96〕雖說，這是早期書籍雕印技術尚未普及盛行前，人們對書籍獲得方法所採用的折衷途徑，但即使是印書質量、數量皆具有一定水準的明清時代，鈔錄的方法也仍舊是藏書家樂於採用的書籍蒐集手段。這則是因爲，一方面，能夠利用「購求」方法得到的書籍，通常不是早已刊刻出版就是本來即有少量鈔本在市面與藏書家間流傳，而一些沒有刊印出來或難得到鈔本的書籍，即無法經由正常的書籍購買管道去取得。所以，對雕版印刷術發達的明清時期的私人藏書家們來說，有些時候，圖書如果不適時使用「鈔錄」方法則不能順利取得。

因而，孫氏對於書籍蒐集方法的討論，則認爲「購求」以外的廣泛「鈔錄」，也是擴大藏書量的一項重要辦法。對於此點，吾人從其藏書目錄：《上善堂書目》中所收藏的大量抄本比例就能看到。〔註97〕

〔註94〕同註2，頁7右。
〔註95〕同註2，頁8右。
〔註96〕〔明〕陸容，《菽園雜記》（北京：中華書局，1997年12月），卷十，頁128～129。
〔註97〕在該書目的475部藏書中，屬於抄本的「名人鈔本」有89部；「景宋鈔本」有72部；「舊鈔本」有147部，總數則有308部，明顯超過了全目的一半以上。參見：同註

　　另一方面，生長蘇州常熟地區的環境背景亦是促使孫氏重視抄書的關鍵因素，學者在討論到明清蘇州地區抄書的傳統風氣時即云：

　　　　抄書一直是藏書家增益藏書的重要手段，這不僅在印刷術發明之前如此，即使在中國古代印刷業比較發達的明清二代，蘇州藏書家抄書之風仍然比較盛行。其原因有：一是沒有現成的刻本購買，或有但無法購買。……二是有些藏書家有抄書和收藏抄本的嗜好。……三是珍本、異本、罕見之本既無刊本，購置不易，故只有借抄而藏之。〔註98〕

這樣的普遍風氣不但其來有自，發展到了清代更成了大部分藏書家們接續不斷的藏書傳統。

　　此外，因為古人寫字是一種精神與智慧的磨練過程，所以抄寫圖書也同樣成為了學者、藏書家們幫助記憶與練字學習的最佳方法。例如，孫氏同時代的蘇州崑山學者龔煒（1704～？）所云：

　　　　予於丙午夏秋間，鈔錄《晉書》畢，復事《南史》，閱一載訖功。今年春，復纂《北史》，方完《帝紀》，會學使者將至，稍稍理時藝，遂未卒業，鈍資不能兼及，可歎也！〔註99〕

即代表著學者們對勤苦「鈔錄」行為能更有助於學習的此種認知。

　　因而，《藏書記要·鈔錄》開頭所說：「書之所以貴鈔錄者，以其便於誦讀也。歷代好學之士皆用此法。所以有刻本，又有鈔本，有底本。底本便於改正，鈔本定其字劃。於是鈔錄之書，比之刊刻者更貴且重焉。況書籍中之祕本，為當世所罕見者，非鈔錄則不可得，又安可以忽之哉！從未有藏書之家而不奉之為至寶者也，則其道固不可不講也」。〔註100〕即說明了這個道理。

　　既然，鈔本書籍具備多種好處，藏書家們自然也就喜歡蒐藏、樂意收集。但是，收藏是一種學問，事先的知識補充當然是必要的。所以，接下來他從其過去對宋元各式古鈔本的鑒別經驗中，歸納出了針對鈔本鑒定時的要求事項，來供藏書家們參考（此項鈔本鑒別的討論已見上節）。之後，孫氏並還特別列舉了一些他所認為在質量上比較完善，且在鈔錄內容上有特殊貢獻的一些自明代以來的鈔本，來供藏書家們參考。此外，因為藏書家們免不了要親自動手抄寫，因而，最後則是孫氏對於抄

　　　29，頁411～462。

〔註98〕丁瑤，〈蘇州藏書家抄書活動考〉，《河南圖書館學刊》第24卷第2期，2004年4月，頁81～83。

〔註99〕〔清〕龔煒撰、錢炳寰點校，《巢林筆談》（北京：中華書局，1997年12月），卷一〈讀南北史〉，頁8。

〔註100〕同註2，頁6左～7右。

寫、鈔錄書籍時的原則性說明部分。

一、明、清以來各式鈔本的品鑒與舉例（各家鈔本簡介參見：附錄二）

（一）有校正題跋方為珍重

　　校對書籍對古代藏書家們來說是一件審慎的工作，認真的藏書家每每會為校過的書籍寫下深具學術性的跋語。這些篇幅不一的跋語，所隱含的資料訊息亦極為豐富，吾人從中既可見前代藏書家風采，也可看到藏書家們對圖書品評、鑒別的原則。因此，這些題跋識語常常也成為後世藏書家們讀書治學時的最佳參考。而且「不少抄寫本在書前卷尾有題跋識語。這些題跋識語有的是抄書人自題，有的是藏書家鑒題。內容常涉及版本源流或抄寫情況，對於鑒定某書為什麼時代所抄，什麼時代什麼人所寫很有價值」。〔註101〕例如，孫氏所在地的常熟藏書家前輩錢謙益的鈔本《道德經指歸·跋》云：

　　　　嘉興刻《道德經指歸》，是吾邑趙玄度本，後從錢功甫得乃翁叔寶鈔本。自七卷迄十三卷，前有總序，後有人之饑也至信言不美四章，與總序相合，其中為刻本所闕落者尤多。焦弱侯輯《老氏翼》，亦未見此本，良可寶也。但未知與道藏本有異同否。絳雲餘燼亂帙中得之，屬遵王遣人繕寫成本，更參訂之。〔註102〕

即是其例。

　　又，錢氏鈔本《真誥二·跋》云：

　　　　《真誥》未見宋本。近刻經俞羨長刊定者，至改握真輔為掘真輔，舛繆可笑。此鈔依金陵焦氏本繕寫，與道藏本及吾家舊刻本略同，比羨長刻蓋霄壤矣！……此本則公度所藏也。〔註103〕

因此，孫氏特別重視鈔本書的校正題跋不是沒有理由的。

　　所以，他特別強調：「吳寬、柳僉、吳岫、孫岫、太倉王元美、崑山葉文莊、連江陳氏、嘉興項子京、虞山趙清常、洞庭葉石君諸家鈔本俱好而多，但要完全校正題跋者，方為珍重」。〔註104〕即說明這一點。

　　另一方面，他又因為「吳匏菴鈔本用紅印格，其手書者佳。吳岫、孫岫鈔用綠

〔註101〕李致忠，《古書版本鑒定》（北京：文物出版社，1998年2月），頁179。
〔註102〕〔清〕錢謙益撰、潘景鄭輯校，《絳雲樓題跋》（上海：上海古籍出版社，2005年11月），頁36～37。
〔註103〕同註102，頁37～38。
〔註104〕同註2，頁7右～7左。

印格，甚有其書，惜不多見。葉文莊鈔本用綠、墨二色格，校對有跋者少，未對草率者多。」〔註105〕而也曾提出過批評。從此，可看出他對鈔本「校對題跋」的重視。當然，明清以來一些著名藏書家，會採用特定行款式樣或欄格色彩的稿紙去鈔錄書籍的情況（可參看附錄二），孫氏不僅已經注意到，並且早就運用在對鈔本的鑑別判斷上。

而其又云：「余見葉石君鈔本，校對精嚴，可稱盡美。錢遵王鈔錄書籍，裝飾雖華，固不及汲古多而精，石君之校而備也」。〔註106〕可見，孫從添對於藏書內容的準確要求是高過於外在美觀與否的，而他對葉石君鈔本校對功力的高度推崇即是此點的表現。

（二）從好底本鈔錄：古今絕作的「影宋鈔本」

鈔本的底本來源，關係著未來該鈔本內容的正確率，因而抄書選擇好底本就顯得重要。明代毛晉酷愛宋本書，不僅對宋版「計葉酬錢」，而且還都「入門童僕盡抄書」。上述兩者皆是毛晉所重視的，它們合而為一後即成就了汲古閣「影宋鈔本」之盛名。

對此，孫氏則認為：「新鈔馮已蒼、馮定遠、毛子晉、馬人伯、陸敕先，錢遵王、毛斧季各家，俱從好底本鈔錄，惟汲古閣印宋精鈔，古今絕作，字畫、紙張、烏絲、圖章追摹宋刻，為近世無有。能繼其作者，所鈔甚少」。〔註107〕即說明了他對鈔錄工作進行時，先要找到好底本的要求。而毛晉利用宋版書為底本所產生「影宋鈔本」，則是當中的佼佼者。

在明代各家鈔本中，汲古閣「即抄本亦精校影寫，風流文采，照映一時」而被後世尊為「毛抄」，〔註108〕其中毛氏獨創的「影宋鈔本」就是因為底本來源都是「近古、近真」的宋版，而受到清代藏書家們的重視。甚至於清宮內府的善本書目《天祿琳琅書目》特別闢有「影宋鈔」本一類置於「宋版」之後「元版」之前，並盛讚云：

> 琴川毛晉藏書富有，所貯宋本最多。其有世所罕見，而藏諸他氏，不能購得者，則選善手，以佳紙墨影鈔之，與刊本無異，名曰影宋鈔。一時好事家皆爭仿效，以資鑑賞。而宋槧之無存者，賴以傳之不朽。〔註109〕

〔註105〕 同註2，頁8右～8左。

〔註106〕 同註2，頁8右。

〔註107〕 同註2，頁7左。

〔註108〕 〔清〕徐康撰、實水勇校點，《前塵夢影錄》（瀋陽：遼寧教育出版社，1998 年 3 月），卷下，頁31。

〔註109〕 〔清〕于敏中等撰，《天祿琳琅書目》（收錄於《清人書目題跋叢刊十》，北京：中華書局，1995 年 8 月，據清光緒十年長沙王先謙刊本影印），卷四〈周易輯聞〉條，

後來清末民初的藏書家葉啓勳，在得到一部汲古閣影宋鈔本後也同樣高度肯定云：

> 毛氏影宋抄本久已爲藏書家推重矣。《天祿琳琅書目》至別列影宋抄本爲一類，次於宋本前於元本，良以毛氏印宋精妙、紙潤墨香，不啻下眞蹟一等，豈特以書之希見爲足珍重哉！。〔註110〕

亦是其例。事實上，葉氏所處的清末民初，影抄之風也極爲盛行。「當時一些藏書家喜歡覆刻宋元本，往往先借別人的藏書，雇人影抄後付刻。一些藏書家爲充實自己的藏書，將影抄的範圍擴及到難得的明本」。〔註111〕因此，他會如此看重毛氏影宋鈔不是沒有道理的。

而考察孫氏《上善堂書目》，在其所收藏的 72 部「景宋鈔本」中，署名爲「汲古閣景宋」或汲古閣藏本的「影宋鈔本」就有 39 部之多，超過了總數的一半以上，即可見孫氏對「毛抄」本的重視。

另外，影宋鈔本描摹時的完全照舊與接近宋元實物的精湛技術，〔註112〕亦是古代抄寫藝術與出版事業中的奇葩。

（三）實用、獨特的鈔本書最可貴

符合實用或者是性質獨特的鈔本，對於任何藏書家來說都是難得的寶貝。實用的鈔本是藏書家們平時參考與誦讀的必需品，而獨特（例如版本較早、校勘確實、稀見等）的鈔本，則是藏書家們校勘圖書或考證問題時的絕佳良伴。在尋找及收藏明代眾多「美惡不一」鈔本的過程中，藏書家有時是難以下判斷的，這時候書籍本身是否合乎日常實用，及其內容或版本的獨特與否就顯得更重要了。

如其所云：「明人鈔本，各家美惡不一，然必有用之書，或有不同常本之處，亦皆錄而藏之。然須細心紬繹，乃知其美也」。〔註113〕即是其例。

對清初時期的藏書家來說，這不同於「常本」的鈔本，吸引力的確不小。而所

〔註110〕 葉啓勳，《拾經樓紬書錄》（臺北：廣文書局，1967 年 8 月），卷上〈重續千字文二卷提要〉，頁 61。

〔註111〕 李雪梅，《中國近代藏書文化》（北京：現代出版社，1999 年 1 月），頁 213。

〔註112〕 儘管如此說，但毛氏影宋鈔本並非都與原刻本絲毫沒有差別。例如，有學者比對毛氏影宋鈔與原宋刻後說：「以《四部叢刊續編》影印的汲古閣毛氏影宋抄本《揮塵錄》爲例，影印本《揮塵錄餘話》總目有龍山書堂刻書咨文一篇。《中國版刻圖錄》圖版 190 恰有此影抄本之底本的書影，對比此段咨文，行數字數相同，但筆畫有異。原刻書法流暢，抄本似覺板滯。甚至短短六十五字咨文中竟有『覽』、『鑒』、『異』、『敬』四字的寫法根本不同」。即是其例。參見：陸音，〈"影宋抄本"辨析〉，《江蘇圖書館學報》1998 年第 5 期，頁 45～46。

〔註113〕 同註2，頁 8 左。

謂不同常本的鈔本，其價值一般體現在下列幾項特性：1、名人、名家的手抄本。2、有名人手書題記或藏書印記。3、經過名家的仔細校對，正確度高於刻本。4、字句與刻本不同，不同處較刻本爲佳。5、鈔本字句爲通行本所缺，可據以補之。6、刻本久佚，僅存鈔本，故此本與孤本、稿本無異。

的確，吾人翻閱孫氏《上善堂書目》「鈔本」部類，明顯看到上述各點大部分都是其著錄要求中的基本項目。可知，孫氏相當偏好「不同常本」之鈔本。

二、實際「鈔錄」時的原則說明

（一）重視鈔本的校對

吾人從孫氏《上善堂書目》所著錄葉石君校本的數量眾多，〔註114〕與上述《藏書記要・鈔錄》中對葉石君鈔本的推重，可以得到這樣一個訊息：亦即孫氏特別看重經過嚴格校對的鈔本（因爲一本書經過了著名藏書家、學者的認眞校勘後，會立刻成爲品質絕佳的代名詞）。

另外，因爲鈔本完全出自藏書家之手，故與刻本相比錯誤有時更多，而且這種情形在大部頭的書籍上更常見。所以，孫氏又認爲：「至於《楊誠齋集》、《周益公集》、《各朝實錄》、《北盟會編》、《校正文苑英華》等書，雖大部難以精鈔，亦不可忽。但須校正無訛，不遺漏爲要耳」。〔註115〕即說明了這種情況。

（二）稀見之書多鈔錄副本

孫氏認爲，流傳稀少甚或沒有刻本的書籍，利用多鈔錄副本、底本的方法來複製與保藏是最經濟方便的。此外，他還特別強調：如果是稀有、少見的秘本書籍，其價值當然超過樣貌華美之圖書。所以，基於對稀有鈔本的重視與節省鈔錄經費考量，就算因此得到抄寫不工的本子，他依舊很看重而且珍視。

例如，其云：「凡書之無處尋覓者，其書少，必當另鈔底本，因無刻本故也。若鈔錄精工，則所費浩繁。雖書寫不工，亦必珍之重之，留爲祕本」。〔註116〕即是其例。

（三）對抄寫字體的要求

對於抄寫字體的問題，孫氏選擇模仿前人的成法。而在實際的抄寫過程中，字體的整齊無誤與生動靈活則是最重要的。

〔註114〕例如，在其《上善堂書目・校本》所著錄的 36 部圖書中，經過葉石君所親校之本就佔了 10 部之多。參見：同註29，頁 459～462。

〔註115〕同註2，頁 8 左。

〔註116〕同註2，頁 8 左。

例如，其云：「前輩鈔錄書籍，以軟宋字小楷顏、柳、歐字爲工，宋刻字更妙，摹宋板字樣，筆畫均勻，不脫落，無遺誤，烏絲行款，整齊中帶生動，爲至精而備美，序、跋、圖章、畫像摹彷精雅，不可呆板，乃爲妙手」。〔註117〕即是其例。

另外，鈔本的優劣除取決於底本外，還取決於抄者的素質，故抄寫書籍的書手，最好要對該書內容有初步的認識，這樣則能避免掉一些因義理不明、認知不足而有的瑣碎錯誤。

所以他又說：「鈔書要明於義理者，一手書寫無脫漏錯誤，無破體字，用墨一色，乃爲最善。若鈔底本，大部書用行書爲上，草書亦可，但以不差落爲主。若字好而不明文理者，僅可印鈔而已」。〔註118〕針對此點，學者在談到《四庫全書》各閣書手與坊估繕寫的優劣問題時，曾論道：

> （孫氏所說）實際上很難做到，不明義理的外行抄寫的抄本很多，有意摘落、無心脫漏的現象司空見慣。即如《四庫全書》這等嚴肅重要的御定抄本，也難以避免。……文淵閣本尚可，其餘六閣藏本皆一抄再抄，寫官生厭，無人督率，致多刪減。更有書估偶得罕見之書，倉促錄副，既未校對，但求速利，且割裂篇章，抽換序跋，以充完本，僞造印記，以充舊鈔，不可不慎辨之。〔註119〕

即道出了孫氏之所以重視抄者水準的原因所在。

（四）「圖」書鈔錄的原則

對於有圖畫的書籍，孫氏主張採用「白描法」去摹繪，重點在於生動雅致而不呆板誇張。另外，如果能找到專門從事鈔錄「圖」書的繪畫人才運筆，則當然是最理想的。對於這點，孫氏同鄉前輩錢謙益亦認爲如此，其鈔本《營造法式・跋》：

> 《營造法式》三十六卷，予得之天水長公。長公初得此書，惟二十餘卷，編訪藏書家，罕有蓄者。後於留院得殘本三冊，又於內閣借得刻本，而閣中卻闕六七數卷，先後搜訪，竭二十餘年之力，始爲完書。圖樣界畫，最爲難事，用五十千購長安良工，始能厝手。長公嘗爲予言，購書之難如此。長公歿，此書歸於予。趙靈均又爲予訪求梁溪故家鏤本，首尾完好，始無遺憾，恨長公之不及見也。靈均嘗手鈔一本，亦言界畫之難，經年始竣事云。〔註120〕

〔註117〕同註2，頁8左。
〔註118〕同註2，頁8左～9右。
〔註119〕嚴佐之，《古籍版本學概論》（上海：華東師範大學出版社，1989年10月），頁90。
〔註120〕同註102，頁38。

因此，孫氏所說：「鈔本書畫圖最難，用白描法，運筆古雅秀勁爲主，人物畫像要生動，又要清雅而端莊，方爲合式。有《皇宋五彩畫本本草圖經》最精工，集天下名手著色畫成，又有白描《列女傳》、《孝經》等書，無出其右者。近時錢遵王有五彩著色畫本《香奩集》，白描《鹵簿圖》、《營造法式》、《營造正式》等書，雖弗及前人，今亦不可得矣」。〔註 121〕即是說明，當在抄寫有「圖畫」的書籍時，適時的延請專門人才是很必要的。

當然，自從近代先進的影印技術運用在古籍整理後，則對過去藏書家古籍收藏與出版活動產生了巨大的影響。例如，近代藏書家、版本學者周叔弢（1891～1984）先生，處在這印刷技術世代交替的時期，就特別重視新式影印技術。因爲影印本保持了原書面貌而不失眞，爲鑒定版本提供了佐證，所以周氏特別重視收藏。

例如，他就曾藏有日本昭和十三年據唐人寫本影印的《史記殘卷》、民國年間武進陶氏據宋咸淳本影印的《百川學海》等影印本書籍。〔註 122〕另一方面，他亦喜愛翻印各式圖籍。例如，影印宋書棚本《魚玄機詩》、影印宋本《寒山子詩》（採西法攝影，交付北京文楷齋模刻）、珂羅版影印元相臺岳氏本《孝經》（囑上海涵芬樓縮印）及宋書棚本《宣和宮詞》、影印《廬複教集》、《寒雲所藏宋本提要》等等。〔註 123〕皆是其例。

這當中，無論是利用照相製版的「照相石印」技術，或是用毛玻璃影印的「珂羅版印」技術，不僅複製效果較過去影抄、影刻逼眞而與原像分毫不差，印製速度也更是沒話說。此外最重要的，它們都是所謂的「平版」印刷。一般而言，「平版和凹版印刷效率高，彩色印刷套印準確，照片圖網線密，層次豐富；插圖的製版、印刷面積可以比較大，工藝簡單，質量比較好，生產週期短」。〔註 124〕所以，對於具有美妙圖影的古籍刻本之複製流傳，新近影印技術的產生，可說起了不小的作用；同時，過去鈔錄「圖」畫書往往請託專家採用白描法爲之的情境，也因而不復得見。

〔註 121〕同註 2，頁 9 右。
〔註 122〕參見蕭朝賓、王德恒，〈周叔弢先生傳略〉，《津圖學刊》1984 年第 2 期，頁 19～28。
〔註 123〕參見邱碧君，〈現代大藏書家周叔弢〉，《中國圖書館學報》1998 年第 5 期，頁 66～68。
〔註 124〕同註 35，頁 329。

第六章 《藏書記要》藏書建設思想與方法（中）：有關「整理」方面

第一節 藏書內容訛脫「校讎」

藏書家入藏圖書後，就書籍內容的最後一次，也是最重要的整理當屬「校讎」。對圖書內容的校讎、校勘工作能不能做好，不但關係著藏書家讀書治學時能否得到正確無誤的知識，有時則更是人命關天的事（如醫藥書的校勘必求準確）。例如，明代學者高濂就認爲使用校讎嚴格的宋、元版醫書，是確保病人生命無虞的基本要求：

> 又如宋元刻書，雕鏤不苟，較閱不訛，書寫肥細有則，印刷清朗。況
> 多奇書，未經後人重刻，惜不多見。佛氏醫家，二類更富。然醫方一字差
> 誤，其害匪輕，故以宋刻爲善。〔註1〕

因而，古人常常會說的「書不校勘，不如不讀」，即是從此點而論。〔註2〕

孫從添喜歡收藏圖書而且曾說自己是一個有「書癖」的藏書家，但他絕不是只爲藏書而藏書的人。相反的，時時的利用、閱讀這些辛苦收集得來的書籍，才是他藏書生活的重心與期望。這一點，我們從「其既得之也，勝於拱璧，即覓善工裝訂，置之案頭，手燒妙香，口喫苦茶，然後開卷讀之」的得意神情中，〔註3〕則能清楚

〔註1〕 〔明〕高濂，《遵生八箋》（蘭州：甘肅文化出版社，2004年10月），〈燕閒清賞箋・論藏書〉，頁341。

〔註2〕 〔清〕葉德輝，《藏書十約》（收錄於《澹生堂藏書約（外八種）》中，上海：上海古籍出版社，2005年11月），〈校勘〉，頁50。

〔註3〕 〔清〕孫從添，《藏書記要》（台北：藝文印書館，1966年，據清嘉慶十六年《士禮居叢書》本影印），〈購求〉，頁2右。

看到。常言道，要「讀書宜求善本」，指的是讀書時最好使用比較好的版本。而這所謂「善本」的重要基本條件之一，就是要符合與接近原稿。正好，校讎工作不但是使所藏書籍內容符合或接近原來本子的一種特定方法，同時也是鑒定該書是否符合或接近書本原貌的一種可靠方法。

所以，就是因為「校讎」工作對鑒藏書籍的這種好處，歷來許多藏書家和學者們都把「校讎」工作視為鑒別該圖書是否為善本的一種有效方法。對此，熱衷收藏善本書的孫從添亦不例外。例如，其所云：「惟葉石君所藏書籍，皆手筆校正，臨宋本、印宋鈔俱借善本改正，博古好學，稱為第一。葉氏之書，至今為寶，好古同嗜者賞識焉」。〔註4〕及清末藏書家葉德輝《藏書十約‧鑒別》所說：「（書籍）經名人手抄手校者，貴重尤過於宋元」。〔註5〕即說明了他與後世藏書家的這種普遍觀念。

身為一個藏書家所具有的同理心，也基於對書籍的愛好之情，孫氏當然希望每個藏書者都能對所藏圖書好好的「校讎」一番。但是，不論從過去歷史的記載或其親身的經歷中，他卻看不到藏書家普遍校讎藏書的情形，亦即校讎工作實際執行的情況是：「古今收藏書籍之人，不校者多，校者甚少」的。〔註6〕面對這種不樂觀的情勢，他雖然發出了深深的惋惜，但也積極的提出了一些自己過去校讎書籍的經驗談來與眾人分享，其目標當然是希望能喚起藏書家們對「校讎」工作的重視。

一、校讎應具備的基本條件

雖然「校讎」在近代才成為了一門專業學問，但是對古代學者來說，他們的讀書治學卻時時是在從事校讎工作。此情形在清代藏書家們身上是很常見的。例如，清代學者洪亮吉為藏書家分有五種類型，當中「考訂家」的特點是：「得一書必推求本原，是正缺失」。而「校讎家」的特點則為：「辨其板片，注其錯訛」。這兩種藏書家就是清代專精於書籍校讎工作的藏書家類型。〔註7〕

更何況，就是因為「古書流傳日久，訛舛滋多，或誤奪一字而事實全乖，或偶衍一文而意誼盡失，苟非善讀書者，據他書訂正之，則無以復古人之舊」。〔註8〕由此可見，基於對圖籍文獻的愛好與責任感，他們為了藏書進而讀書故必須從事校讎

〔註4〕 同註3，頁10左。

〔註5〕 同註2，頁45。

〔註6〕 同註3，頁10左。

〔註7〕 參見〔清〕洪亮吉，《北江詩話》（北京：人民文學出版社，1998年5月），卷三，頁46。

〔註8〕 張舜徽，《廣校讎略》（與《漢書藝文志通釋》合刊，武昌：華中師範大學出版社，2004年3月），頁63。

工作，也因爲不時的校讎推理而增長其學術能力，這兩者可說是相得益彰的。例如，乾嘉時代的藏書、校勘學家盧文弨就是當中一個典型的代表人物，史稱其：

> 抱經先生精研經訓，自通籍以至歸田，鉛槧未嘗一日去手。奉廩修脯
> 之餘，悉以購書，遇有秘鈔精校之本，則宛轉借錄。家藏圖籍數萬卷，手
> 自校勘，精審無誤。凡所校定，必參稽善本證以他書，即友朋後進之片言，
> 亦擇善而從之。洵有合於顏黃門所稱者，自宋次道、劉原父、貢父、樓大
> 防諸公，皆莫能及也。〔註9〕

對於盧氏專注認眞藏書讎校工作的欽佩之餘，我們也看到了要能夠成爲一個好的「校讎專家」，是要先具備有某些條件的。諸如極強的學術能力、長時間的專注力與有耐心而且細心的態度等。

校讎工作要能展現出成果所需要擁有的幾個條件，像是必須具備有一定的學識能力與長時間的作業、專注等因素，孫從添在長期的校讎實踐工作中是最能體會的。例如，其所云：「校讎書籍，非博學好古，勤於看書而又安閒者，不能動筆校讎書籍。所以每見庸常之人，較書一部，往往弗克令終，深可恨也。惟勤學好問隱居君子，方能爲之。古人每校一書，先須細心綱繹，自始至終，改正字謬錯誤；校讎三四次乃爲盡善」。〔註10〕即說明了這幾點條件的必要性。

當然，歷來數不清的各式史料記載，也證明了藏書者的學問淵博、長時間的積累與耐心細緻的研究態度等等因素，對於書籍的校讎工作是極爲重要的。

因爲淵博的學力與長時間作業配合下而成功的例子。例如，劉向在漢成帝河平三年（前26）領校秘書，光是他一人就校了「經傳」、「諸子」、「詩賦」等三個大類，即展現了他的廣博學識；而他與其子劉歆的「父子世業，閱年二紀」，即說明了時間累積的必要性。上述因素，都是其校讎工作能成功的必要條件。

此外，清代藏書「考訂家」戴震（1724～1777）、文字學者段玉裁（1735～1815）等人，每每需要花費十幾、數十年才始能看到的《水經注》、《說文解字》等等校注成果，亦是顯例。

又，清乾嘉時期藏書家黃丕烈跋《禮記鄭氏注》殘本九卷云：

> 此殘宋本《禮記鄭氏注》，五至八、十一至十五，共九卷，余得於任
> 蔣橋顧月槎家，偶取〈月令〉與他本相對，……惟此不誤，乃知其佳。碻

〔註9〕 〔清〕盧文弨校補，《群書拾補》（收錄於《清人校勘史籍兩種》中，北京：北京圖
書館出版社，2004年8月，據民國十二年北京直隸書局《抱經堂叢書》本影印），
錢大昕〈群書拾補序〉，頁1～3。

〔註10〕 同註3，頁9左。

碌未及全校，恐破爛不完之物，後人視爲廢紙，故先加裝潢，藏諸士禮居中。稍暇當校勘一過。〔註11〕

即說明了他認爲書籍校勘如果沒有充裕時間，是無法有具體成果的。

另外，宋代鄭樵《通志・校讎略・求書遣使校書久任論》中關於校讎人員要長時間任職的校讎主張，則也值得吾人重視與發揚。

而在耐心地仔細校讎方能有成果的例子方面。例如，宋代藏書家宋綬（991～1040）、宋敏求（1019～1079）父子及劉原父（1019～1068）等人對於所藏書皆要求「校書如掃塵」、「皆校讎三五遍」的熱衷校讎事跡，則是吾人所熟知、樂道的。

二、校讎工作的知識與資料輔助

對於校讎時所需的資料與知識輔助，孫氏認爲：「凡校正新書，將校正過善本對臨可也。……若明板坊本、新鈔本，錯誤遺漏最多，須覓宋元板舊鈔本、校正過底本或收藏家祕本，細細讎勘」。〔註12〕

又：「若古人有弗可考究，無從改正者，今人亦當多方請教博學君子，善於講究古帖之士，又須尋覓舊碑版文字，訪求藏書家祕本，自能改正。然而校書非數名士相好，聚於名園讀書處，講究討論，尋繹舊文，方可有成，否則終有不到之處。所以書籍不論鈔刻好歹，凡有校過之書，皆爲至寶。至於字畫之誤，必要請教明於字學聲韻者，辨別字畫音釋，方能無誤」。〔註13〕將之歸納一下，也就是：

（一）徵詢博學君子、相好名士們的意見

「我們從事校勘工作，除廣泛搜集本書異本、他書引文，以及各種有關的文獻資料外，還應博訪通人，傾聽專家學者的意見」。〔註14〕畢竟，眾人集思廣益的效果還是比獨自一人百思不解的情況要好。這是因爲天下學問種類繁多，偏偏個人又無法全部精通，而對校讎工作所造成的侷限。對於校讎時多方請教飽學之士的觀念，孫氏則身體力行。

例如，與孫氏有過藏書互通與學術交流關係的周榘（字慢亭，清江寧府江寧縣（今南京市）人），就是孫氏多方尋求學者專家幫忙校讎的例證。吾人從其過去主講過清河書院與曾經擔任過清代「雅雨堂」藏書樓主人盧見曾幕府上客的經歷，可知

〔註11〕〔清〕黃丕烈著、屠友祥校注，《蕘圃藏書題識》（上海：上海遠東出版社，1999年10月），卷一，頁37。

〔註12〕同註3，頁9左～10右。

〔註13〕同註3，頁10右。

〔註14〕程千帆、徐有富，《校讎廣義——校勘編》（濟南：齊魯書社，1998年4月），頁330。

其學問肯定不差。正好，周氏與孫從添互相幫助校讎藏書的事跡，就保存在其所跋《隸釋》二十七卷中：

> 石芝世翁與槃有數世年譜之好，每與話舊移時，多槃所未聞者。蓋石芝長余年二十歲，其見聞固自較多，而娓娓不已，致令左右侍者有倦容，余則欣然喜矣。兩月以來，屢就借書，其零落散佚者，石芝則嘆息拾掇，喧責傔從，其整齊未損者，亦多未校。蓋石芝年高而又病足，且肆應求醫者，實未暇耳。余請與石翁約：君家有書，當盡出與我讀之，我當一一為君校之，倘有當於世長翁之意，定復酌我以酒，又何用我借者以一瓶還之耶？可發一噱。〔註15〕

即是其例。

另外，對一般藏書家來說，平日就有密切藏書、學術往來的各方博學君子們，當然也常常是各種校勘底本的最佳來源。而黃丕烈對藏書同志的大方餽贈與友人不時的熱情提供，即說明了此種情況。例如，據黃氏跋明刊《大戴禮記》十三卷云：

> 此翻宋刻《大戴禮記》，余得諸太倉故家。頃知九梅主人欲為小正之學，將搜訪各本以証異同，因綴此為贈。嘉慶壬戌夏初伏日識。蕘翁。〔註16〕

即是其例。

又，黃氏跋鈔本《孟子章指》一卷、《孟子音義》一卷云：

> 庚戌小春望日，訪余友朱秋崖先生，出手鈔影宋鈔本趙岐《孟子章指》孫奭《孟子音義》一冊見示。余假以校戴氏所刊《孟子》趙注。戴氏名震，休寧人也，其所刊《孟子》趙注，有章指音義二種，其自序云：是書所藉以互勘者，有朱君文游所藏校本二，……今秋崖為文游先生之小阮，而所鈔之書與文游先生所藏之本又適相合。戴公所勘之書，既借資於文游先生所藏之書，而余之藉以校戴氏書者，又借資於秋崖先生之書，天下事之巧何一至於此耶！〔註17〕

亦是其例。

（二）金石、碑帖的知識

過去學者校書，大多採用許多時代較早的所謂「善本」來利用。而在雕版印刷術形成與逐漸成熟後，許多珍貴的宋、元刻本紛紛流傳到後世。於是，清代的

〔註15〕參見〔清〕瞿良士輯，《鐵琴銅劍樓藏書題跋集錄》（上海：上海古籍出版社，2005年11月），卷二〈史部〉，頁114。
〔註16〕同註11，卷一，頁43。
〔註17〕同註11，卷一，頁54。

眾多學者或藏書家們，便有機會以這些宋、元舊刻為校讎底本。事實也證明，他們不但在這方面下了不少功夫，而其成果亦是非凡的。但是，處在今日的吾人，可以利用的資料就不只侷限在所謂的宋、元刻本了。其中，就實物來說，一些甲骨卜辭或出土器物、金石銘文、古帖碑版與隋唐古卷等，對於校讎工作就顯得很重要了。〔註18〕

而孫氏雖然因為時代的侷限而沒有看到大部分的珍貴材料，但是他對於「古帖、舊碑版」上頭的文字，對於校讎工作的重要參考意義，則有深刻認識。

（三）具備眾本和熟悉文字、音韻、訓詁之學

「校讎的基本對象是書本，沒有書本，就用不著校讎，沒有更多的更好的書本，也無法做好這工作，所以第一個條件是備具眾本。……一定要掌握文字、訓詁、音韻三方面的知識，把它運用於校讎，才能夠求得作者的本意」。〔註19〕

校讎工作的進行過程，可以說長時間是在尋覓眾本做參校。所以校書工作的先決條件與關鍵因素，便在於多儲副本上，特別是內容比較好、時代比較早期的所謂「善本」則更是應該廣搜博採，好當作校讎時的基本依據。這是因為，時代愈早的本子便愈可靠，它們少掉一次傳鈔與刻印，必然也就減少掉一些錯誤。如漢代劉向領校秘書時，就使用了像「中書」、「外書」、「太常書」、「太史書」、「臣向書」、「臣某書」等多種本子來校讎藏書，其中當然也包括了許多珍貴的古舊善本書籍。

當然，孫氏也時常如此。例如，其曾經收藏過的《廣川畫跋》，上頭就有他的跋語云：

> 此本畫跋，陸敕先（貽典）藏本也，得之於葉石君之孫所售，借錢氏本校過，偶邱廣成翁將楊氏本再校，並無差誤，獨多後跋，即一一錄出謄上，可謂善矣。康熙丙申九月，孫慶增從添記。〔註20〕

即是其例。

另外，因為語言在長時間的流傳中造成了隔閡，所以考察各式古代語言的學問也因此相繼的成立，而其中的「文字學」、「音韻學」、「訓詁學」等，就是後來屬於

〔註18〕 孫氏之後的歷史發展也證明了這些新材料對於校讎工作的重要貢獻。例如，清末羅振玉（1866～1940）等人，利用甲骨文、敦煌六朝隋唐人寫卷對於《史記》等紙本文獻記載的校讎、考訂的豐碩成果；吳大澂（1835～1902）研究、利用金文對於《尚書》記載文字的校讎、辨正等，皆是其例。

〔註19〕 王欣夫，《文獻學講義》（臺北：文史哲出版社，1987年9月），頁304～305。

〔註20〕 參見國立中央圖書館特藏組編，《標點善本題跋集錄》（臺北：國立中央圖書館，1992年5月），子部藝術類《王氏書畫苑存》七卷四冊條過錄孫從添跋語，頁295～296。

較專業性的語言學學科。孫氏既已點出了校讎時諮詢這方面專家的必要，可知，具備語言學的專業知識，亦是從事校讎工作時的必備條件。例如，孫氏之後的著名小學家王念孫（1744～1832）所具備的高深校勘功力，即具體地展現在他所撰著的《廣雅疏證》與《讀書雜誌》二書上。這則是學者熟習語言學知識有助於校讎工作的明顯例證。

　　另外，還有比較技術性的特別知識與特殊情況下的職業性知識輔助，亦即：

（四）對於書籍紙張、校讎器具的認知

　　校勘工作開展前，對於古代圖書形制與鉛槧材料（校勘器具）的使用，則要先有一定的認識，以免因為選擇錯誤而使校勘成果付之一炬。其中，配合紙張顏色而利用不同的塗改原料，則是孫氏強調的一項基本常識。

　　例如，其云：「古用雌黃校書，因古時皆用黃紙寫，裝成卷軸，故名黃卷。其色相同，塗抹無痕迹也。後人俱用白紙鈔刻，又當用白色塗抹。今之改字用淡色青田石磨細和膠做成錠子。磨塗紙上，改字最妙。用鉛粉終要變黑，最不可用」。〔註21〕即說明了此種知識對於校讎工作的必要性。

（五）職業性專業人員的延請

　　自從雕版印書在唐五代開始盛行後，書籍的校對、勘誤就成了整理與出版書籍的基礎。而當時官方刻書對校讎工作的重視，從刻書單位負責人員積極、完備的選派過程，吾人則能明顯看到。像五代國子監的刻書，朝廷就會專門指派一些學有專長的碩學鴻儒去擔任「校勘官」的工作，即是其例。之後，北宋的國子監刻書也繼承了五代國子監的傳統。

　　例如，我們從王國維（1877～1927）《五代兩宋監本考》中所引錄監本《毛詩正義》「後校勘經進銜名」可知，當時國子監刻書除了先要選擇具有專業知識的官員寫樣上版外，還要針對校勘工作設置像「勘官」、「詳勘官」、「都勘官」、「再校」等各式各樣的工作人員，由此則見其對校勘工作的審慎態度。〔註22〕

　　而在古代的民間出版業中，亦有所謂的「刻字匠」、「校書工」與「裝裱師」等等專業的工作人員。就明代的民間刻書業而言，當時光是「雕版工場刻印的人員有以下各種人：1、繕寫、校對人員；2、雕刻人員；3、刷印人員；4、裝訂人員（包

〔註21〕同註3，頁10右～10左。
〔註22〕參見〔清〕王國維，《五代兩宋監本考》（收錄於《宋版書考錄》中，北京：北京圖書館出版社，2003年4月，據1940年商務印書館《海寧王靜安先生遺書》本影印），卷中，頁538～541。

括折頁、草訂、穿線、做函套等）；5、管理人員（版本保管、紙墨材料保管、採購、成品管理、財務等）」。〔註23〕

　　上述這些人因為長年累月從事該工作，使其磨練出了對於校讎專業的高超本領，雖然他們大部分都不是有名的大學問家（甚至有刻字匠不識字的情況），但其卻是古代印刷出版業中的無名英雄。例如在明代，當毛晉計畫刻印大部頭的《十三經》與《十七史》兩套叢書時，他就準備要招募 30 個工作人員來專門負責校勘，其中專職校經書的 13 人與校史書的 17 人，〔註24〕就是古代典型「校書工」們的代表。

　　對於同鄉藏書家前輩毛晉的作法，孫氏則是深表認同的，如其云：「若大部書籍，延請多人分校，呈於總裁，計日乃成。若校正刊刻，非博雅君子有力而好古者不能也。書籍上板，必要名手校正，方可刊刻。不然枉費刻資，草率刻成，不但遺誤後人，反為有識所笑」。〔註25〕即是其例。

三、對不同版本的校讎要求

　　對於宋版書，孫氏曾云：「宋元刻本書籍雖真，而必原印初刻，不經圈點者為貴。古人尊重宋刻，弗輕塗抹。後世庸流俗子，不知愛惜書籍，妄自動筆，有始無終，隨意圈點，良可歎也」。〔註26〕可見，他對宋元舊本書籍的愛惜之情是溢於言表的。

　　所以，從他的說法：「至於宋刻本校正字句雖少，而改字不可遽改書上。元板亦然。須將改正字句寫在白紙條上，薄漿浮簽貼本行上，以其書之貴重也」。〔註27〕我們既看到他校讎珍貴圖書時特殊的校記寫法，也見識到了古代藏書家們愛惜宋本書籍的生動景象。

　　因為所處時代環境與個人嗜好的緣故，孫氏對宋元舊刻可說是情有獨鍾。因此，對於珍貴的「宋刻本」愛惜都來不及了，哪還會做出破壞它的行為。這一點，我們從其對宋版書籍校讎時的小心態度上，可以很清楚看到。

　　對於明坊刻本或新刻之書的校讎，孫氏認為：「凡校正新書，將校正過善本對臨可也。倘古人有誤處，有未改處，亦當改正。若明板坊本、新鈔本，錯誤遺漏最多，須覓宋元板舊鈔本、校正過底本或收藏家祕本，細細讎勘，反復校過，連行款俱要

〔註23〕繆咏禾，《明代出版史稿》（南京：江蘇人民出版社，2000 年 10 月），頁 310。
〔註24〕〔明〕毛晉撰、潘景鄭校訂，《汲古閣書跋》（與《重輯漁洋書跋》合刊，上海：上海古籍出版社，2005 年 11 月），毛晉〈重鐫十三經十七史緣起〉，頁 122～124。
〔註25〕同註 3，頁 10 左。
〔註26〕同註 3，〈鑒別〉，頁 4 右。
〔註27〕同註 3，頁 9 左。

－140－

照式改正，方爲善本」。〔註28〕

　　相對之下，對於評價歷來不高的明代刻本與新近刻本校讎的整個過程，他就特別仔細（因錯誤較多）、大膽（因較不珍視）多了。

　　藏書家重視宋元舊槧，儘管明刻本的錯誤較多、價值較低，但仍要想辦法仔細校讎使它成爲可讀之書。因而，參校眾本可說是一個好方法，所以歷來藏書家們皆樂於採用。有論者就認爲明代「趙氏父子（趙用賢、趙琦美）的校刊活動，對於虞山派藏書家校刊傳統的形成有較大的影響」。〔註29〕正好，孫氏家鄉的藏書家前輩清常道人趙琦美在校讎明刻叢書本《洛陽伽藍記》時即曾云：

> 歲己亥，覽吳琯刻《古今逸史》中《洛陽伽藍記》，讀未數字，輒齟齬不可句。因購得陳錫玄、秦酉岩、顧寧宇、孫蘭公四家鈔本，改其訛者四百八十八字，增其脫者三百廿字。丙午又得舊刻本，校於燕山龍驤邸中，復改正五十餘字。凡歷八載，始爲完書。〔註30〕

可見，長時間不停的尋覓可參校之本與反覆的仔細考察，是趙氏校讎工作能成功的基本要求。如此看來，孫氏對於明代刻本的評價不佳與對明刻本校讎的特定方法，當有其理論淵源。

　　清末藏書家葉德輝，既對清代藏書家與校勘學關係的密切所引發的學術盛況作了闡釋，〔註31〕之後他更在《藏書十約》中歸納清人校勘的方法爲「死校」與「活校」兩種。〔註32〕而對於他所謂「死校」派校書，論者又有「鑑賞派」之謂：

> 鑑賞派如錢遵王、何焯、黃丕烈、鮑廷博、陳仲魚、吳騫、蔣光煦等，……

〔註28〕同註3，頁9左～10右。

〔註29〕徐雁、譚華軍，〈中國藏書之鄉的碑傳集——話說虞山派藏書家的崛起〉，載於曹培根編，《常熟藏書家藏書樓研究》（上海：上海文化出版社，2002年8月），頁7。

〔註30〕〔清〕錢曾，《讀書敏求記》（《四庫全書存目叢書》史部第277冊，台南：莊嚴文化事業有限公司，1996年8月），〈楊衒之《洛陽伽藍記》五卷〉條過錄趙琦美跋語，頁564～565。

〔註31〕其說法：「而近人言藏書者，分目錄、板本爲兩種學派。大約官家之書，自《崇文總目》以下，至乾隆所修《四庫全書總目提要》，是爲目錄之學。私家之藏，自宋尤袤遂初堂、明毛晉汲古閣，及康雍乾嘉以來各藏書家，斷斷於宋元本舊鈔，是爲板本之學。然二者皆兼校讎，是又爲校勘之學。本朝文治超軼宋元，皆此三者爲之根柢，固不得謂爲無益之事也」。參見：〔清〕葉德輝，《書林清話》（與《書林餘話》合刊，長沙：岳麓書社，2000年4月），卷一〈板本之名稱〉，頁21～22。

〔註32〕其說法：「死校者，據此本以校彼本，一行幾字，鈎乙如其書，一點一畫，照錄而不改，雖有誤字，必存原本。顧千里廣圻、黃蕘圃丕烈所刻之書是也。活校者，以群書所引改其誤字，補其闕文，又或錯舉他刻，擇善而從，別爲叢書，板歸一式。盧抱經文弨、孫淵如星衍所刻之書是也」。參見：同註2，〈校勘〉，頁50～51。

這一派的校勘，大抵都是拿兩本或以上的書對照，憑善本來正俗正訛；或據前人所徵引，記其異同，擇善而從。因爲各書多有俗本傳刻因不注意或妄改的結果發生舛訛，他們就藉著宋元刻本或精鈔本，⋯⋯兩相比勘以正謬誤。這種校勘工作枯燥乏味，非有特殊嗜好不能爲；但往往因一兩字的校正，令全段或全書得正確的解釋。〔註33〕

由上面的定義可知，孫氏對於收藏的各式刻本所從事的校讎工作，即是「死校」派們的方法與原則。

總而言之，可以說，「孫慶增《藏書記要》論校讎：『反覆校過，連行款俱要照式改正，方爲善本』。後來黃丕烈等都謹守此法。他們的功績，在憑他的校本，流傳了不少宋刻孤本。也是有鑑於明人的擅改古書，志在保存眞相」。〔註34〕但更重要的則是，就是有像他們這樣具有「佞宋」嗜好的藏書家們，也才能有辦法應付像校讎文字般枯燥無聊的工作，因而對於他們的校讎成果，吾人還是要給予高度肯定。

第二節　圖書「裝訂」修裱技術

圖書文獻是知識的載體，爲了能順利傳播知識這個重責大任，這個載體也就勢必要適合閱讀與堅固耐久了。從上古使用竹木簡牘、絲織帛書的早期書籍載體，到後來所產生的各種紙製卷子、裝訂冊葉等書籍式樣，表現出古代人們爲了知識的傳播，所付出的長期努力與苦心思索。也的確，經過長時間的嘗試與改良，到了宋元明清等幾個書籍使用數量最顛峰的朝代，接連出現的「蝴蝶裝」、「包背裝」與「線裝」等幾種書冊裝幀式樣，不論方便性與耐用度上都是前所未有，而成爲了中國古代書籍裝幀式樣的典型。

其中，明代中葉以後開始出現的「線裝」，可說是古書裝幀的最後形式，也是自此至清末所最普遍採用的裝訂形式。對明清時期的藏書家們來說，「線裝」書閱讀便利而又堅固耐久，像後來清末藏書家葉德輝的《藏書十約・裝潢》就認爲：「斷不可用蝴蝶裝及包背本，蝴蝶裝如褾帖，糊多生霉而引蟲傷；包背如藍皮書，紙豈能如皮之堅韌，此不必邯鄲學步者也」。〔註35〕因此，清代的藏書家們不僅樂於採用線

〔註33〕羅炳綿，〈錢竹汀的校勘學和同時代藏書家〉，《新亞學報》第八卷第二期，1968年，頁180。

〔註34〕同註19，頁319。

〔註35〕同註2，頁46。

裝在新書裝訂上，舊書的修補改裝也以線裝式樣爲主要的形制。就這樣，經過無數古代藏書家、學者們的不斷摸索後，線裝書籍的裝訂技術不僅日漸進步，也越來越受到藏書家們重視。事實上，基於堅固耐久的要求，現今各大公私圖書館古籍部門裝訂、修補古書時，也普遍採用線裝形式。

《藏書記要》爲一部全面介紹文獻積累、保藏與管理的理論專著，不但是個人經驗的闡述，也是當時藏書家們普遍作法的總結。該書的「裝訂」一則，就是對古代書籍裝訂技術有獨特見解與深刻影響的一篇專著。例如，學者引用到《藏書記要·裝訂》的說法時認爲：

> 古文獻中有關古籍修復技術的記載或只言片語、或零星片斷，很不系統，但我們仍可看出蘊含其中的耐人尋味的科學道理。如對於修復季節，孫從添《藏書紀要·裝訂》云：「糊裱宜夏，摺訂宜春。若夏天摺訂，汗手并頭汗滴於書上，日後泛潮必致霉爛生蟲，不可不防」。另外，還有對某些工序的具體要求，如……。古人的經驗之談，至今仍需遵守。〔註36〕

雖然，現今各大收藏單位礙於工作進度的規定要求，可能無法做到配合特定時節從事合適工作的原則。但重點是，孫氏所揭示的正確概念與作法，於現今的實際操作中，則可利用適當的配套器材去達成（例如使用空氣調節裝置、通風設施來輔助）。

因此，對於《藏書記要》中書籍「裝訂」技術與觀念的仔細探討，不僅有助於了解古代書籍裝幀形式的演變軌跡與未來古書裝訂發展趨勢，同時也是吾人對古代藏書家們苦心思索而成之理論的最大尊重。

一、書籍裝潢修補原則

書籍文獻提供了人們知識，因而廣大藏書家們樂於收藏，但歷經了長時間人爲與自然的考驗，書籍文獻因此需要重新修補。在很多人的努力下，各種新式的裝訂方法或技術也不斷隨之而生。千百年來，人們爲了保護書籍文獻，總結出了很多高超的裝訂技巧，而且極精華的表現在線裝書籍的裝訂上。通過這些裝訂技術，書籍恢復了原有的面貌也延長了使用年限，與此同時，展現古代工藝之美的書籍裝幀式樣，也呈現在每個愛書的藏書家面前。

對於書籍的裝訂態度與原則，除了美觀大方外，對圖書保護的實際功能與舊貌的恢復，則更是孫從添最在意的。這是因爲，書籍能否流傳久遠才是每個藏書家心裡最熱切的盼望，所以他強調了對裝訂書籍的幾個基本原則：「裝訂書籍不在華美飾

〔註36〕朱賽虹，《古籍修復技藝》（北京：文物出版社，2001年12月），頁180～181。

觀，而要護帙有道。款式古雅，厚薄得宜，精緻端正，方爲第一」。〔註37〕

對於此點，清末藏書家葉德輝的《藏書十約》，亦從保護圖書的實用觀點出發，提出了與孫氏相同的看法：「裝訂不在華麗，但取堅緻整齊」。〔註38〕所以，面對清初幾個以裝潢華麗著稱的藏書名家之作法，葉氏表達了不以爲然之意：

> 古人愛惜物力，用無棄材，可以風世，可以考古。自汲古閣、絳雲樓、
> 述古堂以精鈔名，傳是樓季滄葦繼之。更兼裝潢精雅，古人純樸之風，於
> 是乎掃地盡矣。〔註39〕

即是其例。

說到講求裝訂方法，或許每個地區的藏書家都有他們的一套，所以在裝訂細節上即表現各地區彼此不相同之處。而孫氏所強調的裝訂理論，就是其所處常熟虞山一地裝訂觀點的代表，如其所云「虞山裝訂書籍，講究如此，聊爲之記，收藏家亦不可不知也」。〔註40〕說明了他所說的裝訂技法，乃是針對其所在地常熟「虞山」地區藏書家們的普遍觀點而來。

雖然如此，但是一些裝訂方法的道理仍舊是放諸四海皆準的。例如，孫從添在長期的經驗累積中，對於裝訂工作中「施糊裝裱」與「書頁摺訂」適合的季節問題，他是有過特別體會的。畢竟，書籍「裝訂」是一連串整體工作，施工開始的時間如果正確無誤，接下來的各種工序也才能順利推展。於是他說：「糊裱宜夏，摺訂宜春。若夏天摺訂，汗手并頭汗滴於書上，日後泛潮，必致霉爛生蟲，不可不防」。〔註41〕即是對裝訂工作開始前季節選擇問題的原則性說明。

二、書籍的裝潢技法

（一）裱書面、貼書簽、襯書頁

對於書面裝裱，孫氏特別重視的是「糨糊調製」時要加「椒」、「礬」等香料的細末來幫助防蟲、鼠。另外，添加香料除了幫助防蟲外，更是加強黏固古書的重要措施之一。對此，明代學者張懋修（1555～1634）《談乘》卷十一即曾云：

> 王古心問僧永光：「前代藏經，接縫如一線，日久不脫何也？」永光
> 曰：「古法用楮樹汁、飛面、白芨末三物調和如糊，粘接紙縫，如膠漆之

〔註37〕同註3，頁11右。
〔註38〕同註2，〈裝潢〉，頁46。
〔註39〕同註31，卷十〈古人鈔書用舊紙〉，頁236～237。
〔註40〕同註3，頁12左。
〔註41〕同註3，頁12右。

堅。」此法文房可用。〔註42〕

即是其例。

此外，清代學者、出版家陸烜（生卒年不詳）《梅谷偶筆》卷二十二亦云：

> 凡治定書，必用雌黃，其色久而不渝。余嘗見李獻吉評《杜詩》，錢
> 牧翁手批《元遺山集》，皆手澤如新。修補古書，漿糊中必入白芨，則歲
> 久不脫。近購得宋余靖《武溪集》、趙璘《因話錄》、施彥執《北窗炙輠錄》，
> 皆汲古閣物，裝訂極精緻，而於破損接尾處皆脫，蓋不用白芨之故，亦藏
> 書家所當知也。〔註43〕

亦是其例。

但是，現代學者的研究顯示，糨糊中摻入「礬」類物質當作添加劑，對書籍則反而是有害的：

> 礬是指某些金屬的硫酸鹽，如硫酸鋁（稱明礬）、硫酸銅（稱籃礬、
> 膽礬）等，其水溶液都呈較強的酸性。經檢測，1%硫酸鋁溶液的 pH 值為
> 3.0，3%硫酸銅溶液的 pH 值為 4.2。在實際操作過程中我們發現硫酸鋁與
> 硫酸銅確有防腐作用，加入了硫酸鋁或硫酸銅的漿糊的使用期明顯高於未
> 加硫酸鋁和硫酸銅的漿糊，但防蟲作用並不明顯，而二者酸性對紙張的損
> 害卻是非常嚴重的。……修復工作者的責任應當是將原有紙張中的酸去
> 掉，即我們現在許多修復工作者正在從事的脫酸去酸工作，而不應該再去
> 雪上加霜。另外，即使從防蟲方面去考慮也是不實際的，事實證明了此類
> 物質幾乎沒有防蟲效果。因此，建議在圖書檔案修復工作中立即停止使用
> 上述兩種漿糊添加劑，以確保圖書檔案文件的安全。〔註44〕

因此，對於像孫氏等大部分古代藏書家使用的各式漿糊添加劑，吾人是有必要經過審慎評估方能使用的。不過基本上，古人所採用的添加物大部分都還是有效果的。
〔註45〕

〔註42〕 謝國楨選編、牛建強等校勘，《明代社會經濟史料選編（上）》（福州：福建人民出版社，2005 年 4 月），第三章第四節〈版刻〉選錄明張懋修《談乘》卷十一，頁 258。

〔註43〕 〔清〕陸烜，《梅谷偶筆》（《叢書集成續編》第 23 冊，臺北：新文豐出版公司，1989 年 7 月，據清道光十三年刊《昭代叢書》本影印），頁 342。

〔註44〕 張平，〈圖書檔案修復用黏合劑——小麥澱粉漿糊的科學製作與使用〉，載於中國國家圖書館編，《中文善本古籍保存保護國際研討會論文集》（北京：北京圖書館出版社，2003 年 10 月），頁 182～189。

〔註45〕 例如，上海圖書館古籍修復專家童芷珍女士討論到古人漿糊的配方時說：「分析古人的各種藥糊配方，雖然其間藥物的種類、數量各不相同，但總的來說，都是由植物性藥物和礦物性藥物兩大類組成。如川椒、皂角、白芨等屬植物性藥物，而白礬、

　　另外，對於配合季節方便施工的問題，孫氏還認為「糊裱宜夏」天，而他之所以在夏天時就裱好書面乃是為了秋天的使用而備置的。例如，《藏書記要・裝訂》所云：「裱書面用小粉糊入椒礬細末於內，太史連三層裱好貼於板上，挺足候乾，揭下壓平用，須夏天做秋天用」。〔註46〕即是其例。

　　接下來，為了讓人有具體的認知與印象，孫氏試著列舉從時代較早的宋代、明代刻本到近代述古堂錢曾、汲古閣毛氏與松江府（今上海附近）地區等的書面裝訂材料、式樣選擇，來一一說明並判別其優劣好壞。

　　如其所云：「見宋刻本襯書紙，古人有用澄心堂紙，書面用宋箋者，亦有用墨箋洒金書面者。書籤用宋箋，藏經紙、古色紙為上。至明人收藏書籍，講究裝訂者少，總用棉料古色紙，書面襯用川連者多。錢遵王述古堂裝訂書面用自造五色箋紙，或用洋箋，書面雖裝訂華美，卻未盡善，不若毛斧季汲古閣裝訂書面用宋箋、藏經紙、宣德紙，染雅色，自製古色紙更佳。至於松江黃綠箋紙，書面再加常錦套，金箋貼籤，最俗。收藏家間用一二錦套，須真宋錦或舊錦、舊刻絲，不得已細花雅色上好官錦則可，然終不雅，僅可節觀而已矣」。〔註47〕當然，具備實用性與美觀大方的書籍裝訂式樣才是他最中意的。

　　由上述可知，自從宋代雕版印書術漸漸流行後，古人就開始很重視書面的設計。實用性的取向當然佔絕大多數，但以富麗堂皇為書面裝訂要求也大有人在。

　　例如，明清以來「松江府」地區的普遍傳統，就是以裝訂華麗為主軸的典型。如根據明代書畫裝裱學者周嘉冑（約1582～1661）《裝潢志・冊頁》的說法：「前人上品書畫冊頁，即絹本，一皆紙挖紙鑲。今庸劣之迹，多以重絹，外折邊，內挖嵌。至松江穢迹，又奢以白綾，外加沉香絹邊，內裡藍線，愈巧愈俗。俗病難醫，愿我同志，恪遵古式，而黜今陋」。〔註48〕可知，明代時該地區就已在書畫裝潢工藝上形成了此種特點，而到了清代時，就連古書的裝幀式樣也大都如此了。

　　而一些收藏規模較大的藏書家不但對於材料的選擇相當講究，而且還會依照書籍印刷、裝訂的需要去製作特定的用紙以供使用。例如，在《（光緒）常昭合志稿・

　　黃蠟等則為礦物性藥物。這些藥物都有驅蟲和殺蟲的作用，如椒中含有多種生物鹼，白礬是一種有毒的刺激性藥物，百部草塊根中亦含有殺蟲作用的生物鹼等，它們都對蠹蟲有驅避或毒殺作用，從而使漿糊具有較好的防蛀效果」。參見：童芷珍，《古文獻的形制和裝修技法》（上海：上海科學技術文獻出版社，2002年6月），〈附錄：古文獻修復使用材料——漿糊初探〉，頁107～108。

〔註46〕同註3，頁11右。

〔註47〕同註3，頁11左。

〔註48〕〔明〕周嘉冑著、田君注譯，《裝潢志圖說》（濟南：山東畫報出版社，2003年1月），頁44～47。

人物志・藏書家》中提到毛晉事跡云：

> 好古博覽，構汲古閣、目耕樓，藏書數萬卷。延名士校勘，開雕十三
> 經、十七史、古今百家、及從未梓行之書。天下之購善本書者，必望走隱
> 湖毛氏。所用紙，歲從江西特造之，厚者曰毛邊，薄者曰毛太，至今猶沿
> 其名不絕。〔註49〕

而這所謂的「毛邊紙」、「毛太紙」，對於裝訂修補古書的某些必備用料來說，也是很重要的紙張選擇。〔註50〕所以，繼承了其父親汲古閣藏書、刻書事業的毛扆，對於裝訂「書面用宋箋、藏經紙、宣德紙，染雅色，自製古色紙」等自製紙張材料的講究態度也就很自然了。

總之，儘管「錢遵王述古堂裝訂書面用自造五色箋紙，或用洋箋，書面雖裝訂華美」，但是因為對於裝訂書籍孫氏本來就抱持著要能「護帙有道，款式古雅，厚薄得宜，精緻端正」的態度，並且對於像蝴蝶裝、線裝等「各種訂式，書面用古色紙，細絹包角」，亦是他比較喜歡的樣式，〔註51〕因此，針對保護圖書最重要的書面式樣選擇，他仍舊以高度實用兼簡潔古雅為第一要求。

（二）摺書頁

一張張書葉印製完成後，則先要經過對摺程序才能開始下一個裝訂成冊的步驟。不同於今日完全依靠機器使之標準化的平、精裝圖書樣式，古代書籍的線裝方式特別要求整體書頁的完美疊合，也就是說，因為每張書葉都是牽一髮而動全身，所以從第一張到最後一張都要求盡量一致。對於摺書頁，孫氏認為，摺頁重點在書口、欄線的直齊、筆直，亦即，要先仔細的看準版心中縫線始能動手才可以做到美觀、不歪斜的境界。另外，書頁對準摺好之後為了避免偏差產生，一段時間的壓按使之定型也是很重要的。當然，現代圖書館古籍部門是會使用專業的「壓書機」或「壓書板」來輔助壓摺書頁的。

如其所云：「摺書頁要摺得直，壓得久，捉得齊，乃為高手。」〔註52〕即是其例。事實上，現代學者對線裝書折頁方式的要求也正是如此：「線裝書之折頁係將頁

〔註49〕〔清〕鄭鍾祥等修、龐鴻文等纂，《（光緒）常昭合志稿》（臺北：成文出版社有限公司，1974年，據清光緒三十年刊本影印），頁2219。

〔註50〕例如，古籍修裱專家朱賽虹先生在提到「毛邊紙」、「毛太紙」時，就認為：「清代印書用紙很大一部份用的是毛邊紙。古書修補中一般用來裱書皮，做襯紙或護葉。也可以染做磁青、古色書皮。……毛太紙是修補舊書的必備紙張，補、鑲、裱托竹紙書均很相宜。染色後也可以作為舊紙的代用品」。參見：同註36，頁47。

〔註51〕同註3，頁11右～11左。

〔註52〕同註3，頁11右。

正面正折，板口對齊，文字向外，書頁必須要折得直壓得久」。〔註53〕

又，《藏書記要·裝訂》云：「凡書頁少者宜襯，書頁多者不必」。〔註54〕通常，有些書頁過少的書籍裝訂起來會顯得單薄而不堅固，所以爲了延長書籍使用年限，針對這種書頁較少的書適時的使用「襯紙」也就很必要了。更何況，古書的書頁用紙或有比較單薄的，所以常常在摺頁以後，上半頁的字與下半頁的字會相互透過來，而影響到使用者的閱讀，這時也可以在書頁之間加入襯紙。

（三）訂書眼、訂線

「線裝」書爲了要裝訂成冊，必須要「訂線」，而訂線前當然要先「訂書眼」。一般來說，正常大小的古書都要錐訂四個書眼，而較寬大的書籍還可追加到五、六甚至到七、八個書眼，而重點是，書眼的多寡完全依據書籍的大小寬窄來決定。另外，「裝訂舊書應盡量使用原有的舊眼，盡可能不另打新眼，書腦眼打多了，對書籍會有損壞，……所以盡量使用原有的舊眼，少打新眼，如果遇到原書舊眼偏斜不正，可利用一部份舊眼，再重新打一部新眼」。〔註55〕則是比較理想的方法。

對於錐訂書眼的原則，孫氏認爲：「訂書眼要細，打得正而小，草訂眼亦然。又須少，多則傷書腦，日後再訂，即眼多易破，接腦煩難」。〔註56〕即從書籍美觀、書籍尺寸的合適、耐用性與日後修補裝訂時是否方便「接書腦」等方面來考量。〔註57〕

另外，書籍裝訂的用線，除了考慮是否堅固耐用，線的品質與訂線方式也很重要。對於打好眼之後的「訂線」工作。孫氏認爲，最理想的訂線材料與方法爲：「訂線用清水白絹線，雙根訂結，要訂得牢，嵌得深，方能不脫而緊」。〔註58〕即也是以堅固耐用爲基本原則來指導訂線工作。

而現代圖書館古籍裝訂修補部門對於線裝書穿訂用線之選擇則大都使用「絲線」，不僅「根據書籍的厚薄，採用粗、中、細三種絲線。也可用棉線、合成纖維線

〔註53〕楊時榮，《圖書維護作業研究》（臺北：南天書局，1993 年 11 月），頁 132。

〔註54〕同註3，頁 12 右～12 左。

〔註55〕吳哲夫、林茂生，〈善本古籍保管維護及修裱方法的概說〉，載於古籍鑑定與維護研習會專集編輯委員會編，《古籍鑑定與維護研習會專集》（臺北：中國圖書館學會，1985 年 9 月），頁 333。

〔註56〕同註3，頁 11 右。

〔註57〕「接書背又稱接書腦，有的書因爲書背過於窄小，訂線後，翻閱不便，甚至有的書腦窄小得無法訂線，也有的書冊呈長條形狀，很不美觀。爲了要使書冊的寬窄合樣，需將書背加寬，書背的加寬做法，可分做幾種，有襯紙接腦法，有不襯紙做法，拼接法及補裱加腦法等，採用何種接法，可視書冊的具體情況做決定」。參見：同註55，頁 326～327。

〔註58〕同註3，頁 11 右～11 左。

（如尼龍線）等」。並且，爲了外觀的典雅美觀，「絲線使用時需用紅茶汁將其染成較古舊的米黃色」。〔註59〕

（四）天地頭

　　古書的「天頭」，也稱書眉，是指書頁上部欄線以上的空白區域；古書的「地腳」，也稱下腳，是指書頁下部欄線下方的空白區域，它們的合稱，即爲「天地頭」。

　　一般而言，天頭會比地腳寬一些，而後來的收藏家們也常常會在天頭處寫上他們的批注或題跋識語。孫氏認爲，書籍裝訂時，天頭、地腳則都要預留有一定的空間，一方面是基於它們對收藏、閱讀者的使用功能，一方面則是因爲古書使用時間一旦長了以後難免需要修補、裁切，所以有足夠的天地頭空間是比較能應付修補所需的。另外，爲了美觀起見，天頭、地腳的大小適當、上下相稱（一般都是上六下四）也很重要。如所云：「天地頭要空，得上下相趁」。〔註60〕即是其例。

（五）裝副頁

　　古代冊頁式書籍的「副頁」是爲了保護書籍的內容正文，或方便收藏家作批注、寫題跋識語而加在書前、書後的空白頁，所以也有「護頁」、「扉頁」等名稱。此種書冊的形制由來已久，至少在宋代時就已普遍採用，其效果亦有目共睹。例如，明代藏書家高濂就曾說過：「余見宋刻大板《漢書》，不惟內紙堅白，每本用澄心堂紙數幅爲副，今歸吳中，眞不可得。」〔註61〕即是其例。一般而言，普通古書前後所加副頁大概都是兩張，但前後各加三張或前三後二的情況也是有的。

　　古書加完副頁後，爲了使其與原書的大小能相符，就要利用裁切的方式，孫氏認爲下刀的速度要簡捷明快，才能裁出正直平光的書頁，但前提是，要先檢查裁切範圍以避免傷到副頁上的批注、題跋文字。而書籍在經過裁切之後，總是會產生凹凸不平的刀紋。爲了使書頁恢復平滑無刀紋的狀態，使用「細砂石」（現今則使用細砂紙）就很重要了。在打磨時，力量的控制是否得宜是很關鍵的因素，訣竅是用力輕勻，使之平滑無紙絨。又，因爲「書根」的位置將來是要寫字以方便尋閱的，所以書根部位的打磨工序更是要愼重與仔細。

　　如其所云：「副頁用太史連前後一樣兩張，截要快刀，截方平而光。再用細砂石打磨，用力須輕而勻，則書根光而平，否則不妥」。〔註62〕即是其例。

〔註59〕 同註45，頁11、43。
〔註60〕 同註3，頁11右。
〔註61〕 同註1，〈燕閒清賞箋・論藏書〉，頁341。
〔註62〕 同註3，頁11右。

（六）貼書籤

　　書冊裝訂完成後，最後的工作就是貼「書籤」。書籤，也稱題籤，是指黏貼在書面左側的長方形籤條，上頭記錄有書名、卷數、冊數或作者、收藏者的字號、年月題名等。因爲這是一本書的門面，所以外觀的整齊古雅當然是第一要求。對此，孫氏則認爲：「書籤用深古色紙裱一層，籤要款貼、要正齊，不可長短闊狹，上下歪斜，斯爲上耳」。〔註63〕

（七）書面、書套糊製

　　《藏書記要・裝訂》：「書套不用爲佳，用套必蛀，雖放於紫檀香楠匣內藏之，亦終難免。惟毛氏汲古閣用伏天糊裱，厚襯料，壓平伏，裱面用洒金墨箋或石青、石綠、棕色、紫箋俱妙。內用科舉連裱裏，糊用小粉、川椒、白礬、百部草細末，庶可免蛀。然而偶不檢點，稍犯潮濕，亦即生蟲，終非佳事」。〔註64〕

　　在保護書籍的函套選擇問題方面。古代針對卷軸式的書籍而有軟質的「書帙」，之後到了冊頁式書籍時代，乃發展成爲硬式的「函套」。對於這種目的在保護書籍的函套，孫氏認爲更會因悶熱泛濕而引起蟲蛀，這則是南方氣候較爲炎熱、潮濕的緣故。對此，清末藏書家葉德輝亦云：「北方多用紙糊布匣，南方則易含潮。用夾板夾之最妥，夾板以梓木〔註65〕楠木〔註66〕爲貴，不生蟲，不走性」。〔註67〕就也說明了空氣流通良好、選擇適當材料對於書籍防蟲與防潮的重要性。

　　但如果還是要使用書套來保護書籍的話，則可以在黏貼函套、書面的糨糊上下功夫。對此，孫氏則以汲古閣糊製函套時在糨糊中加入「川椒、白礬、百部草細末」等等香料，以達到防蟲蛀的效果爲例來說明，而其效果當然也是極佳的。例如，清末民初藏書家葉啓勳在得到一部汲古閣精心裝訂過的鈔本時，讚云：

〔註63〕同註3，頁12左。

〔註64〕同註3，頁12右。

〔註65〕梓木：「東北地區稱之爲臭梧桐，主產黃河至長江流域，分佈廣、產量大、材質佳，是我國歷代用材最廣的木材品種之一，也是製作器具之良材。其硬度介於柴木和軟木之間，材質輕而耐朽，木理優美並帶光澤；不開裂，不伸縮，刨面光滑，抗腐性較強，非常適合雕刻、做模、刨、截等，用之做傢俱時可爲各種桌案、箱櫃、架格以及雕花擋板、牙條和其他細木裝飾部件；古代帝王、王后下葬時則專用梓木做棺。此外，梓木還是木胎漆器、樂器和雕版刻字的優質材料」。參見：http://www.hm～3223.net/html/showinfo.asp?ArticleID=2819：「中國紅木古典傢具網」〈柴木傢俱的用材——梓木〉。

〔註66〕楠木：「木材優良，具芳香氣，硬度適中，彈性好，易於加工，很少開裂或反撓，爲建築、傢具、箱櫃的珍貴用材」。參見：「中國大百科全書智慧藏」線上版〈楠木條〉。

〔註67〕同註2，〈裝潢〉，頁46。

此本書面用石綠洒金箋紙二本襯訂，全書無一字破損、無一葉蟲蛀，
猶是汲古閣原裝原訂。三百年前奇物，至今觸手如新，其毛氏裝訂之精更
令人愛玩不已。〔註68〕

即是其例。

其實，這種對於函套糊裱工序中必備的糨糊，利用添加各式香料以達到防蟲、
鼠的效用，在孫氏以前則普遍見於「書畫」裝裱技術。例如，明人周嘉冑的《裝潢
志・硬殼》篇中，對於保護冊頁式書畫碑帖的前後「硬殼」的製作，就特別提到糨
糊添加物的妙用：

余裝有碑帖百餘種，冊頁十數部，皆手製硬殼。糊用白芨、明礬，少
加乳香、黃蠟，又用花椒、百部，煎水投之。……擇風燥之候，用厚糊刷
紙三層，以石砑之，疊疊如是。曝之烈日，乾，以大石壓之聽用。其堅如
木，但裝者艱裁，而可永無蟲蝕脫落等患。帖冊賴此外護，內獲無咎，功
莫大焉。〔註69〕

可見，上述孫氏書面糊製時糨糊添加「椒」、「礬」，與此處所舉毛氏汲古閣製作函套
製糊時添加各式香料以達到防蟲蛀的說法，是有前人理論觀點支持與經過今人實際
操作驗證的。〔註70〕

此外，「收藏書籍，不獨安置得法，全要時常檢點開看，乃為妙也。……藏書斷
不可用套，常開看則不蛀」。〔註71〕因此，時時的檢點察看書櫃、書套裡頭的書籍
也是防止書籍受潮、生蟲的簡便方法。

三、書籍的修補技法

裝訂技術是否精良、修補材料選擇是不是合適，對於古書破損時修裱的成功與
失敗，可說關係至大。其中，技術要熟練只是時間累積的問題而已，而能否找到合
適的「配紙」，有時則需要一點運氣。這完全是因為「修補殘破書籍，首先必須將舊
紙配好，因為書籍的紙性、顏色、厚薄及紙紋的橫豎，各個年代不同，在配紙時都
要顧慮到。如果配得適當，修補後的書葉，天衣無縫，不易看出破爛的痕跡。反之，
如果配紙不當，即使有高超的技術，經過精工細作，也難協調一致」。〔註72〕

〔註68〕葉啟勳，《拾經樓紬書錄》（臺北：廣文書局，1967 年 8 月），卷上〈重續千字文二
　　　　卷提要〉，頁 62。
〔註69〕同註 48，頁 50。
〔註70〕參看：同註 45。
〔註71〕同註 3，〈收藏〉，頁 15 右～15 左。
〔註72〕同註 55，頁 320。

對此孫氏有深刻認知：「至於修補舊書，襯紙平伏，接腦與天地頭并，補破貼欠口，用最薄綿紙熨平，俱照補舊畫法，摸去一平，不見痕迹，弗覺鬆厚，真妙手也」。〔註73〕即是其例。

早先，對於書畫的修補技法，明代周嘉冑《裝潢志・全》亦曾云：「古畫有殘缺處，用舊墨不妨以筆全之。須乞高手施靈。友人鄭千里全畫入神，向爲余全趙千里《芳林春曉圖》，即天水復生，亦弗能自辨。全非其人，爲禍不淺」。〔註74〕可見，修補古畫殘缺時所使用的描摹法是一項極關鍵且技術性很高的工法，因此，對從事此種工作的專門人員的選擇上是要更仔細小心的。與書畫修補相同原理，有時宋元板舊書如果字體、行格有模糊不清處，也是可以運用描摹的方法去修補它，但要注意到的是，這種工作因也需要高超的技術，所以也是非專門的高手、專家而不能下手動筆的。對於書籍裝訂工作必須要有專業器材、材料與專業人員施行的情形，孫氏之前已有人闡述道：

> 唐《李長吉詩》明弘治壬戌寧國刻本開卷有製書雅意四則：一、紙用清水京文古干或太史連方稱。一、印用方氏徽墨、孫氏京墨，凡墨弗用。一、殼用月白雲綾紙，厚青絹椒表陰乾。一、裁用利刀，光用細石。俱付良工。〔註75〕

而孫氏所云：「而宋元板有模糊之處，或字腳欠缺不清，俱用高手摹描如新，看去似刻，最爲精妙」。〔註76〕即說明了此種需要專業人員的情形。

其實，孫氏對於藏書活動中一些需要專業技術的工作，像前面提到過的「覓善工裝訂」（購求則）、「集天下名手鈔錄『圖』書」（鈔錄則）、「書籍上板，必要名手校正」（校讎則）與此處的「高手描摹修補」，及下面提到的「精工寫書根之人」（編目則）與「名手集唐句刻於櫃門上」（收藏則）等等，可知在其書中，他都強調要適當的找尋一些專門的人員來處理，這不僅僅表現出其對藏書的愛護之意，更重要的是，當時與藏書相關的行業的熱絡情況與專業發展態勢，也一併在此有了最佳的展示。

不過，對於現代善本古籍修補工作的基本原則：「整舊如舊」〔註77〕（即最大

〔註73〕同註3，頁11左～12右。

〔註74〕同註48，頁22。

〔註75〕〔清〕繆荃孫輯，《藕香零拾》（臺北：廣文書局，1968年，據清光緒二十二年刊《藕香零拾》本影印），繆荃孫〈藏書記要跋〉引，頁15右～15左。

〔註76〕同註3，頁12右。

〔註77〕除了「整舊如舊」外，另有一「整舊如新」的原則。例如，由"中華人民共和國文化部"頒佈，"中國國家圖書館"負責起草的《古籍修復技術規範與質量標準・第

限度地保留善本古籍的原始面貌與風格。）來說。這種使用描摹法修補的方式則並非全然適當。因為，流傳至今的古籍已經不是很多了，為了古籍的學術利用價值著想，普通古籍、善本古籍的修補原則是應該有所區別的。也就是說，普通古籍的修補尚還能如此，善本古籍的話就萬萬不可了。亦即，「善本古籍在修復的揭裱過程中，須做到不傷一字。如果原書損壞嚴重，字迹已經模糊，或者欄線、版框線斷續不全，修復時也不能隨意補欄、劃欄、描字。因為對善本古籍來說，模糊的字迹、短缺的欄線，都是考証版本的重要依據」。〔註78〕

　　另外，對於一些年代久遠的宋元古舊書籍，他則採取糊裱「襯紙」補強與使用「護頁」來加強保護的方式。如其云：「凡書頁少者宜襯，書頁多者不必。若舊書宋元鈔、刻本，恐紙舊易破，必須襯之，外用護頁方妙」。〔註79〕即是其例。當然，這樣做之後雖延長了書籍的壽命，但有時也要付出一些代價。而書籍原貌的改變與所費不貲就是其中的兩項。例如，清乾嘉藏書家黃丕烈跋《宋五服圖解》一卷云：

　　　　龔端禮《五服圖解》一卷，見諸《讀書敏求記》，其《述古堂書目》以為元板，此冊即遵王舊藏也。因墨敝紙渝，損而重裝，復以襯紙副其四圍，不能賭舊時面目矣。裝成並記。〔註80〕

即是其例。

　　又，黃氏跋《毛詩傳箋》殘本□卷云：

　　　　此殘宋本《詩經傳箋》附釋文本，余得諸己巳年，鈔補於庚午年，猶未及裝潢也。頃又得一小字本，大同而小異。……茲藏二刻，居然相埒，後之得是書者，殆將由百宋一廛之簿錄而沿流溯源乎。喜而書此，以志余言之非妄云。辛未初冬復翁書於求古居。越月季冬望後一日裝成，原收及裝潢鈔補之費共計百金。〔註81〕

亦是其例。

一篇，古書修復技術規範》中所訂定的古籍修復原則：「3.3〈修復原則〉：修復工作的基本宗旨和準則。3.3.1〈整舊如舊〉：經過修復，儘量保持書籍原始面貌和裝幀特色，並注意保存原書文物價值、版本價值有關的相應材料。3.3.2〈整舊如新〉：僅限於襯紙及全書托、裱的書籍，修復後書籍呈現全新的面貌」。參見：黃潤華、杜偉生、張平等起草、執筆，《古籍修復技術規範與質量標準》（收錄於《中國古籍修復與裝裱技術圖解》中，北京：北京圖書館出版社，2003 年 8 月），頁 460〜466。

〔註78〕楊曉黎，〈略論圖書館善本古籍的修復〉，《圖書館工作與研究》2002 年第 6 期，頁 21。

〔註79〕同註3，頁 12 右〜12 左。

〔註80〕同註 11，卷一，頁 45。

〔註81〕同註 11，卷一，頁 7。

四、對近現代「古書」裝裱的影響

古代裝潢技藝的起源雖然很早，但較早期的裝潢相關技術理論，所提出的內容，則大都是針對「書畫」卷軸式樣為目標的裝裱理論。

例如，古代繪畫史料名著唐代張彥遠（生卒年不詳）的《歷代名畫記》卷三所載：「自晉代已前裝背不佳，宋時范曄始能裝背。宋武帝時徐爰，明帝時虞龢、巢尚之、徐希秀、孫奉伯，編次圖書，裝背為妙。……國朝太宗皇帝，使典儀王行真等裝褫，起居郎褚遂良，校書郎王知敬等監領，凡圖書本是首尾完全著名之物，不在輒議割截改移之限」。〔註82〕雖說，這是針對卷軸式「圖書」的裝背（裝裱）技術而論，但是以該書的撰寫目標而言，針對「書畫」相關問題的各式理論說明才應該是主軸，而它之所以會提到這些，乃是因為與書畫掛軸裝裱原理相同的卷軸式圖書，在當時還是書籍裝幀主流的緣故。

之後，如宋代米芾（1051～1107）《畫史》、《書史》的談論裱褙古畫、畫軸、畫帶；宋代趙希鵠（1170～1242）《洞天清祿集》的談及掛畫；宋末元初周密（1232～1298）《志雅堂雜鈔》對書畫用糊的論述、元代陶宗儀（1321～1407）《南村輟耕錄》的談論書畫掛軸形制等書畫專著或雜著，皆也都是針對「書畫」相關工法、材料而有的論述。

到了明清時期，裝潢技術可說愈加成熟，而就算是被譽為「古代中國第一部論述裝裱之專著」的明代周嘉冑的《裝潢志》，與其姊妹之作清代康乾間周二學（生卒年不詳）的《賞延素心錄》等書，其寫作目標仍舊是針對書畫裝裱技術而論的。雖然，其論述內容有時候會被拿來用在古書裝訂的說明補充上。

就這樣，在陸續出現的書畫裝潢專著的影響下，後來「在裝潢書畫的過程中，人們也逐漸豐富了典籍裝潢的知識」。〔註83〕

因而，時代在上述兩者後頭所出現的《藏書記要》就不相同了，其中的「裝訂」篇雖然只是該書的一則，但它卻是專就當時普遍流行的「線裝」式古籍裝訂技術而研討的專篇，所以其論述內容的參考功能不但不會因篇幅較小而降低其實用性。相反的，因為該書完全是針對藏書家收藏古籍的需要去撰述，而且書中所提示的心得或理論又是作者個人親身經歷、所見所聞下始得動筆撰定的，因此該書對私人藏書家的裝訂需要來說，當然具有很大的吸引力。

〔註82〕〔唐〕張彥遠撰、周曉薇校點，《歷代名畫記》（與《圖畫見聞志》合刊，瀋陽：遼寧教育出版社，2001年2月），〈論裝背裱軸〉，頁30～31。

〔註83〕周少川，《藏書與文化：古代私家藏書文化研究》（北京：北京師範大學出版社，1999年4月），頁230。

　　同時，更值得注意的則是，他不僅將前代書畫理論對於古書裝訂有參考價值的部分也吸收了（例如，書畫裝潢工作所要求的兩個重點：有熟練的好手、適當的材料等），並且還更進一步使之適用於書籍裝訂上（例如，前面所述及糨糊調製時添加特殊配料以防蟲蛀的技術）。

　　綜合上述，可以清楚知道《藏書記要‧裝訂》一則對於古代私人藏書家「古書裝訂」的重要參考性與價值所在。例如，對於清末藏書家葉德輝而言，孫氏的裝訂原則是值得他學習的，所以其《藏書十約‧裝潢》篇即參考了孫氏所論而撰，故其當然也是以「實用性」為出發點的作品。

　　總之，《藏書記要‧裝訂》可說是第一篇目的針對私人藏書家從事「古書裝訂」時的參考專著，不但對於圖書裝訂技術有重大參考功能，對近現代圖書館古籍部門的裝訂技術發展亦影響深遠。針對此點，現代圖書館學者曾謂：

　　　　「裝訂書籍不在華美、飾觀，而要護帙有道，款式古雅、厚薄得宜，
　　精緻端正」，這是孫氏確定的裝訂書籍之原則。孫氏在此具體詳盡地敘述
　　了裝訂形式、方法，指出各家裝訂之好壞。這些理論對我們今天古籍裝訂、
　　修補及古書保護無疑有重要的指導作用。〔註84〕

即是孫氏對於近現代圖書館古籍部門裝訂古書工作的重大貢獻之說明。

〔註84〕王昭華，〈孫從添與《藏書紀要》〉，《四川圖書館學報》1991 年第 4 期，頁 79。

第七章 《藏書記要》藏書建設思想與方法（下）：有關「維護」方面

第一節 書籍安置分類「編目」

「隨著社會的進步，經濟文化的發展，作為知識載體的書籍愈來愈多。在這種情況下，為了以簡馭繁，便於尋覽，編制綱紀性的目錄著作就成了自然而然的事情」。〔註1〕的確，對於古代私人藏書家們來說，辛苦收藏圖書無非是要利用。如果書籍數量不多，自己還能知道書放在那裡、有什麼書可看，但是漸漸的，圖書的數量、種類超過了人類的記憶負荷，這時思考編制一部登錄藏書的目錄來供查找也就勢在必行了。例如，明代藏書家高儒（生卒年不詳）談到藏書目錄的基本作用，深有體會的說：

> 書無目，猶兵無統馭，政無教令，聚散無稽矣。閒居啓先世之藏，發數年之積，不啻萬卷。各以類從，少著大意，條目昭明。一覽之餘，仰見千載聖賢用心之確，非擅虛名，實資自勵，庶慰先人教子之心，以這聚散不常之誚也。〔註2〕

這一點，孫從添亦不例外。畢竟，以當時書籍絕大部分還是線裝的樣式來說，就算其藏書量並不太多，但還是顯得龐大不容易掌握，所以藏書目錄對他而言是必要的。

藏書家為了方便利用和掌握藏書，重視編制反映自己藏書的目錄。因而，古今

〔註1〕 馮浩菲，《中國古籍整理體式研究》（北京：高等教育出版社，2003 年 7 月），頁 199。
〔註2〕 〔明〕高儒，《百川書志》（與《古今書刻》合刊，上海：上海古籍出版社，2005 年 11 月），〈百川書志序〉，頁 2。

中外私家藏書目錄的出現，既是層出不窮、種類豐富也是形式各異的。以孫氏所生活的清代爲例，「清代是我國古典目錄學發展的鼎盛時期，其中固然有以《四庫全書總目》爲代表的國家目錄，有以《明史・藝文志》爲代表的史志目錄以及大批補志目錄、地方目錄、專科目錄等，但是無庸置疑，清代目錄編制的數量以私藏目錄爲冠，它以著述數量多，記錄範圍廣的優勢，爲部次群書，著錄古籍做出了巨大的貢獻」。〔註3〕

更何況，編制一部能夠反映所藏書的目錄，更是圖書入藏後的重要工作事項，這則是因爲「聚書固然不易，聚後不加整理編帙，庋架列藏，以供取閱，則無異廢紙一堆。入藏後不能善加管理，任令毀散，則書越聚越少，反累及珍善秘本，不如不聚」。〔註4〕對此，孫氏心有所感而特別看重，事實上也花費了不少心力去思索編制。所以說，想要編好一部適合利用的藏書目錄，不但需要有特定專業知識的人員，同時也必須花費很多時間，因而，孫氏所說：「藏書四庫，編目最難。非明於典籍者不能爲之」。〔註5〕即是由此而發。

另一方面，雖然「古代公私藏書的編目工作實際包括分類與編目兩項。但分類之法，各家見解互異，部次類目多有不同，其源流變遷與優劣長短，已成中國目錄學的專門學問。此處所謂編目，是指藏書家對書籍入藏後的著錄登記工作」。〔註6〕畢竟，孫氏對於圖書目錄學的重要理論貢獻，乃是針對其平日實際藏書的著錄工作而有的。

確實，我們從《藏書記要・編目》所云：「大凡收藏家編書目有四，則不致錯混顛倒遺漏草率。檢閱清楚，門類清晰，有條有理，乃爲善於編目者」。〔註7〕可清楚看到，孫氏所謂「編目」乃是針對「收藏家」藏書登錄的實際需要而論述的。當然，藏書目錄既然必須要能夠反映藏書家全部的藏書，而門類清晰、方便檢閱也就是該目錄的重點所在了。

爲了指導藏書家們有條有理的檢閱、掌握圖書，不使所藏圖書因爲編目錯亂而被遺漏，孫氏提出長期經驗下所思索的想法，亦即：要編制有適合各種情況需要的

〔註3〕 周少川、劉蕾，〈清代私藏書目知見綠〉，《書目季刊》第三十三卷第四期，2000年3月，頁101～128。而據他們的尋檢、研究，則共查得清代私藏書目總計有430家，628種之多，更可見清代私人藏書家編制書目的興盛風氣。

〔註4〕 李家駒，〈我國古代藏書樓的典藏管理與利用（上）〉，《教育資料與圖書館學》第25卷第1期，1987年，頁104。

〔註5〕 〔清〕孫從添，《藏書記要》（台北：藝文印書館，1966年，據清嘉慶十六年《士禮居叢書》本影印），頁12左。

〔註6〕 同註4，頁104。

〔註7〕 同註5，頁12左。

四種特定目錄，才能做到「無遺而有條目矣」的境界。此四種目錄是：一、藏書總目──即「大總目錄」。二、特藏目錄──即「宋元刻本、鈔本目錄」。三、排架目錄──即「分類書櫃目錄」。四、專用目錄──即「書房架上書籍目錄及未訂之書、在外裝訂之書、鈔補批閱之書目」。

以下，依序探討這四種目錄的編目要求、內容特點及其於古今藏書樓、圖書館圖書編目理論上的重要影響。

一、藏書目錄編制的要求及內容特點

（一）大總目錄

為了方便管理所藏圖書，古今藏書家都會編制這樣的一種目錄：「大總目錄」。因為，歷來每個藏書家都幾乎會編上一部「藏書總目」，而過去藏書家的編制焦點似乎也都放在所分類目的取捨上，因而，就書目的「分類」歸屬功能方面來說，到了清代也已經發展到相對完善或無法再有獨特發展的情況。所以，孫氏不再思考從分類編排的方向去改進，也就是說，在書目的分類編排方面，只要按照一般藏書目錄的成法就行了。如其所云：「分經史子集，照古今收藏家書目行款，或照《經籍考》〔註8〕、《連江陳氏書目》〔註9〕俱為最好，可謂條分縷晰精嚴者矣」。〔註10〕即是其例。

雖然，孫氏所推薦的元代馬端臨《文獻通考·經籍考》與明代陳第《世善堂藏書目錄》等書的著錄內容還是稍嫌簡單，但至少，對他而言是一個可供思考改進的參考藍本。況且，這些目錄編制的目標也大多是以方便檢閱為基本要求的。例如，明代藏書家陳第在談到藏書目錄的檢索功能時曾云：

> 吾性無他嗜，惟書是癖，雖幸承世業，頗有遺本，然不足以廣吾聞見也。自少至老，足跡遍天下，遇書輒買，若惟恐失，故不擇善本，亦不爭價直。又在金陵焦太史、宣州沈刺史家得未曾見書，抄而讀之。積三四十

〔註8〕 即元代馬端臨（1254～1323）所編撰《文獻通考·經籍考》。馬端臨，字貴與，饒州樂平人。宋末宰相馬廷鸞之子，宋元之際著名的史學家。該目錄並非藏書目，著錄的書也不一定是他當時現存的書，他完全是根據宋代晁公武《郡齋讀書志》、陳振孫《直齋書錄解題》、《崇文總目》等書目，以及各家筆記雜說、詩文序跋等說法排比而成。該目錄的分類為「經、史、子、集」四部，五十六類。

〔註9〕 即明代陳第（1541～1617）所編撰《世善堂藏書目錄》。陳第，字季立，號一齋，福建連江人，明代著名音韻學者及藏書家。該書目僅著書名、卷數及撰人姓名。偶有敘釋說明，但極簡略。此目錄分類為「經、四書、子、史、集、各家」六部，六十三類。

〔註10〕 同註5，頁12左～13右。

餘年，遂至萬有餘卷，縱未敢云汗牛充棟，然以資聞見，備採擇，足矣足
矣。今歲閒居西郊，伏去涼生，課兒僕輩曬晾入籯，粗爲位置，以類相從，
因成目錄，得便查檢。〔註11〕

可見，不論是在其人的藏書態度上，或是與孫氏所認爲編目的首要目的：「重視實際
的查找功能」上。兩人的基本精神都是相符的。

所以在這裡，孫氏編目方式較特別的地方，也就在書目編制時「著錄項目」的
詳細程度與內容創新上了。另外，孫氏更要求書目前後要有序、跋，則是著眼於「序
跋」的實用性，亦即它可以揭示書目內容概況的功能上。〔註12〕如其云所：「前後
用序跋，每一種書分一類，寫某書、若干卷、某朝人作，該寫著者、編者、述者、
撰者、錄者、注者、解者、集者、纂者，各各寫清，不可混書。係宋板、元板、明
板、時刻，宋元鈔、舊鈔、明人鈔本、新鈔本，一一記清。校過者寫某人校本，下
寫幾本或幾冊，有套無套」。〔註13〕

雖說，「從漢至清，圖書目錄類型不斷創新，圖書目錄的編排體例特別是目錄的
著錄事項也經歷了一個由簡略到完善的逐步發展過程。」〔註14〕但是，「明代書目
於著錄項目頗爲隨意，官目如《文淵閣書目》往往不標著者，影響所及，各目多苟
簡。孫氏對於著錄項目的強調顯然與這種情形有一定的關係」。〔註15〕因而，上述
的講法，恰恰說明了生長在清代的孫氏對於編目理論的的第一個貢獻乃在於：對藏
書總目「著錄項目」的完備與基本確定上。

前此，各家私人「藏書總目」在著錄項目上是各行其政的。例如，有些目錄
只著錄了書名、卷數、作者而不題朝代（如朱睦欅（1518～1587）《萬卷堂書目》）；

〔註11〕〔明〕陳第編撰，《世善堂藏書目錄》（《續修四庫全書》第 919 冊，上海：上海古籍
出版社，2002 年 3 月，據清乾隆六十年鮑氏刻《知不足齋叢書》本影印），〈一齋公
世善堂藏書目錄題詞〉，頁 491。

〔註12〕例如，學者說到古今書目前後序言、序例的功能云：「古代書目前有總序，說明書目
的內容；現代書目一般編寫序言、序例。序言又稱前言、引言，主要說明編制意圖、
編制過程和編制人員情況等。序例也稱凡例、編例、編輯說明，是任何一部書目不
可缺少的部分。序例主要說明編排體例，指明檢索方法。大致有五項內容（1）編制
目的、用途和讀者對象；（2）收錄範圍說明；（3）文獻編排順序的說明；（4）著錄
格式的說明或舉例；（5）輔助索引及其用法」。參見：柯平編著，《文獻目錄學》（開
封：河南大學出版社，1998 年 8 月），頁 178。

〔註13〕同註 5，頁 13 右。

〔註14〕李曉新、楊玉麟、李建軍編著、鍾守眞審訂，《文獻編目教程》（天津：南開大學出
版社，1995 年 10 月），頁 329。

〔註15〕彭斐章主編，《目錄學教程》（北京：高等教育出版社，2005 年 12 月），第二章第七
節〈四、孫從添的目錄學思想〉，頁 91。

有些則著錄有書名、卷數而偶題作者（如陳第《世善堂藏書目錄》）；有些則只著錄書名、冊數而無作者（如趙用賢（1535～1596）《趙定宇書目》、趙琦美《脈望館書目》）。

　　雖說，它們皆為私人藏書目錄，因為藏者自身的使用考量而無所謂好壞之分。但就方便後世讀者利用的角度來說，它們本來就都是「簡單著錄式」的藏書目錄，所以如果稍微詳細一些的話，並不會耗費太多筆墨。重要的是，如此一來最明顯的助益，則是因此而對使用者所產生的重要參考價值。因而，孫氏倡導較完備詳盡的「著錄項目」，是有實際使用考量的。

　　而就某一圖書的作者到底是或編、或纂、或述的問題來說，孫氏則認為應當要有個釐清，這不僅僅只針對作品產生方式不同，而內容也隨之有異而發，更重要的則是，如果能確實寫明著述方式，讀者看到書目時，對此作品的內容大概則能先有基本了解。

　　在目錄書中著錄版本是讓使用者首先認識圖書的主要方式之一。根據清末葉德輝《書林清話》的說法可知，〔註16〕南宋藏書家尤袤因為讀的書多，知道了這種方法的必要性，首先就在《遂初堂書目》中著錄了所藏書籍的各式版本。踵事增華，而後就有很多藏書家比照此法著錄。到了明清時期，目錄著錄版本之風更加盛行，諸如明代晁瑮（？～1560）《晁氏寶文堂書目》與清初錢曾所編《述古堂書目》、《讀書敏求記》等，即是當中的知名作品。

　　但是，他們所錄既無法全面（如晁瑮《晁氏寶文堂書目》為偶記版刻）、範圍也稍嫌狹隘（如錢曾《讀書敏求記》只選錄善本）。故相較之下，孫氏對於「藏書總目」仍要求著錄有「宋板」、「元板」、「明板」、「時刻」、「宋元鈔」、「舊鈔」、「明人鈔本」、「新鈔本」與「校本」等項目的作法即顯得更加周到。

　　現代目錄學者嚴佐之先生在討論及清代私家藏書目錄的特點時，針對清代私藏書目「著錄項目豐富化」、「編纂方法理性化」等等特點，即特別以孫從添《藏書記要·編目》中關於上述「要求藏書家們要編纂有四種藏書目錄」與「著錄項目種類完備」的特色為例子來說明，可見其對孫氏這一整套編目主張的推崇之意。〔註17〕

〔註16〕其說法：「自鏤板興，於是兼言板本。其例創於宋尤袤《遂初堂書目》。……目中所錄，一書多至數本。有成都石經本，秘閣本，舊監本，京本，江西本，吉州本，杭本，舊杭本，嚴州本，越州本，湖北本，川本，川大字本，川小字本，高麗本。此類書以正經正史為多，大約皆州郡公使庫本也」。參見：〔清〕葉德輝，《書林清話》（與《書林餘話》合刊，長沙：岳麓書社，2000年4月），卷一〈古今藏書家記板本〉，頁4～8。

〔註17〕嚴佐之，《近三百年古籍目錄舉要》（上海：華東師範大學出版社，1994年9月），〈清

緊接著，因爲該目錄是「大總目錄」的緣故，書籍的不斷增加不但全部反映在此目錄上，而且速度想必也是很快的（如果跟善本「特藏書目」相比的話）。所以，事先預留可以隨時增加著錄圖書的目錄空間也就很重要了。針對這點，孫氏則想得很長遠，如其云：「一種門類寫完，後存白頁，以備增寫新得之書」。〔註18〕即說明其長遠的眼光。

可見，他的作法不但考慮周到，而且的確很先進。雖然歷史的發展說明了：「到了清末民初，西方文化逐漸傳入中國，各種新型圖書館紛紛開辦，傳統的封建藏書樓日漸衰敗，……傳統的書本式目錄已不再適應新型圖書館的需要，而被西方傳入的卡片式目錄所替代」了。〔註19〕但是，儘管清末時傳統的「書本式」目錄相較於後世「卡片式」目錄的彈性空間優勢顯得很不實用，可是當時一些藏書量較少的單位，如果可以使用孫氏預留書目著錄空間的彈性作法的話，相信短時間內書目空間是不至於匱乏的。

當然，一般書目的編制總是要供人利用與查閱，因而此書目所錄之書也順理成章成爲可流通的書，所以這部目錄編好後不但要妥善裝訂也要好好收藏，畢竟唯有如此才能行之久遠。

另一方面，因爲這些書籍隨時都會有人利用、借閱，因此，能夠具體知道個別圖書的冊數與函套式樣以及收藏總數目，也就成了很重要的事。對此，孫氏是有特別設計的，如其所云：「下寫幾本或幾冊，有套無套。……編成一部，末後記書若干部，共若干冊，總數於後，以便查閱有無，將來即爲流傳之本。……寫清裝成藏於家」。〔註20〕藏書家如果能掌握所藏書的種種外在形質，管理圖書時一定會更事半功倍。

大凡古代目錄學「編目之法，仍依類別爲序；同類之中，多以時代爲次」。〔註21〕雖說，書目著錄圖書的次序總是依其著述年代先後而定，但有時候某些書籍的撰作年代因一時無法準確判定，而常常會影響到藏書家著錄工作的進度。不過，沒有關係，因爲藏書家至少對所收圖書的獲得時間是清楚的，所以一旦遇到年代無法決定的書籍，其現實取得的時間先後，則是可以用來暫定著錄次序的。因此，對於書籍時間先後無法確定的問題，孫氏採取這種變通的方法：「其分年代不能全定，因得書先後不

　　代私家藏書目錄瑣論（代前言）〉，頁1～2。。
〔註18〕同註5，頁13右。
〔註19〕同註14，頁328～329。
〔註20〕同註5，頁13右。
〔註21〕姚名達，《中國目錄學史》（臺北：臺灣商務印書館，1988年2月），頁427。

一，就其現在而錄之可也」。〔註22〕

　　另外，關於「釋道二氏之經典、語錄」等等宗教類書籍的編目歸屬問題，〔註23〕他則採用從晉代荀勖（？～289）《晉中經新簿》及南朝宋王儉（452～489）《七志》等目錄以來的傳統作法，亦即：將這些佛、道經典跟一般四部書籍相區別，而放在最後面當成附錄。

（二）宋元刻本、鈔本目錄

　　「我國雕版印書，肇始於唐代，迄宋而大盛。然而一直到明正德年間以前，還未聽說有特別珍視宋版者。自明代中葉以後，覆刻宋版的風氣甚盛，藏書家開始寶宋刻。……明末常熟的毛子晉，更張貼告示，出高價徵求宋版，計葉付錢。到了清代，錢牧齋謙益、季滄葦振宜等人復倡之於前，黃蕘圃丕烈、吳兔床騫等更推波逐瀾於後，不僅寶宋，而且珍元」。〔註24〕自此而後，則造成了目錄書著錄版本的盛行狀況。學者談到清初版本目錄的興盛，與孫氏慢慢吸取各家精華而成的編目理論時，如此說道：

> 《讀書敏求記》不僅恢復了私藏書目的解題傳統，更開了藏書題跋記目錄體裁的先例，並爲清代私藏目錄講究版本、突出版本的風格奠定了基石。另外，如《傳是樓書目》、《季滄葦書目》、《汲古閣珍藏秘本書目》等，……正因爲有了這近百年書目實踐的經驗累積，才有了乾隆初孫從添《藏書紀要》對私家藏書樓書目工作的全面總結。〔註25〕

當然，孫氏關於善本特藏目錄的編制看法，則只是其中的一項總結而已。

　　另一方面，傳世不易的宋元舊刻與舊鈔書籍流傳到了清代既已變成了稀世之寶。對藏書家們來說，這些珍秘圖書不但在內容、外在上是比較合乎眞實與美觀的，且在歷史文物價值上更是非凡。因此，上述「佞宋」藏書家們爲了妥善保護這些珍本書籍，採取了一些相應的作法，其中，除了「珍秘而不輕易示人」的保守態度外，就屬「編制善本特藏目錄來加強管制」最爲方便有效了。

　　孫從添對於所藏珍貴書籍的態度亦是如此，不過較特別的則是「孫從添從各種宋元刻本和鈔本的科學文化價值和歷史文物價值這兩個角度出發，提出必需對這部分珍藏實行特殊的管理和編目是有其科學根據的」。〔註26〕而以下，孫氏對於所藏

〔註22〕同註5，頁13右。
〔註23〕同註5，頁13右。
〔註24〕昌彼得、潘美月，《中國目錄學》（臺北：文史哲出版社，1991年10月），頁59～60。
〔註25〕同註17，頁2。
〔註26〕陳少川，〈孫從添的圖書編目理論淺析〉，《晉圖學刊》1989年第4期，頁55。

珍貴圖書的縝密管理，即是這種善本目錄合乎科學方法的一種表現：「二編宋元刻本、鈔本目錄，亦照前行款式寫。但要寫明北宋、南宋、宋印、元印、明印本、收藏跋記、圖章姓名、有缺無缺、校與未校。元板亦然，另貯一櫃，照式行款寫之。櫃用封鎖，不許擅開。精鈔、舊鈔、宋元人鈔本、祕本，書目亦照前行款式寫，但要寫明何人鈔本、記跋、圖章姓名、有缺無缺，不借本，印宋鈔本，有板無板，校過者書某人校本，或底本、臨本，錄成一冊」。〔註27〕

　　該書目在「大總目錄」的基礎上，針對其著錄的目標，要求增加必備的內容。其中，針對藏書家特別會宣示其對宋元舊刻、舊鈔擁有權的特性，他則認為要有「收藏跋記」、「圖章姓名」等項目的著錄。此外，當然越稀有的東西越是可能會殘缺，也更受到藏書家們的重視並思索整理。所以，「有缺無缺」、「校與未校」也常是需要仔細檢視與著錄的項目。這種針對高價值圖書而相應採取的著錄方式，的確是合乎實際使用情況的。

　　當然，孫氏所編的《上善堂宋元板精抄舊抄書目》雖然著錄內容較簡單，但卻是一部基本符合其善本目錄理論的實踐性著作。對該書目本身及裡頭著錄的書籍，清末藏書家趙詒琛亦表示了極高的推崇之意：「近從虞山丁君芝孫借得《上善堂書目》一冊，即石芝藏書也。分類極詳，並注明名人校藏本，大都天壤瑰寶，驚人祕笈」。〔註28〕

　　依據書名，該目錄的收藏範圍是宋版、元版、精鈔與舊鈔等較珍貴的圖書。當中，精鈔本則包括有名人鈔本、景宋鈔本等，合之上述與校本，則其類別共分有：1、「宋板」。2、「元板」。3、「名人鈔本」。4、「景宋鈔本」。5、「舊鈔本」。6、「校本」。等六種。

　　該目著錄項目與格式，雖未如其理論般完備，但著錄項目卻比一般簡單著錄式書目完整、統一與清楚。例如：

1. 「宋板」類：「宋板《周易義疏》二十卷，十行本，缺三卷，馮巳蒼鈔補，有毛子晉跋」、「宋板《莊子註疏解》三本，不全，述古堂藏本，唐寅批校」。

2. 「元板」類：「元板《劇談錄》三卷，照宋本校，葉石君藏本」、「元板《文章正宗》一部，汲古閣藏本，毛斧季照宋本校過，有跋」。

3. 「名人鈔本」類：「文衡山手鈔《法書目錄》六卷，絳雲樓藏本，有董文敏

〔註27〕同註5，頁13右～13左。
〔註28〕〔清〕孫從添，《上善堂宋元板精抄舊抄書目》（《宋元版書目題跋輯刊》第二冊，北京，北京圖書館出版社，2003年6月，據民國瑞安陳氏刻《敆漻齋叢書》本影印），趙詒琛〈上善堂書目跋〉，頁463。

跋」、「趙凡夫手鈔《草篆說文》十本，自序并跋，馮巳蒼跋」。

4. 「景宋鈔本」類：「景宋鈔《李太白集》十本，汲古閣藏本，有陸貽典校」、
「景宋鈔《趙子昂分類唐詩》一百卷，每卷末俱有葉石君跋」。

5. 「舊鈔本」類：「舊鈔何晏《論語集解》十卷，汲古閣藏本，有葉石君跋」、
「舊鈔《戎幕閒談》一卷，有葉石君跋，孫岫藏印」。

6. 「校本」類：「王本《史記》，陸貽典校宋本，有跋」、「《六書精蘊》，魏校底
本，後附手札，趙清常藏本」。〔註29〕

由上，可知其對於諸如「版本類型」、「書名」、「卷、冊數」、「完、缺」、「鈔錄
之人」、「校對之人」、「校對底本」、「藏印」、「何人題跋」、「何人藏本」等等項目，
都作了詳略不一的著錄。之後，時代慢慢推移，版本之學的發展也與時並進，看起
來孫氏豐富「著錄項目」的作法依舊立意甚佳，但它卻只算是「簡錄式版本目錄」。

因而，在清中葉後普遍流行的「提要式版本目錄」面前，它是相形見拙的。吾
人從清末藏書家繆荃孫所揭示的提要目錄撰寫原則中，則可以看到這種時代差異：

　　　　因分四部，勒成一編。先舉書名，下注何本；舉撰人之仕履，述作者
　　之大意；行款尺寸，偶有異同，必詳載之；先輩、時賢手迹、題跋、校讎
　　歲月，源流所寄，悉爲登錄，使人見目如見此書。收藏印記，間登一二，
　　不能備載也。〔註30〕

畢竟，孫氏仍是清初時期的人物，「當然孫從添提出的圖書編目理論還是有不足之處
的，但他畢竟是數百年前的歷史人物了，在他所處的年代，其思想必定會受到當時
社會現狀的影響，關於這一點，我們是不能苛求於古人的」。〔註31〕

最後，既然這個善本目錄所記皆是難得之書，所以就算只是目錄，也要妥善保
管不輕易借觀。於是，他說：「雖目錄亦不可輕放，恐人借觀遺失。非常行書籍，皆
罕有之至寶，收藏者慎之寶之」。〔註32〕雖然，這是人之常情，但亦顯示古代藏書
家們「珍秘不隨便示人」的普遍陋習。

例如，孫氏同鄉前輩藏書家錢曾在編制完成《讀書敏求記》後就也是如此。而
清代初期藏書家吳焯所說：

　　　　錢遵王此書成，扃置篋中，出入每自攜。靈蹤微露，竹垞謀之甚力，

〔註29〕同註28，頁411、411、418、422、426、428、436、437、443、443、459、460。
〔註30〕〔清〕張鈞衡編撰，《適園藏書志》（臺北：廣文書局，1968年3月），繆荃孫〈適
　　　　園藏書志序〉，頁1～2。
〔註31〕同註26，頁57。
〔註32〕同註5，頁13左。

終不可見。後典試江左，遵王會於白下，竹垞故令客置酒高讌，約遵王與
偕。私以黃金翠裘予傳書小史啓鐍，預置楷書生數十於密室，半宵寫成，
而仍返之。〔註33〕

即具體生動描述了朱彝尊對該善本書目的汲汲求取之心與錢曾對所撰所藏善本書目
「秘不示人」的神態。

（三）分類書櫃目錄

「詳細的編目和井然有序的排架，可使藏書有完整的紀錄與固定的放置所在，
便於取閱和清點，如有損傷或遺失也易於查覺，是典藏管理的第一步工作」。〔註34〕
所以，在必要的大總目錄與善本書目以外，孫氏則認爲要再編有「分類書櫃目錄一
部，以便檢查而易取閱」。〔註 35〕即是基於方便讀者找書與藏書家有效管理藏書的
目的而實行。

這種依照書櫃順序來編排的藏書目錄，編纂目的畢竟只是爲了便於存放與查
閱，因而，各書櫃內的圖書大都還是按照傳統的四部分類法來排列。事實上，在孫
氏之前或後，亦有類似的藏書目錄產生。例如，明代楊士奇（1365～1444）所編的
《文淵閣書目》，依照千字文的順序，從「天」字到「往」字，共分有二十卷五十個
書櫥。每個字號包括若干櫥，號內排列書櫥順序，如稱「天字號第一櫥」、「天字號
第二櫥」之類。編目時依次根據「字號」、「櫥序」、「類型」，登記上簿，則成了一部
完整的書目。該目對於每部圖書的著錄，基本上則爲「書名」、「部數、冊數」、「存、
闕」等三項。之後，明末藏書家趙琦美《脈望館書目》與清初藏書家汪憲（1721～
1771）的《振綺堂書目》亦有相似做法。

總之，這種依照書櫥、書櫃順序來編排的目錄，因爲極明白地顯示了藏書的位
置，所以對於管理與查閱來說則是有很大的幫助。例如，藏書家若想「清點」所藏
圖書的話，這種按照書櫃著錄的目錄當然是最合適的。而現今圖書館藏書清點方法
中，也有所謂的「排架目錄清點法」，〔註36〕即是此種類型的藏書目錄能運用於古

〔註33〕〔清〕葉昌熾著、王欣夫補正，《藏書紀事詩（附補正）》（與《辛亥以來藏書紀事詩》
　　　　合刊，上海：上海古籍出版社，1999 年 12 月），卷四錢曾條引吳焯〈敏求記跋〉，
　　　　頁 345。
〔註34〕同註4，頁 105。
〔註35〕同註5，頁 13 左。
〔註36〕排架目錄清點法：「大中型圖書館由於藏書數量較多，一般都備有排架目錄（又稱典
　　　　藏目錄），以反映藏書在書架上的排列順序。排架目錄的排列順序與藏書在書架上的
　　　　排列順序完全一致，……因此，用排架目錄逐一核對藏書，能夠使清點迅速而又準
　　　　確」。參見：吳慰慈、劉茲恒編著，《圖書館藏書》（北京：書目文獻出版社，1991

今藏書管理的絕佳證明。

以下，即是孫氏編制此種目錄的詳細做法：「先將書櫃分編字號，櫃內分三隔，櫃門背左實貼書單三張，分上中下，各照櫃隔寫書目本數於上，以便查取。右門背貼書數目，亦分三張上中下。另寫一長條於傍，記書總數目。而所編之書目，照櫃字號，亦分寫上中下三隔。先寫經部，某字號櫃內上隔某一部若干卷，某人作、某板、共幾冊。上隔共書若干部、共若干本，二三隔照寫。一櫃則結總數。都寫完，則寫大總結數於末行後頁」。〔註37〕

一般而言，現代圖書館則都使用「索書號」。而索書號（Call Number）又稱「排架號」，由分類號及著者號、部次號、年代號、冊次號、特藏號等所組成。為圖書排架、讀者索書和清點藏書的依據。例如，過去筆者於所就讀的臺北大學圖書館借了清代學者周中孚《鄭堂讀書記》（分上、下兩冊），上冊索書號即為：「011.69 7752 54 V.1」，其中011.69為「分類號」、7752為「著者號」、54為「年代號」、V.1則為「冊次號」。

對比孫氏分類書櫃目錄與現今圖書館的索書號排架，可以得到幾點啟示。第一，它們都能為讀者找書服務，不過現代圖書館有電腦輔助檢索，所以比較快速。第二，孫氏「先寫經部」就好比是「分類號」、「某人作」就好比是「著者號」、「某板」就好比是「年代號」，而「若干卷」、「共幾冊」則是「冊次號」。第三，孫氏目錄可能只為個人服務，現代圖書館則公開於大眾。最後一點，不管就方便性或實用性來看，現代圖書館的作法當然是相對先進的。

另外，如上所述，這種「分類書櫃目錄」，因為極清楚的顯示了藏書的位置與數量，所以「此本書目最為要緊，須託誠實君子經管，庶可無弊」。〔註38〕也就是說，孫氏認為這種書目還可以成為「借閱」時的登記簿冊來使用，所以接下來他所說：「如有人取閱借鈔，即填明書目上，某年某月某日某人借或取閱。一月一查。取討原書，即入原櫃，銷去前註。借者更要留心，若一月不還，當使催歸原櫃，不致遺失」。〔註39〕即是就該書目所附加具備的「借閱」、「查核」、「催還」等等管制性的功能來作闡述與說明。

（四）書房架上書籍目錄及未訂之書、在外裝訂之書、鈔補批閱之書目

與上述各種圖書的穩定情況不同，另外還有一些書籍則不斷處於變動的使用狀態。例如，閱覽書架上的待看書籍、待校圖書、等待檢整裝訂、鈔補批校的書籍等等。

　　　年2月），頁222。
〔註37〕同註5，頁13左～14右。
〔註38〕同註5，頁14右。
〔註39〕同註5，頁14右。

處置這些圖書，孫氏認為要再編制幾種特定目錄，才能更有效管理與控制而不至於遺漏、忘失。所以，針對這些書，他認為：「四編書房架上書籍目錄及未訂之書、在外裝訂之書、鈔補批閱之書，各另立一目，候有可入收藏者，即歸入櫃，增上前行各款書目內可也」。〔註40〕即是專就此類書籍的隨時變動性，而去思考編制。

面對此種目錄前所未有的觀照處，學者甚至認為這將成為該書目能超越現今圖書館目錄的地方：

> 孫氏所述，超過現代圖書館之處，還有對於未清理圖書也編一目錄叫做「編書房架上書籍目錄」。即「編書房」中架上「未訂之書，在外裝訂之書、鈔補、批閱之書各另立一目，候有可入收藏者，即歸入櫃，增上前各款書目內可也」。這個「編書房」相當於現代圖書館「採編部」，而對採編部暫存書籍及未清理圖書也編一目錄，實在前所未聞，但細想之下，有此一目錄，對於掌握圖書情況，保證藏書完整無缺，實在是大有好處，簡直妙不可言。〔註41〕

即是就此種目錄對於收藏單位全面掌握暫存性書籍、待整性圖書存藏情況的特殊功能而論。

事實上，現代某些圖書館古籍部門對於待修補、整治的古籍，亦採用標注於線上目錄的方法來掌握。例如，中央研究院歷史語言研究所傅斯年圖書館網頁介紹其作法云：

> 為詳細記載破損書籍之狀況，特製「待修圖籍現況紀錄表」，除記載書況外，更於修裱時記載所用修復材料，以為後代重修之參考依據。凡此等項目均建檔列管，並在線上書目記錄上加以註記，載明書籍之流向及處理狀況，以方便流通管理及讀者之查詢檢索。〔註42〕

可見，傅圖目的與孫氏基本相同，但作法則有一些異同。

最後，針對編目時所會遇到的技術性事務：亦即為了方便排架、陳列書籍所必要的「書寫書根」與「製作挂簽」工作。孫氏則依據其親身經歷與所見所聞作了仔細的說明，如其所云：「寫書根，用長方桌一隻，坐身處桌面中挖一塊板，中空五本書厚縫一條，挾書於中，紮緊，書與桌平，照書名行款卷數，要簡而明，細楷書寫之，用墨筆畫勻細清朗，乃為第一。虞山孫姓行二者，寫書根最精，一

〔註40〕同註5，頁14右～14左。
〔註41〕王仁富，〈我國清代圖書館學的重要著作——讀孫慶增《藏書記要》〉，《吉林省圖書館學會會刊》1981年第3期，頁120。
〔註42〕參見：http://lib.ihp.sinica.edu.tw/c/中「典藏精粹」項目的「珍藏維護」部分。

手持書，一手寫小楷極工，今亦罕有能者。書上挂籤用礬紙或細絹，摺一寸闊，照書長短夾籤於首冊內，挂下一二寸，依書厚薄爲之，上寫書卷名數，角用小圖章」。〔註43〕

　　雖然，上述「寫書根」是屬於「書籍裝幀」技術的範圍，但因爲古代的線裝書在書架上都是平放的，藏書家爲了方便找書，在書根處寫明書名、卷冊數也就顯得必要了。另外，畢竟藏書家並非無所不能，如能找到善於楷書的專業人員負責去寫書根的話，當然是最理想的。

二、對古代藏書樓與近現代圖書編目理論的啓發

（一）對於私人藏書目錄編制的指導性作用

　　高深的學術理論往往影響深遠，而孫氏的編目理論亦因極具實用性而受到後世藏書家們的重視與仿效。對於此點，近代目錄學者姚名達（1905～1942）曾如此說：

> 　　南宋尤袤之《遂初堂書目》……，則書名之外，更繫卷數及撰人，如有數種版本，則兼載之。此例一開，遂成後世最習用之體質，現存明清二代之藏書目錄，十分之八皆此類也。論此道最精者爲清孫從添之《藏書紀要》。其第六則編目有云：……。向來藏書目錄，其精詳者大體均準孫氏此例，但普通祇有第一種大總目錄刊行於世，藏善本者則有第二種善本目錄行世，至於第三種書櫃目錄，架上目錄僅專爲度藏檢尋之用，未有宣傳於外者也。〔註44〕

的確，孫氏的編目理論及其實踐對於後世藏書家們編制藏書目錄時的示範性作用是不可小看的。

　　茲以其「宋元刻本、鈔本目錄」理論爲例。可知，在孫氏的特藏目錄《上善堂宋元板精抄舊抄書目》出現以後，私人藏書家們就常常會選擇如此編目。

　　例如，清代中葉藏書家孫星衍（1753～1818）的《平津館鑒藏書籍記》三卷，依版本類型分爲「宋版、元版」、「明版」、「舊影寫本、影寫本、外藩本」三類；清末藏書家瞿世瑛的《清吟閣書目》四卷，就依版本分爲「抄本」、「名人批校本抄本」、「名人批校刊本」與「影宋元抄本」四類；清末藏書家江標所編《（豐順丁氏）持靜齋宋元校鈔各本書目》一卷，亦依照版本類別編排爲「宋本」、「元本」、「抄本」、「校本」等四類等等，皆是其例。

〔註43〕同註5，頁14左。
〔註44〕同註21，頁170～173。

（二）與現今圖書館古籍著錄大體相同的完備著錄項目

現今圖書館的所謂「古籍著錄」，即是對每一部入藏古籍的內容的主要概況及外在形式特徵，進行詳細而又準確的著錄。對於古籍著錄的項目除了要求完備以符合讀者使用需求外，統一適當的著錄格式則是有助於館員典藏管理的。而「從他提出的圖書著錄事項來看，孫從添力圖從書的外部形式，即書名、作者、成書的時代、版本、裝訂形式將一部圖書的基本情況反映得清清楚楚。從他所要求的著錄事項和我們目前中文圖書編目規則條例上所規定的書名項、著者項、出版項、稽核項、附注項不謀而合。可以認為，孫從添提出編大總目錄時所採用的著錄方法是近代編目理論的先驅」。〔註45〕

不但如此，其編制宋元刻本、鈔本目錄時所要求「寫明北宋、南宋、宋印、元印、明印本、收藏跋記、圖章姓名、有缺無缺、校與未校。元板亦然，另貯一櫃，照式行款寫之。櫃用封鎖，不許擅開。精鈔、舊鈔、宋元人鈔本、祕本，書目亦照前行款式寫，但要寫明何人鈔本、記跋、圖章姓名、有缺無缺，不借本，印宋鈔本，有板無板，校過者書某人校本，或底本、臨本，錄成一冊」。〔註46〕的詳細著錄做法，亦與現代圖書館特藏部門對古籍著錄項目的要求大體相同（雖然孫氏沒有注意到諸如「版匡尺寸」、「行格」、「避諱字」、「刻工」等項）。〔註47〕

（三）分類書櫃目錄合乎現代圖書館典藏目錄提供借閱的理念

孫氏所論述「分類書櫃目錄」的性質：第一，是實際著錄架上書籍的一部典藏目錄。第二，具有索書號的功能（如其所云：「所編之書目，照櫃字號，亦分寫上中下三隔。先寫經部，某字號櫃內上隔某一部若干卷，某人作、某板、共幾冊」。〔註48〕雖然與現今圖書館採用數字編號的「索書號」不一樣，但指引尋找架上書籍的功能卻是相同的）。第三，可作為讀者借閱時的登記簿冊，並有查核讀者借期、催還書籍與指引書籍上架的功能。

由上可知，該書目跟現今圖書館典藏目錄一樣，既同時反映了該館藏書的狀況，也指引了讀者藏書的位置所在，而最重要的就是，它也提供了使用者圖書借閱流通

〔註45〕陳少川，〈孫從添的藏書建設思想〉，《津圖學刊》1986年第2期，頁125。

〔註46〕同註5，頁13左。

〔註47〕例如，現今圖書館的「古籍標準著錄工作」中，對於「古籍款目著錄的內容與基本格式」共要求有：1、書名與責任說明項。2、版本類型項。3、抄刻項。4、書籍形態項。5、叢書項。6、附注與提要項。7、裝訂與獲得方式項。即與孫氏編目時詳細著錄款項的要求是大體一致的。參見：王世偉主編，《圖書館古籍整理工作》（北京：北京圖書館出版社，2001年11月），頁95～102。

〔註48〕同註5，頁14右。

的功能。〔註 49〕也就是說，這「一本圖書目錄身兼多職，既是圖書分類目錄，又兼圖書借閱登記簿，同時還是讀者統計簿和圖書個別登記帳。值得注意的是有人『取閱』某書也要登記，這為統計圖書流通率的計算方式提供了室內查閱計算在內的先例」。〔註 50〕

第二節　書庫典掌「收藏」管理

　　古代的藏書家們，在外面經年累月不停的收集圖書，無非是為了滿足自己求知的渴望與對圖書的嗜好，這些來自四面八方的書籍到最後則都會被放置在所謂的「藏書樓」裡好好的「收藏」。收藏二字，一方面是動詞，代表著藏書家們永不停止之收集活動的面貌；一方面則是一個化愛護精神為實際行動的代名詞：代表著藏書家們為圖書所下的各種努力與功夫。對於古代藏書家來說，他們的「藏書樓」一定不僅僅只是置放圖書的場所，我們從其精心為藏書樓所取的「室名齋號」可以知道，此一藏書樓從開始建造就被賦予了幾個特別的使命：展現書樓主人的收藏信念、發揚收藏者的讀書態度與完善保護圖書的功能。對於此點，有論者謂：

> 　藏書樓名的命取，包含豐富的文化內蘊，它反映出藏書家不同的志
> 向、情趣、修養、操行以至收藏的狀況。……儘管只有那麼寥寥幾字，卻
> 是字字費匠心，去取有來由的。……我們不能簡單地將藏書樓號的命取，
> 視為一種文字遊戲，而是要從中透視藏書家們的心曲，索求書史的軼聞舊
> 事，追尋傳統文化的蹤迹，并從中得到某些有益的啟迪。〔註 51〕

而一些藏書家的藏書樓命名就是這種心情的寄託，為了使擔負傳揚理念的藏書能得到最好的保護，他們對圖書的收藏管理是費盡心思的，像「著名的范氏天一閣、楊氏海源閣、瞿氏鐵琴銅劍樓、陸氏百宋樓、丁氏八千卷樓，都是高屋大楹、獨佔一隅的藏書樓。其構造對防火、防潮、防蟲、防盜等功能都有一定的講究，藏書樓的管理也有相應的措施」。〔註 52〕只因為這完善保護圖書的基本功能如果能確實做到，

〔註 49〕現代圖書館古籍部門對於讀者借閱書籍的控制管理，則不會採用孫氏那種直接在紙本目錄上標注的方式。以國家圖書館特藏組善本書室為例，諸如採用「提閱單」的填寫、借閱者「閱覽證」的暫押、「閱覽區域」的限定與「線上目錄」的註記等等措施，效益相對而言當然是比較高的。

〔註 50〕同註 41，頁 119。

〔註 51〕周少川，《藏書與文化：古代私家藏書文化研究》（北京：北京師範大學出版社，1999年 4 月），頁 242～249。

〔註 52〕同註 51，頁 241。

其它使命的達成也只剩下時間的問題了。

　　常常會聽到有人說「知識就是力量」，但諷刺的是，負載這充滿無限知識的有形圖書卻是那麼地脆弱。圖書的載體形式從古自今一路地改良下來，雖然增加了使用者的便利性，但相對的卻也犧牲掉了使用壽命。這既然是時代發展不可避免的情況，藏書家們就只好想辦法在「軟體」（即藏書的管理）或「硬體」（及藏書的建築、設備）上下更大的功夫了。

　　例如，明代藏書家范欽建於嘉靖四十年（1561）的「天一閣」藏書樓，距今已有四百多年的歷史，不但以中國現存最早的私家藏書樓聞名於世；另一方面，歷史的發展也證明了有關天一閣的種種事跡在明清藏書文化所起的重要影響。〔註53〕其完善保護藏書的關鍵即在於：一、「切實的防火措施」（軟體、硬體）；二、「適宜的建築結構」（硬體）；三、「妥善的管理方法」（硬體、軟體）；四、「嚴格的族規」（軟體）上。〔註54〕因此，在這裡如果要論述到古代藏書樓收藏管理之優劣得失，是不能不提到范氏天一閣的。

　　對於古代私人藏書樓的典藏管理，孫氏亦從人員的積極管理與硬體的保護設施上著手。其中，有繼承前人科學或迷信的部分，也有其獨特的創新處，更有其眾多影響後世的偉大貢獻。以下則試著一一探討之。

一、藏書樓管理的基本原則

（一）經常整理

　　藏書樓是一個不斷在變化的有機空間，大到書籍有被偷盜的危機，小到看不見的霉菌滋生，都是隨時會發生與有可能在發生的。例如，一批圖書入藏以後，還會

〔註53〕天一閣的藏書事跡種種，在現今學者的探討中，已不再只是藏了多少書、有什麼書及刻了多少書等等表面現象的揭示了。更重要的是，更深入的文化層次意涵與其對整個中國古代藏書文化的影響，才是現今學者們所關注的。例如，徐雁先生云：「由明朝嘉靖年間的退休高級官員范欽（1506～1585）所創辦的天一閣藏書樓，在中國藏書史上具有獨特的文化影響力和文化標本價值」。參見：徐雁，〈論天一閣的文化影響力〉，《江蘇圖書館學報》1998年第4期，頁12～15。又，駱兆平先生說道：「天一閣經歷了私藏和公藏兩個歷史時期，其文化內涵非常豐富」。參見：駱兆平，〈天一閣藏書文化的歷史軌跡和發展前景〉，《中國典籍與文化》1997年第2期，頁80～85。另外，李惠珍先生亦云：「天一閣是我國從明代保存至今的古代藏書樓，它積澱著我國古代豐富的藏書文化，對我們建設新世紀的中國文化有著極其重要的借鑒意義」。參見：李惠珍，〈天一閣藏書文化初探〉，《四川圖書館學報》2004年第4期，頁75～77。等皆是其例。

〔註54〕參見王茂法，〈寧波天一閣保護藏書的啟示〉，《圖書館雜誌》1983年第2期，頁68～69。

有源源不絕的書再進來，所以要時時思考「編目」排架的問題；藏書家在閱讀的過程中，不停的發現書籍內容的錯誤，所以有不斷細心「校讎」的程序；諸如陽光、水火、蟲鼠、潮濕、霉菌、竊盜等等，皆時時虎視眈眈著藏書家心愛的圖書，所以藏書「收藏」管理工作，也要持續不斷的進行。對他們來說，圖書入藏後到它還未脫手前，這些工作都是時刻不停的。

　　「良好的藏書管理，有賴於完善的制度和確實的執行。書籍入藏後，舉凡編目、校勘、庋架、閱覽以至防蟲除黴、曝曬修補，都是繁瑣且持續的工作，需要詳密的規則和持之以恆的精神。古代藏書家何止千百，能以管理完善而著稱於後世的，不過天一閣、鐵琴銅劍樓等數家，可見只憑對書籍的熱愛與嗜好，但無完善的典藏制度為支持，而欲使藏書能歷經種種書厄，流傳後世，幾乎是不可能的事」。〔註55〕

　　既然，時時關注藏書，是身為一個藏書家所無法避免的事，多花一點心思多去思索一些更詳密、更有效的方法，既可以減輕負擔且又可以保護好自己的藏書，我想這是每個藏書家們都樂於見到的。因此基本上，一個藏書家對於圖書的收藏管理，平時就要養成隨時檢點注意的態度，才能從持續不斷的困難挑戰中思索出最有效的管理方法，而這也是杜絕對書籍時刻產生的威脅的不二法門。對此，孫氏在開頭就說：「收藏書籍，不獨安置得法，全要時常檢點開看，乃為妙也。若安置雖妥，棄置不管，無不遺誤」。〔註56〕

　　有了基礎的防範措施，再加上隨時有效的管理維護，才能真正做好書籍的收藏工作。更何況，有時候勤於讀書、翻檢更是能夠達到辟蠹、去濕的功效。例如，明代藏書家謝肇淛（1567～1624）《五雜組》卷九云：「書中蠹蝕，無物可辟，惟逐日翻閱而已」。〔註57〕即是在說如能時常翻檢對圖書則是有一定好處的。又如，與孫氏同時代的清初蘇州崑山學者龔煒在談到他平日勤於翻閱圖書的好處云：

> 有書飽蠹，大是可惜。予家無藏書，所有不及萬卷，輪轉繙閱，不熏
> 不曬，絕不見有所謂蠹魚者。邇年多病，稍稍涉獵，便苦氣升。今日偶有
> 所檢，有物從線縫中出。學殖荒落，此其驗矣。〔註58〕

亦是其例。

　　書庫內如此，書庫之外當然也是要如此，更何況書庫內外的書籍本來就是時時

〔註55〕同註4，頁104。

〔註56〕同註5，頁15右。

〔註57〕〔明〕謝肇淛，《五雜組》（臺北：偉文圖書出版社，1977年4月），頁239。

〔註58〕〔清〕龔煒撰、錢炳寰點校，《巢林筆談》（北京：中華書局，1997年12月），卷五〈學荒蠹生〉，頁128～129。

流通互相影響的。假使一大套書，在書庫外使用的時候，因爲沒有確實的整理，導致遺失或污損，牽一髮而動全身後，所造成的結果當然是得不償失的。對於此，孫氏亦有其獨到見解，如其云：「案頭之書，三日一整，方不錯亂」。﹝註59﹞即是其例。而現今圖書館對於待歸架圖書的處置措施，也是強調在一定數量或時間內，就會陸續排架完畢以供後來的讀者使用。

（二）專人管理

要防止隨時可能會有的圖書散佚、損壞情形，最重要的措施就是要有專人負責的管理制度。不論古代的公私藏書單位或是現今的圖書館，幾乎都會有專人負責各項事務的管理工作，而就算是規模較小的私人藏書樓，也是會由收藏者或其家人親自負責的。

在國家藏書機構方面。事實上，從唐宋時期開始，關於國家藏書管理人員之分工，在各式史料中已有明確記載，如北宋程俱《麟臺故事》卷二云：

> 直史館謝泌上言：「國家圖書未有次序。唐朝嘗分經、史、子、集爲四庫，命薛稷、沈佺期、武平一、馬懷素人掌一庫，望遵故事」。上嘉之，遂命泌與館職四人分領四庫，泌領集庫。四年三月，詔三館所少書有進納者，卷給千錢，三百卷以上量材錄用。﹝註60﹞

這是北宋國家藏書專人負責專庫的情形。另根據該書卷二〈執掌〉所述，除了有專人管理書庫之外，還建立了人員的輪班制度。又，根據南宋陳騤《中興館閣錄・卷六故實》與元代王士點、商企翁的《秘書監志・卷六秘書庫》所云，之後的南宋與元代，國家的藏書亦是在專人管理下，而得到完善的照料與安全的保護。

明清時期，國家藏書的管理工作，則在皇帝的重視下持續的進步與推展，其藏書單位的人員組織、管理措施也更加的完善。我們從乾隆年間所纂修《歷代職官表・文淵閣閣職》的記載中，﹝註61﹞可以明白此種趨勢（參看第三章第三節所引）。

在私人藏書方面。有專人負責、統一管理的藏書樓就屬天一閣最爲有名了，根據阮元（1764～1849）嘉慶十三年（1808）登閣觀書時所記錄下來的「禁約」云：

> 凡閣櫥鎖鑰，分房掌之。禁以書下閣梯，非各房子孫齊至，不開鎖。
> 子孫無故開門入閣者，罰不與祭三次；私領親友入閣及擅開櫥者，罰不

﹝註59﹞ 同註5，頁16右。

﹝註60﹞ 〔宋〕程俱撰、姚伯岳校點，《麟臺故事》（收錄於《中國歷史藏書論著讀本》中，成都：四川大學出版社，1990年7月），卷二〈書籍〉，頁116。

﹝註61﹞ 〔清〕永瑢等編撰，《歷代職官表》（臺北：臺灣商務印書館，1968年3月），卷二十五〈文淵閣閣職〉，頁667～687。

與祭一年；擅將書借出者，罰不與祭三年；因而典鬻者，永擯逐不與祭。
〔註62〕

雖然，這比較像分派專人彼此監督，但把這負責的幾個人想像成他們是有專職工作的，也就能明白天一閣藏書為何能傳之久遠了。

對於專門人員負責專室的好處，孫氏則從專人分工負責則能更有效「嚴禁煙火」與「保管匙鑰」的方向去思考，如其云：「不能如此，須另置一宅，將書分新舊鈔刻，各置一室封鎖，匙鑰歸一經管。每一書室一人經理，小心火燭，不致遺失，亦可收藏」。〔註63〕即是其例。

（三）輔助管理的器具

對現今的公共圖書館來說，除了建築主體外，購置一些實用的設備、傢俱來提供讀者運用當然也是很必要的。「圖書館的內部設計與建築設計是一個整體，設備與傢俱又與內部設計成一個整體。從美觀上說，應都有一通盤的計畫與風格。使用的材料、色彩，都要能配合。但是圖書館基本的功能總不可忽略，所有的設備與傢俱必要在功用上適用才是好的設計」。〔註64〕

對於輔助管理器具的選擇，孫氏則是煞費苦心的。為了方便管理人員掌握各類圖書，他採取配合各書櫃收藏內容製作不同鑰匙的方式，而且不論是在材料上、式樣上及顏色上的選擇，都極盡他的巧思，讓人想要找尋任何類別或任何版本的書，都能快速搜尋得到。更重要的是，他這樣做的用意，乃是為了搭配其用心思索所編制的「分類書櫃目錄」而有的巧妙設計。

如其所云：「鎖匙上挂小方牌，或牙或香，將經史子集釋道字刻於正面。字外用圓線嵌紅色，字嵌藍色。傍刻某字號第某書櫃，嵌綠色，下刻小圈中。反面寫宋刻、元刻、明刻、舊鈔、精鈔、新鈔等名色為記」。〔註65〕即是其例。

二、藏書樓與圖書防護

（一）書樓建築的要求

圖書不但脆弱，而且每天都會受到來自各方面的威脅，早期收藏者為了阻隔這

〔註62〕駱兆平編纂，《天一閣藏書史志》（上海：上海古籍出版社，2005年3月），阮元〈寧波范氏天一閣書目序〉，頁41～42。

〔註63〕同註5，頁15左。

〔註64〕袁國慰，〈圖書館的建築與設備〉，載於中國圖書館學會出版委員會編，《圖書館學》（臺北：臺灣學生書局，1990年7月），頁440。

〔註65〕同註5，頁15右。

些風險，往往會把藏書放在自然的山林或石洞裡，如漢代的「曹氏書倉」，這則就像是古人常常會說的「藏之名山」般。但漸漸的，這種典藏方式到了後來的明清時期，除了少數收藏單位外（如明代皇城裡的「皇史宬」），已是沒有多少人有能力去實施的了。例如，明代藏書家胡應麟（1551～1602）雖然很嚮往秦代末年的「二酉石室藏書」，但迫於現實考量也只能取一個「二酉山房」的藏書樓名來象徵與寄託了。

可見，這時「石倉藏書」或「金櫃石室」已經變成了只是理想藏書處所的代名詞，它也已不再是實用或人人都能做到的。不過，石倉藏書的好處與精神卻可以被藏書家們持續傳承並不斷發揚，進而使用在一般藏書樓建築上。（例如，明代范氏天一閣建築時「純用磚甓」則是比較著名的例子）

孫從添因為知道石倉藏書的好處在於高度的防火功能上，於是，去選擇利用石砌的「隔火牆」來幫助阻絕火源，也就成了其藏書樓建築理論的一大特點。如其云：「古有石倉藏書最好，可無火患，而且堅久，今亦鮮能為之。惟造書樓藏書，四圍石砌風牆，照徽州庫樓式乃善」。〔註66〕即是其例。雖然，孫氏隔絕防火之法現今已不稀奇，至少在過去一段時間裡，此說法還是相當值得參考的，學者評其論點云：

> 古人所謂防火建築，不外乎磚石建築和隔絕措施二法。近世各公共圖書館的建築，四面皆不用木，以磚石和鋼筋水泥砌成，而門也不用木，以鐵皮代替，再備上滅火器和消防水龍頭等防火設施，比起古人所論更為周密。但隔絕一法還未做到。大多數公共圖書館多半設在城市的中央，在鬧區裡既「無空地」，又「接連內室廚灶衙署之地」，古人警告我們，像這種情況，「則不可藏書」，要引起我們的注意。〔註67〕

即是其例。

事實上，孫氏所說的徽州庫樓式「隔火牆，又叫做防火牆，其設計與使用主要是在清代」，〔註 68〕而除建築資源較多的皇城大內以外，在民間地區能夠普遍地利用石砌材料建造設計防火牆的地方，就屬當時的「徽州地區」了。〔註69〕

〔註66〕同註5，頁15右～15左。
〔註67〕戴南海，《版本學概論》（成都：巴蜀書社，1989年6月），〈附錄：如何保護古籍版本〉，頁491。
〔註68〕周允基、劉鳳雲，〈清代房屋建築的防火概況及研究〉，《河南大學學報（社會科學版）》第40卷第6期，2000年11月，頁48～51。
〔註69〕例如，學者在談到徽州民居建築中普遍可以看到的「馬頭牆」時云：「遠看徽州民居的馬頭牆是徽州民居一大特色。馬頭牆千變萬化，為塑造村落形像的重要手段，按房屋的不同層高，封閉得屋外兩側幾乎看不到屋頂的小青瓦，其高低錯落的牆垣兩頭，伸展著長長短短的『印頭式』和『鵲尾式』疊落山牆面呈階梯形如馬頭，富有

就現代圖書館建築的要求來說，「藏書空間的通風也是一個較爲重要的問題，通風不良，室內悶熱，書易發霉。因此，要使書庫能夠長期完好地保存圖書，藏書空間內小氣候條件是非常重要的。溫度、濕度、氣流塵埃、酸性氣體等都是書籍老化的因素，在設計中應該很好地加以控制」。〔註70〕而爲了避免圖書潮濕生霉的損害與偷盜登門的竊取，對於藏書樓「樓門」、「窗戶」，通風透氣、堅固耐用與鑰匙的精密問題，孫氏則都是有其特殊考量的。例如，他所說：「四面窗櫺，須要透風，窗小櫺大。樓門堅實，鎖要緊密，式要精工」。〔註71〕即是其例。

當然，孫氏建造書樓時所考慮到的「防火」、「防潮」與「防盜」觀念是正確的，但是後來各大收藏單位，爲了達到上述目的所採用的建築設施和維護方式，在時代的演進下則慢慢的愈加完善化，甚至可以說已經到了「日新月異」的巧妙境地。〔註72〕

（二）書樓位置的選擇

如果說，藏書樓整體建築主要是保護藏書與方便利用的話，那麼藏書樓的「位置選擇」，則是能使這保護與利用的功能更加完善的重要先導工作。學者討論現今圖書館位置選擇時說道：

> 圖書館既是以服務爲目的。建造地點就應適中方便，服務的主顧的方便應列爲第一優先考慮。……選擇圖書館位置的第二考慮爲空地大小，必

韻律。一般三疊，多則五疊，稱爲『五岳朝天』。實際功能是防火牆」。參見：李仲謀編著，《徽州文化綜覽》（合肥：安徽教育出版社，2004 年 12 月），第十二章〈極具特色的徽派建築〉，頁 238～240。

〔註70〕 鮑家聲，《現代圖書館建築設計》（北京：中國建築工業出版社，2002 年 7 月），頁 122～123。

〔註71〕 同註5，頁 15 右。

〔註72〕 茲以"中國國家圖書館"爲例。學者談論該館「建築設施」的發展歷程時云：「我館善本特藏在 1987 年前雖保存在地下書庫，但無空氣自動調節裝置，溫濕度不能很好控制。1987 年新館落成後，善本特藏的保存保護環境得到了極大改善。國家投鉅資修建了密閉堅固而設施完備的地下庫房。庫房考慮到防火需要，將大庫用厚牆和防火門分隔成若干小庫，地上鋪刷防火絕緣塗料，並統一安裝了澳代三氟甲烷鹵氣體減火裝置；庫內還有自動除水裝置，書櫃與地面保持 10CM 的高度；每櫃均安裝防紫外線的玻璃，以保證古籍不受燈光照射的影響。庫內有自動空調裝置，將庫內溫度控制在攝氏 18 度左右、濕度控制在 55%左右，以起到防蟲作用。庫房內並有完善的防災、安全監控裝置，以保證庫房的安全。書庫由地上到地下的發展，以及現代化設施的應用從根本上解決了過去公私藏書樓普遍存在的位置、環境、材料與古籍保存保護間的矛盾。特別是溫濕度控制在合理範圍內可以基本控制古籍蟲患，這無疑是重大的進步」。參見：張志清，〈中國國家圖書館善本特藏的保存保護〉，載於中國國家圖書館編，《中文善本古籍保存保護國際研討會論文集》（北京：北京圖書館出版社，2003 年 10 月），頁 1～16。

要有擴充餘地。……環境的安靜，聲音的燥雜也是考慮的因素。〔註73〕對於古代藏書家們而言，他們既然是藏書樓使用的主要對象也是藏書樓位置的最終選定人，所以他們對於藏書樓所要扮演之保護圖書角色與方便讀書治學功能的要求，也就表現在其藏書樓位置之選擇態度上了。對於此，孫氏說：「若來往多門，曠野之所，或近城市，又無空地，接連內室、廚竈、衙署之地，則不可藏書；而卑濕之地，不待言矣」。〔註74〕則是從：（1）方便讀書治學的良好環境；（2）能擴充典藏的未來目標；（3）保護圖書不受水、火威脅。等等層面，去考慮藏書樓的位置所在。

畢竟，上述說法有可能會遇到搬遷經費限制、合適地點難尋的問題，況且每位藏書家也不太可能因為只是要保護圖書，而貿然去變更藏書樓或住家的位置。所以，孫氏為書樓位置選擇所提出的理論意見，當有其針對的目標（例如經費充足無虞與首次新建書樓的人）。而無法依照其說法去選擇適當位置的人，就只好在其它地方多下點功夫了。

另外，後來清末藏書家葉德輝討論到選擇藏書樓位置的基本原則時，也認為：「藏書之所，宜高樓，宜寬廠之淨室，宜高牆別院，與居宅相遠。室則宜近池水，引濕就下，潮不入書樓，宜四方開窗通風兼引朝陽入室」。〔註75〕方法雖不全同，但也表達了與孫氏相同的防範觀念。

三、器材與圖書防護

（一）書套、書架

對於藏書器具的選擇問題，各地藏書家都有其自身的經驗與體會。而地處南方的孫從添，對於書套的避免使用，即是從該地氣候潮濕、易生蟲菌的特性去考慮的。所以他既認為：「書套不用為佳，用套必蛀，雖放於紫檀香楠匣內藏之，亦終難免」。〔註76〕又說：「藏書斷不可用套，常開看則不蛀」。〔註77〕這一點在現今圖書館古籍管理工作中，亦是要去考慮到的。例如，現今學者針對華南地區特殊的氣候環境，就認為函套不見得對古籍有好處：

原來用於保護古籍的函套，在中山圖書館工作人員的眼裏，其效果恰

〔註73〕同註64，頁425。
〔註74〕同註5，頁15左。
〔註75〕〔清〕葉德輝，《藏書十約》（收錄於《澹生堂藏書約（外八種）》中，上海：上海古籍出版社，2005年11月），〈收藏〉，頁52。
〔註76〕同註5，〈裝訂〉，頁12右。
〔註77〕同註5，頁15左。

恰相反，它們是古籍善本的「禍害」，必須將它們扔掉，皆因函套緊護書籍書籍，溫度和濕度隨之上升，加上函套在製作時所使用的漿糊材料等，都是蟲菌滋生和侵蝕的根源。於是古籍善本書沒有函套，也成了華南圖書館與內地圖書館古籍善本書的一個明顯區別。〔註78〕即與孫氏所說道理相同。

　　再來，因爲南方氣候潮濕，所以經常保持空氣流通，才能有效防止書籍受潮或蟲蛀。因此，書「庫中書櫃排的距離和櫃中之書的排列都宜寬鬆一些，如書櫃和書籍都排的密不通風，空氣閉塞，對書的保養以及取書歸書都沒有好處」。〔註79〕對於此，孫氏則是有深刻體會的：「書放櫃中或架上，俱不可竝，宜分開寸許，放後亦不可放足。書要透風則不蛀，不霉。書架宜雅而精，朴素者佳，下隔要高，四柱略粗，不可太狹，亦不可太闊，約放書二百本爲率。安置書架，勿於近窗竝壁之處」。〔註80〕當然，除了書籍排列要合乎通風的原則外，書架的材質選擇與位置擺放，則還要進一步去考慮，諸如堅固實用、高下隔以防潮、勿近窗壁以防日照、受潮等等。

　　另外，有時候書櫃封閉不通風，則也是防範潮濕的方法之一。例如，明代曹昭（生卒年不詳）《新增格古要論》卷九云：「收藏書籍之法，當於未梅雨之前晒取極燥，頓放書櫃中，以紙糊外門及周隔小縫，令不通風，即不蒸濕」。〔註81〕即是就曝書後的配套收藏方法而言。但是一般來說，書籍還是需要通風的。

（二）書　櫃

　　書櫃材料、式樣的選擇使用，除了外在美觀典雅與符合實用等功能外，材質特殊避免泛潮進而防範蟲蛀、櫃門緊密阻隔蟲鼠侵入等等圖書保護的要求，還是居於首位的。對此，孫氏說：「至於書櫃須用江西杉木〔註82〕，或川柏〔註83〕、銀杏木〔註84〕

〔註78〕同註72，林子雄〈華南地區古籍善本保護與保存〉，頁72～73。

〔註79〕陳恩惠，〈談談善本圖書的保管工作〉，載於北京圖書館圖書保護研究組編，《圖書檔案保護技術資料匯編》（北京：書目文獻出版社，1987年10月），頁30。

〔註80〕同註5，頁15左～16右。

〔註81〕〔明〕曹昭著、舒敏編、王佐增補，《新增格古要論》（臺北：藝文印書館，1967年，據清道光二十六年《惜陰軒叢書》本影印），卷九〈收書〉，頁10左。

〔註82〕杉木：「材質輕韌，強度適中，質量係數高。具香味，材中含有"杉腦"，能抗蟲耐腐。杉木是中國最普遍而重要的商品材，廣泛用於建築、橋樑、造船、電杆、傢具、器具等方面」。參見：「中國大百科全書智慧藏」線上版〈杉木條〉。

〔註83〕柏木：「柏木爲有脂材，材質優良，紋理直，結構細，堅韌、耐腐，除觀賞外可供建築、車船、器具等用材」。參見：「中國大百科全書智慧藏」線上版〈柏木條〉。

〔註84〕銀杏：「銀杏木材較輕軟，紋理通直，結構細緻，邊材與心材區別不明顯，不翹不裂，收縮性小，易加工，適於建築、雕刻、繪圖板及室內裝修用」。參見：「中國大百科全書智慧藏」線上版〈銀杏條〉。

為之,紫檀〔註85〕、花梨小木(即紫檀木)易於泛潮,不可用做。一封書式,朴素精雅兼備為妙。請名手集唐句刻於櫃門上。用白銅包角,裝訂不用花紋,以雅為主,可分可竝,趁屋高下,置於樓上」。〔註86〕即是其例。

生長在藥物科學知識發達的古代中國藏書家們,對於可能會危害到圖書的各式害蟲或鼠蟻,則想出了利用各式藥物、香料來防範的方法。例如,北魏賈思勰(生卒年不詳)《齊民要術》卷三即云:「書廚中欲得安麝香、木瓜、令蠹蟲不生」。〔註87〕與明代曹昭《新增格古要論》卷九:「古人藏書多用芸香辟蠹,今之七里香是也。麝香收書櫃中亦辟蠹,一法用樟腦亦佳」。〔註88〕

而明代著名天一閣藏書樓之藏書,也是因為使用了芸香科藥草「靈香草」來辟蠹蟲才能流傳如此久遠的。可見,古代藏書家利用藥物來防蟲蟻的技術,既是淵源有自,也是經過實證的。而現代學者討論圖書防蟲問題時,就將上述古人使用各種防蟲物質的方式歸類為所謂的「氣味驅蟲法」,並認為是有實用價值的:

> 我國古人在防制圖書遭受蟲蛀方面,累積不少經驗和方法,此經驗與方法至今仍有不少還具有實用價值,其中如「氣味驅蟲法」便是一個有效又不失簡易之防蟲法,其方法是在蟲類最易出沒之藏書處所,放置樟腦、麝香、木瓜、花椒、胡椒粉、芸草、雄黃等物於架上或櫃中,以強烈氣味驅蟲,每當氣味消失時便再更換,如是作法有防蟲避蠹效用。〔註89〕

而對於這類驅蟲鼠的方法,孫氏則云:「櫃頂用皂角炒為末,研細鋪一層,永無鼠耗。恐有白蟻,用炭屑、石灰、鍋繡鋪地則無蟻。櫃內置春畫、辟蠹石可辟蠹魚。供血經於中以辟火」。〔註90〕

此外,其中所提及的「春畫」與「血經」,當然具有封建社會古人迷信的成分。〔註91〕不過,其它孫氏所提示的東西,不論成份與效果,經過現代科學的分析研究

〔註85〕 紫檀:「木材俗稱花梨(花櫚木),為良好家具及建築用材,樹性生長迅速,供園林栽培。心材入藥,性平味鹹,消腫、止血、定痛」。參見:http://163.29.26.176/species/twtrees/book2/index〜1.htm「行政院農委會林務局自然保育網」「植物保育:臺灣樹木解說」〈印度紫檀條〉。

〔註86〕 同註5,頁15左。

〔註87〕 〔北魏〕賈思勰著、繆啟愉校釋、繆桂龍參校,《齊民要術校釋》(臺北:明文書局,1986年1月),卷三〈雜說〉,頁164。

〔註88〕 同註81,頁10左。

〔註89〕 楊時榮,《圖書維護作業研究》(臺北:南天書局,1993年11月),頁48。

〔註90〕 同註5,頁15左。

〔註91〕 除了孫氏上述做法外,古代藏書家們為了保護圖書,所從事的「迷信」行為則是屢見不鮮的。在這當中,一些刻有「神佛」或「祈求」字眼的藏書印章算是顯例。例如,明代毛晉的「在在處處有神物護持」與清代吳焯的「願流傳勿損污」、張蓉鏡(1803

後，可以知道都是有一定功能的。〔註92〕

　　總之，孫從添關於收藏書籍的理論就體現在諸如：管理的態度與方法、藏書樓的建築及位置考慮與藏書設備的選擇與利用上。而針對圖書脆弱的特性所施行的種種措施（如防蟲、防潮、防火、防盜等），有些觀念與方法雖然稍顯陳舊（如傳統的民間土法、配方）與迷信（如春宮畫辟蠹魚、血經辟火），但研究這些傳統典藏保護技術的歷史發展，對我們現今圖書館古籍典藏工作還是有其現實意義的。對此，徐雁先生認為：

　　　　首先，可以古為今用，為我們圖書館特藏書庫和善本書庫的藏書保護工作提供直接的借鑒。……其次，研究我國古代典藏保護技術還可以使我們知古而創新，促進現代科學技術條件下對藏書保護技術的研究。我國許多圖書館都集中藏有大量的古籍，但是長期以來，一直得不到有效的科學保護，更何況隨著時代的推移，近代出版圖書的保護工作也提到日程上來了，因此，研究科學的典藏保護，已成為一個相當緊迫的任務。〔註93〕

而我們從現今圖書館許多典藏技術的概念，皆與孫氏所論有不謀而合之處，則可以看到孫氏理論對現今作法的實際貢獻所在。例如，國家圖書館「善本書庫」管理的作業程序共有：一、留意善本書庫環境控制（亦即防範書籍的各式自然威脅）；二、

〔～？）的「在處有神物護持」等，即是其例。此外，盧師錦堂論及對善本圖書的珍惜觀念時，曾舉例云：「國家圖書館藏明邵寶《對客燕談》一卷，明嘉靖十五年（1536）姚咨傳鈔本，護葉上有清張蓉鏡一血書大『佛』字，并跋稱：清道光巳酉（二十九年，1849）三月二十九日丁酉吉辰戌刻展讀一過，以血書佛字於首葉保護，以免蛀厄云云，甚至希冀神明的力量，可謂無所不用其極。」則更是極端迷信之例。參見：盧錦堂，〈古籍版本鑑賞——從珍惜善本祕笈說起〉，《全國新書資訊月刊》第66期，2004年6月號，頁17。

〔註92〕例如，學者云：「據化學分析，芸香中含有茅香油和菌茅鹼；苦楝含有苦楝素、生物鹼、山萘酚；皂角中含有的皂素均有防蠹作用，在古代都曾用於防蠹。另外，古代還使用煙草（含有殺蟲有效成份煙鹼）、菊花（含除蟲菊素）、馬錢子（含馬錢子鹼）、鬧羊花（含鬧羊花毒素）、樟腦、雄黃等置於書中或書櫃內外防蠹的。這種防蠹方法，大約從漢晉以來，直到現在，仍然是一個防蠹的通用方法。這些植物性藥物均能揮發出特殊成份使害蟲不敢接近。由於這些植物有效成份揮發完後就不再具備防蠹作用，易遭蟲蛀，所以實際使用時應注意隨時更換。……防霉劑還有單獨使用的，古人通常將雄黃（As2S3）、石灰（CaO）置於書櫃下、牆角邊使用。當然，石灰既能防霉也可除濕」。參見：羅茂斌，〈中國古代古籍保護方法研究〉，《思想戰線》1996年第2期，頁87～92。與梁桂英，〈古籍保護方法綜述〉，《韓山師範學院學報》第26卷第2期，2005年4月，頁94～97。

〔註93〕徐雁，〈我國古代典藏保護技術述略〉，《圖書館學研究》1984年第1期，頁104。

擬定善本書庫安全規範（亦即由專職人員負責與防盜）；三、實施善本書庫資料管理（定期的檢點）等三項。〔註94〕而以此去對比孫氏關於其藏書樓「收藏」管理的種種作法可知，因為時代的侷限，古人的措理方式雖然不那麼完備，但至少在基本上，孫氏對於這三個作業程序則都已經注意到了。

第三節　按時「曝書」保養措施

一、曝書活動的歷史發展

孫從添《藏書記要·曝書》云：「漢唐時有曝書會，後鮮有繼其事者，余每慕之，而更望同志者之效法前人也」。與後來藏書家單純的「曝書」工作不同，早期的曝書會既是一個人們親手保護圖書的重要日子，也是文人學者們相互交流、展示圖書的文化盛宴。因此，身為藏書家一分子的孫氏，會對漢唐時期「曝書會」產生嚮往之情是很自然的。例如，清初藏書家朱彝尊的藏書樓名為「曝書亭」，就有其深刻的內涵；清中葉經學、訓詁學者郝懿行（1755～1823）所著《曬書堂筆記》、《曬書堂筆錄》等亦是如此；而清中葉藏書家錢泰吉（1791～1863）的《曝書雜記》則是取其一邊曝書，一邊讀書的獨特意蘊。

曝書，是古代中國藏書單位或個人保護其藏書的方法之一，其主要的用意是為了「防霉辟蠹」。曝書的起源很早，現今最早的文獻記載見於西周時期《穆天子傳》卷五：「天子東游，次于雀梁，□蠹書于羽林（郭璞注：「謂暴書中蠹蟲，因云蠹書也」。）」。〔註95〕之後的漢代，根據唐代徐堅（生卒年不詳）《初學記》卷四所引：「崔寔《四民月令》曰：『七月七日作麴，合藍丸及蜀漆丸，暴經書及衣裳』。」〔註96〕可知曝書活動持續進行，日期則是在七月七日。到了南北朝時期，則開始有北魏賈思勰的《齊民要術》對古人的曝書工作進行了細節的說明：

> 五月濕熱，蠹蟲將生，書經夏不舒展者，必生蟲也。五月十五日以後，七月二十日以前，必須三度舒而展之。須要晴時，於大屋下風涼處，不見日處。日曝書，令書色暍。熱卷，生蟲彌速。陰雨潤氣，尤須避之。慎書

〔註94〕 參見國家圖書館研究組編，《國家圖書館工作手冊》（臺北：國家圖書館，1999 年 6月），七、特藏組〈善本書庫之管理〉，頁 174～175。

〔註95〕 〔西周〕佚名著、〔晉〕荀勖等編次、郭璞注、〔清〕洪頤煊校，《穆天子傳》（臺北：臺灣商務印書館，1965 年 2 月），頁 28。

〔註96〕 〔唐〕徐堅等著，《初學記》（北京：中華書局，2005 年 1 月），卷四〈七月七日〉，頁 76。

如此，則數百年矣。〔註97〕

賈氏所云，既有細節之說明也有原則性的論述，可說是曝書活動的首次理論性闡釋。唐宋時期乃至於後來的明清時期，各式史料中（如《南宋館閣錄》、《秘書監志》、《澹生堂藏書約》等）對於官私收藏單位曝書活動的事跡記載，亦是屢見不鮮的。例如，宋代陳騤《南宋館閣錄》卷六：

> 紹興十三年七月，詔秘書省依麟臺故事，每歲暴書會令臨安府排辦，侍從、臺諫、正言以上及前館職、貼職皆赴。每歲降錢三百貫付臨安府排辦，從知府王映之請也。〔註98〕

又，明代祁承爜《澹生堂藏書約・聚書訓・自序》：

> 司馬溫公文史萬餘卷，置讀書堂。……每歲以上伏及重陽閒視天氣晴明，設几案於當日所，側群書其上，以暴其腦。〔註99〕

及明代余繼登（生卒年不詳）《典故紀聞》卷十六：

> 又請於文淵閣近地別建重樓，不用木植，但用磚石，將累朝實錄、御製玉牒、及干係國家大事文書，盛以銅櫃，庋於樓之上層。如詔冊、制誥、行禮儀注、前朝遺文舊事，與凡內府衙門所藏文書可備異日纂修全史之用者，盛以鐵櫃，庋之下層。每歲曝書，先期奏請，量委翰林院堂上官一員晒晾查算，事畢封識。〔註100〕

皆是其例。

另外，根據清代乾隆年間所纂修《歷代職官表・文淵閣閣職》的記載，在負責官員之執掌中，就有「文淵閣直閣事」：「掌典守釐緝之事，以時與校理輪番入直，凡春秋曝書，則董率而經理之」。〔註101〕可見，一直到清代為止，曝書都還是各個藏書單位所普遍認可而時常施行的藏書保護活動。

二、曝書活動的優缺點

（一）對圖書本身的好處

古人的物質條件當然不是那麼的好，知識水準與現代人相比也是不相及的。不

〔註97〕同註87，卷三〈雜說〉，頁164。

〔註98〕〔宋〕陳騤撰、張富祥點校，《南宋館閣錄》（與《南宋館閣續錄》合刊，北京：中華書局，1998年7月），卷六〈暴書會〉，頁68～69。

〔註99〕〔明〕祁承爜，《澹生堂藏書約（外八種）》（上海：上海古籍出版社，2005年11月），頁10。

〔註100〕〔明〕余繼登撰，《典故紀聞》（北京：中華書局，1997年12月），頁283～284。

〔註101〕同註61，頁667～687。

過，他們因為自古以來就對太陽有崇敬之意，並且在長時間的的觀察中發現了日光所具有的無形能量似乎是可以運用的。於是，有人開始知道利用這種熱能來曬衣服，而藏書家們也知道了陽光具有蒸發水份的能力，所以漸漸地才會有曝書活動的產生。

書籍的主要材質是紙，因為質性本身的脆弱、易泛潮，又加上因造紙原料不佳與不良典藏環境下的影響，受潮之後在溫度的催化下，紙的氧化與水解速度自然會加快，進而使書籍滋生霉菌與蠹蟲。

特別是南方地區，氣候不但特別潮濕，再加上又有長時間的梅雨季節，圖書因此更容易生蟲。儘管，書籍泛潮生霉蟲，破壞力看起來似乎不那麼的強烈，不過就是因為它們是慢慢無形地侵蝕書籍，所以一旦被發現後，破壞程度之慘烈也就可想而知了。所以，在物質條件不發達的古代，藏書家們懂得利用陽光的力量，則不僅僅只是事後消極的去濕辟蟲，同時常常也蘊含著正面積極的預防目標，而一些成功的事例也證明了曝書對維護圖書的確切功效。

例如，明代范氏天一閣也有曝書制度，後來更發展成只有祭祀或曝書日才可以登閣的規定，可見曝書對他們來說是每年的重要工作。雖然，定時的曝書起了維護圖書保存長久的功能，但「因為蟲害和霉爛是對書籍的慢性摧毀，一時不易為人所覺察，需要有人長年累月，一代接一代地連續工作。……天一閣雖有伏季通風曬書的制度，但一年之中只靠一次性突擊是不夠的」。〔註102〕所以，後來清代學者全祖望（1705～1755）登閣時會看到「鼠傷蟲蝕，幾十之五」的情形也就不奇怪了。〔註103〕

（二）曝書的附加功能

「曝書」是歷代藏書單位或個人對於圖書的保護工作，其重點是在經由陽光的熱能與紫外線的照射，以達到蒸發書籍內部多餘水分及達到去霉辟蟲的目標。在曝書的過程中，書籍得到了保護，藏書家對所有家藏圖書，也藉此做了一次集中的整理。在這整理的過程中，藉由對書籍的親自檢閱更會發現到不少問題，及時解決這些問題，也就成了曝書活動的附加功能。當然，一邊曬書一邊翻書，意想不到的奇書，也就常常會被發現了。

1. 發現遺文佚詩

例如，清末學者劉聲木（1878～1959）《萇楚齋三筆》卷五云：「兩宋石刻中，宋人詩句甚多，惜當時志在考核金石，于詩文不甚留意，設以《宋詩紀事》相校，必有以拾遺補闕。吾觀明檇李李君實璽丞日華《六研齋筆記》云：『王金[陵]學術頗

〔註102〕駱兆平，《天一閣叢談》（北京：中華書局，1996年7月），頁38。
〔註103〕參見：同註62，全祖望〈天一閣碑目記〉，頁175～176。

僻，……作長篇獻東坡，欲其推尊王氏，語甚瑰偉，東坡心不然而貌禮之。……此詩載周密《浩然齋視聽鈔》，偶曝書，錄出之。』云云。其詩爲七言排律壹百韻，壹千肆百字。如此長篇鉅製，《宋詩紀事》竟失載，其遺漏者必仍多。詩已錄入《六研齋筆記》中，茲不複錄」。〔註104〕即是其例。

又，清初藏書家錢謙益跋《汪水雲詩》云：「汪水雲詩雜見於鄭明德《遂昌雜錄》、陶九成《輟耕錄》、瞿宗吉《詩話》，及程客勤《宋遺民錄》者，不過三四首。夏日曝書，理雲間人鈔詩舊冊，得水雲詩二百二十餘首，錄成一帙。然迺賢序水雲詩，以爲多記亡國時事，此帙多有之。而所謂與文丞相獄中倡和者，概未之見也」。〔註105〕即是其例。

又，近代藏書家潘景鄭（1907～）跋張公束手鈔本《何求老人殘稿》：「晚明文辭，多觸諱忌，故傳本芟落甚多，此《何求老人殘稿》七卷，是嘉興張公束先生手鈔本，存詩四百五十六首。……安得好事者，據是本重爲校刊，庶先生逸寫之苦心，不致湮沒於無形矣！丙子四月既望，曝書檢得此冊，莊誦一過，並校正訛脫於風雨樓本上，燈下漫誌數語於尾」。〔註106〕亦是其例。

2. 檢驗書況以便修補

例如，清孫從添《藏書記要‧曝書》：「曝書須在伏天，……倘有該裝訂之書，即記出書名，以便檢點收拾」。〔註107〕即是其例。

又，清末學者梁鼎芬（1859～1919）〈豐湖書藏四約〉：「每樓一層置長木桌四張，爲檢書曬書之用。……每年按季曬書一次。……曬書要擇晴日，無風，要按次布曬，收時勿亂。要兩面翻曬，涼透後方可放回。有須重訂者，檢出存記，寄省重訂」。〔註108〕則是其例。

又，清末吳慶坻（？～1924）的《蕉廊脞錄》卷六：「今日曝書，拾得紙本，不勝慨然。時正荊江盛漲之時，因取裝池，贈防江諸同事，且存金石舊話云」。〔註109〕亦是其例。

〔註104〕〔清〕劉聲木，《萇楚齋三筆》（收錄於《萇楚齋隨筆 續筆 三筆 四筆 五筆》一書中，北京：中華書局，1998年3月），卷五引李日華《六研齋筆記》，頁581。

〔註105〕〔清〕錢謙益撰、潘景鄭輯校，《絳雲樓題跋》（上海：上海古籍出版社，2005年11月），頁113。

〔註106〕潘景鄭，《著硯樓書跋》（上海：上海古籍出版社，2006年7月），頁285～286。

〔註107〕同註5，頁16右～16左。

〔註108〕袁咏秋、曾季光主編，《中國歷代國家藏書機構及名家藏讀敘傳選》（北京：北京大學出版社，1997年12月），梁鼎芬〈豐湖書藏四約〉，頁219～223。

〔註109〕〔清〕吳慶坻撰、張文其、劉德麟點校，《蕉廊脞錄》（北京：中華書局，1997年12月），卷六引劉師陸〈塡河鐵犀銘跋〉，頁175～177。

3. 清查藏書數量編撰書目題跋

例如，明代余繼登《典故紀聞》卷十六所云：「每歲曝書，先期奏請，量委翰林院堂上官一員晒晾查算，事畢封識」。〔註110〕即是其例。

又，清末鄒存淦（生卒年不詳）《己丑曝書記·自序》：「予不敏，少喜藏書，祖遺無幾，自弱冠以至於今，聚而散，散而復聚，總計其數已三萬四百八十餘卷。己丑曝書，因分類編排，以便取閱」。〔註111〕即是其例。

又，清末民初藏書家葉啓勳、葉景葵（1874～1949）等則利用曝書檢點的時候，爲所藏圖書寫下了題跋。如葉啓勳《拾經樓紬書錄》卷上《史記一百三十卷·題要》末後云：「丁卯夏初曝書日玉礀後人啓勳志于海上」。葉景葵《卷盦書跋·顏氏家訓》：「十年前在京師琉璃廠得乾隆乙酉初印殘本六卷。嗣後所遇皆壬子重校本，無從補全。……乙亥仲夏，曝書檢點後記之。景葵」。〔註112〕

（三）對圖書本身的風險

古人對書籍的曝曬，理論上雖然對書籍殘餘水分的蒸發與害蟲的驅除有幫助。但是，在現代的科學實驗中，也證明了日光中紫外線，對於色彩、紙張和纖維物質均會產生莫大的傷害。所以，古人的曬書工作立意雖佳，但對書籍本身來說還是具有一定風險。更何況，天有不測風雲，如果曝書時突然間遭逢大雨的話，損失也就更大了。所以，如果一定要曝書的話，爲了提高翻曬的效果與減少曝書的時間，勤於翻動書籍則是比較有用的曝書方法。

另外，曝書因爲需要移動大批的圖書，所以書籍容易錯亂遺失；而且曝書工作如果人多手雜，也常常會造成書籍的污損與傷害。於是，不贊成與禁止曝書的聲音就出現了。例如，清代乾隆皇帝就曾因爲文淵閣曝書所產生的管理弊端，下令免除了曝書之例：

> 向來文淵閣藏庋《四庫全書》，設有領閣提舉、直閣校理、檢閱等官。原未詳立規條以專責成，所有司事收發，一切不免彼此推諉。……即曝曬書籍，插架歸函竟未能順敘，殊非慎重祕書之道。……其各書裝貯匣葉用木，並非紙褙之物，本可無虞蠹蛀。且卷帙浩繁，非一時所能翻閱。而多

〔註110〕同註100，頁283～284。

〔註111〕〔清〕鄒存淦，《己丑曝書記》（《清代稿本百種彙刊》第42冊，臺北：文海出版社，1974年8月，據清光緒十五年鄒存淦手稿本影印），頁1～3。

〔註112〕葉啓勳，《拾經樓紬書錄》（臺北：廣文書局，1967年8月），卷上〈重續千字文二卷提要〉，頁86。葉景葵，《卷盦書跋》（上海：上海古籍出版社，2006年7月），頁78。

人抽看曝曬，易致損污；入匣時復未能詳整安貯，其弊更甚於蠹。嗣後止
須慎爲珍藏，竟可無庸曝曬。〔註113〕

即是其例。

三、對孫從添曝書方法的檢討

生長於清代的孫從添，總結了前人曝書的理論作法，再配合自己長期經驗下的
體會，提出了他所認爲最適當的曝書原則與方法。

如其所云：「曝書須在伏天，照櫃數目挨次晒，一櫃一日。晒書用板四塊，二尺
闊，一丈五六尺長。高橙擱起放日中，將書腦放上面，兩面翻晒，不用收起，連板
櫈風口涼透，方可上樓。遇雨櫈板連書入屋內擱起最便。攤書板上，須要早涼，恐
汗手挈書沾有痕迹。收放入櫃亦然。入櫃亦須早，照櫃門書單點進，不致錯混。倘
有該裝訂之書，即記出書名，以便檢點收拾」。〔註114〕即是其例。

（一）曝書要因地制宜

關於曝書日的選擇原則，清末藏書家葉德輝《藏書十約·收藏》認爲：「古人以
七夕曝書，其法亦未盡善。南方七月正值炎薰，烈日曝書，一嫌過于枯燥，一恐暴
雨時至，驟不及防。……不如八九月秋高氣清，時正收斂，且有西風應節，藉可殺
蠹。南北地氣不同，是不可不辨者也」。〔註115〕葉氏從南北天氣情況不同來考量是
有其道理的，而同樣生長於南方的孫氏，對曝書也不限定在七月天，我們從其「曝
書秋初亦可」則可明白此點。

其實，如果去查一下歷史上關於曝書日期的記載，可以看到幾乎全年都有人在
曝書。其中，有限定某一個季節或時日之間的，也有限定某一天的（官方大都如此，
應是爲了作業方便），但更多的則是藏書家們隨興擇日而爲之的。〔註116〕總之，曝
書既然是要藉助陽光的力量，所以晴天當然是一個基本條件，另外，一些特殊氣候
的考慮（如有些地方夏日多午後雷陣雨），則是屬於藏家個人的自決權，所以說不論

〔註113〕〔清〕王先謙纂修，《十二朝東華錄：乾隆朝》（臺北：文海出版社，1963年9月），
頁1528。
〔註114〕同註5，頁16右～16左。
〔註115〕同註75，頁53。
〔註116〕例如，《四民月令》：「七月七日」、《齊民要術》：「五月十五日以後，七月二十日以
前」、司馬光：「上伏及重陽閒」、《新增格古要論》：「未梅雨之前」、《燕臺筆錄》：「（皇
史宬）六月六日」、錢謙益：「夏日」、《藏書記要》：「伏天、初秋」、《郎潛紀聞初筆》：
「（秘閣）三月六日」、《鄉言解頤》：「夏天」、《藏書十約》：「（南方）八九月」等，
皆是其例。

什麼時候曬書，能適合地理、氣候環境還是最重要的。

（二）曝書的器材搭配

為了曝書，孫氏研發了寬二尺、長一丈五六尺的四塊式曬書板，這個板子不但兼為搬運的托盤，遇到下雨時也是一個快速反應的工具，這則是孫氏長期曝書經驗下而有的實用性創作。另外，曬完書後，書籍的入室還要有配套的措施才不會混亂，所幸，孫氏編目理論中積極提倡的「分類書櫃目錄」上的「櫃門書單」，就成了清點入藏書籍的最佳幫手了。

（三）日光直射與曝書後的入藏時機問題

孫氏認為曬書要在日中，且說要書涼透才能入藏，即考慮到餘熱難消，書籍易於脆裂與蟲蠹易滋生的問題。

而《齊民要術》則云：「須要晴時，於大屋下風涼處，不見日處。日曝書，令書色暍。熱卷，生蟲彌速」。〔註117〕雖然，一個主張要在日正當中，一認為要在有蔭處。不過，他們對入藏時機的考慮則都是相同的。對於此點，明代謝肇淛的《五雜俎》也是持相同的見解：「日曬火焙固佳，然必須陰冷而後可以入笥，若熱而藏之，反滋蠹矣」。〔註118〕即是其例。

總之，曝書是古代流傳久遠的一種有效圖書維護方法，從清末民國的近代圖書館到今日現代化圖書館的發展進程中，這種方法雖然依舊也受到肯定而被零星的利用。〔註119〕不過，此一傳統方法終究敵不過現代化科技的便利，而早已卸下它保護圖書的重要任務。儘管如此，但吾人在享受現代化科學的便利成果時，對於古人曝書時的重要觀念：即「藉以定時整理圖書」的精神，還是要去認真看待與學習的。而國內圖書維護學專家楊時榮先生所說，則是對古人辛苦創造的曝書方法與精神的尊重與再推展：

> 古代曝書的觀念也是讓長年封塵未動的文獻，每年都能最少接受一次
> 人們的檢驗與關心，可以藉由此活動來了解典藏物和環境的品質是否需要

〔註117〕同註87，頁164。

〔註118〕同註57，頁239。

〔註119〕例如，性質與近代圖書館相同的豐湖書院，其院長梁鼎芬〈豐湖書藏四約〉所述，即是清末圖書館的代表。參見：同註108。又，1921年1月的〈江蘇省立第一圖書館保存善本規則〉：「古籍紙張，率多枯脆，不任日曬，當什襲以藏，檢有略帶潤濕者，除春秋兩季風曝外，當擇風日晴和之候，不時曬晾之。」即是近代民國圖書館的代表。參見：李希泌、張椒華編，《中國古代藏書與近代圖書館史料（春秋至五四前後）》（北京：中華書局，1996年7月），〈江蘇省立第一圖書館保存善本規則〉，頁312～313。

改善。諸如這些經得起時間考驗，好的傳統維護的觀念和方法，必須加以
保存、研究、改良、創新及推展，使它們成爲我們保存維護工作上的需要
與特色。〔註120〕

的確，或許古代人的知識與理論已經不符合現今的科學需求，但是試著從行之有年
的傳統方法中找到可供現代科學創新的素材，則是使古人的精神能繼續發揚的最佳
作法。

〔註120〕楊時榮，〈圖書維護體系建構上的期盼〉，《書苑》第 55 期，2003 年 1 月，頁 70～
81。

第八章　結　論

　　圖書文獻是一種負載知識的載體，當人們收藏有圖書文獻成為了藏書家，知識才能變成他觸手可得的資源，所以「購求」圖書文獻是他們的第一項要求。世上書籍何其多，為了判定優劣好壞，「鑒別」能力當然是應該要有的。圖書有時無法順利購得，「鈔錄」既可以得書也能學習所以更顯得重要。在學習過程中發現了錯誤，於是利用「校讎」來解決錯誤。書籍數量龐大只能放在書庫，「編目」可以有效掌握。為了使圖書狀況良好而能長時間為己所用，「收藏」過程中的「裝訂」、「曝書」是絕對少不了的工作。

　　以上八則，是一個所謂藏書家藏書生活的真實寫照，而第一個有意識要將此道形之筆墨分享他人的孫從添，以此完成了《藏書記要》，也成就了他這個小藏書家的特殊地位。以下則是該書在中國圖書文獻史上的貢獻之說明。

一、對常熟派藏書經驗總結的貢獻

　　對於藏書活動的進行，孫從添一直認為，除了自身的逐步經驗與慢慢體會外，同道之間的切磋交流，甚或是對前輩藏家的模仿、借鑒則是一件更重要的事。諸如，與能辨識古本、今本異同之二三知己好友的結伴「購求」；訪求各地收藏之家請教「鑒別」之法；「校讎」工作有困難時對博學君子的請教等，都是孫氏重視參考他人說法、經驗的明證。因為，學海是那麼的無涯，而個人的識見卻總是那樣有限，所以想要能夠知道更多、更好的藏書秘訣，時人前輩們的經驗是絕對不能錯過的。正好，孫氏所在的蘇州府常熟地區，從古至今可說都是一個人文薈萃的文化盛地，而明清以來，當地的大小藏書家們更接連不斷的出現與大放異彩，後來則形成了所謂（常熟）「虞山」藏書派。對這個地區之虞山派藏書家的崛起情形，清代中後期藏書家周星詒的說法是值得參考的：

藏書家首重常熟派，蓋其考證版刻源流，校訂古今同異，及夫寫錄、圖畫、裝潢、藏庋，自五川楊氏以後，若脈望、絳雲、汲古及馮氏一家兄弟叔侄，沿流溯源，踵華增盛，廣購精求，博考詳校，所謂「讀書者之藏書」者，惟此諸家足以當之。故通人學士於百數十年後得其遺籍爭相誇尚，良有以也。〔註1〕

由周氏所述，可以知道，大約從明代嘉靖中葉的楊儀開始，蘇州常熟地區就一連出現了像趙琦美、錢謙益、毛晉、馮舒、馮班兄弟等等，在中國藏書史上有過不小影響的知名藏書大家。

歷史還證明了這些藏書家對藏書的特殊愛好與作法，不僅在當地漸漸的流行，有些更還成了影響後來整個中國藏書風氣的重要推手。例如，楊儀的熱愛藏書與喜歡抄書，不但使其「楊抄」聞名後世，更是虞山派藏書家普遍喜愛鈔本、嗜好抄書風尚的帶動者。而這一點，我們從清末藏書家葉德輝《書林清話》所提出「明以來鈔本書最為藏書家所秘寶者」之十三家中，常熟就佔了五家的情況中可得到證明。〔註2〕

另外，錢謙益、錢曾、毛晉等人酷愛宋元舊刻的事跡，更是後來整個清代藏書界瀰漫「佞宋」風氣的始作俑者。

因而，很自然地，這些藏書家們關於收藏圖書的種種觀念與措理之術，也就成了孫氏可以利用的最佳參考了。接下來，就以簡單的表格來說明《藏書記要》對虞山地區藏書觀念與方法的參考借鏡。

	虞山派藏書事例與理論的借鑒	說　明
鑒別篇	再於各家收藏目錄、歷朝書目、類書、總目、讀書志、敏求記、經籍考、誌書、文苑誌、書籍誌、二十一史書籍志、名人詩文集、書序、跋文內，查考明白，然後四方之善本、秘本或可致也。	視錢曾的《讀書敏求記》為鑒別書籍版本時的參考工具。
	大抵收藏書籍之家，惟吳中蘇郡虞山、崑山，浙中嘉、湖、杭、寧、紹最多，金陵、新安、寧國、安慶及河南、北直、山東、閩中、山西、關中、江西、湖廣、蜀中，亦不少藏之家在。其人能到處訪求，辨別真偽，則十得八九矣。	蘇州虞山地區的大小藏書家是可供版本鑒別諮詢的「首要」寶庫。
	藏書之道，先分經史子集四種取其精華，去其穰秕。經為上，史次之，子集又次之。	虞山派藏書家首重「經史」書籍的傳統。
	惟毛氏汲古閣十三經、十七史校對草率，錯誤甚多，不足貴也。	對毛氏汲古閣刻書校勘不精的體認與評斷。

〔註1〕參見〔清〕章鈺，《《讀書敏求記》校證》（臺北：廣文書局，1967年8月），周星詒〈題記〉，頁960～962。

〔註2〕參見〔清〕葉德輝，《書林清話》（與《書林餘話》合刊，長沙：岳麓書社，1999年4月），卷十〈明以來之鈔本〉，頁229～236。

	宋刻本書籍傳留至今，已成希世之寶，其未翻刻者及不全者，即翻刻過而又不全者，皆當珍重之。吉光片羽，無不奇珍，豈可輕放哉！	虞山派藏書家「佞宋」的傳統風氣。
	而蘇人又將明藩本、明蜀本、明翻宋刻本，假刻本文序跋，染紙色，僞作宋刻，眞贗雜亂，不可不辨。	蘇州府地區書籍作僞的巧妙手法。
	汲古主人集大小各種宋刻《史記》一部，名曰《百合錦史記》，以此對勘，方爲精詳而無錯誤者也。	毛氏汲古閣鑒別、校對書籍時的參考範本。
	其外各家私刻之書，亦有善本可取者，所刻好歹不一耳。……汲古閣毛氏所刻甚繁，好者亦僅數種。	對毛氏汲古閣所刻書的評價。
鈔錄篇	虞山趙清常、洞庭葉石君諸家鈔本俱好而多，但要完全校正題跋者，方爲珍重。	對明末清初虞山脈望館趙清常（趙琦美）、樸學齋葉石君（葉樹廉）鈔本的推崇。
	楊儀、……桑悅、孫西川皆有鈔本甚精。	對明代常熟楊儀「楊抄」、桑悅（桑民懌）、孫西川（孫艾）所抄書的推崇。
	新鈔馮己蒼、馮定遠、毛子晉、馬人伯、陸敕先、錢遵王、毛斧季各家，俱從好底本鈔錄，惟汲古閣印宋精鈔，古今絕作，字畫、紙張、烏絲、圖章追摹宋刻，爲近世無有。能繼其作者，所鈔甚少。	對清初常熟馮己蒼（馮舒）、馮定遠（馮班）、毛子晉、馬人伯（馬弘道）、陸敕先（陸貽典），錢遵王（錢曾）、毛斧季（毛扆）各家鈔本的推重。
	余見葉石君鈔本，校對精嚴，可稱盡美。錢遵王鈔錄書籍，裝飾雖華，固不及汲古多而精，石君之校而備也。	對葉石君鈔本校對精嚴的高度肯定。
	前輩鈔錄書籍，以軟宋字小楷顏、柳、歐字爲工，宋刻字更妙，摹宋板字樣，筆畫均勻，不脫落，無遺誤，烏絲行款，整齊中帶生動，爲至精而備美，序、跋、圖章、畫像摹仿精雅，不可呆板，乃爲妙手。	虞山地區藏書前輩鈔錄書籍原則的具體說明。
	近時錢遵王有五彩著色畫本《香奩集》，白描《鹵簿圖》、《營造法式》、《營造正式》等書，雖弗及前人，今亦不可得矣。	述古堂錢曾鈔錄圖畫書特點的評價。
校讎篇	惜乎古今收藏書籍之人，不校者多，校者甚少。惟葉石君所藏書籍，皆手筆校正，臨宋本、印宋鈔俱借善本改正，博古好學，稱爲第一。葉氏之書，至今爲寶，好古同嗜者賞識焉。	對葉石君書籍校讎成績的高度肯定。
裝訂篇	錢遵王述古堂裝訂書面用自造五色箋紙，或用洋箋，書面雖裝華美，卻未盡善，不若毛斧季汲古閣裝訂書面用宋箋、藏經紙、宣德紙，染雅色，自製古色紙更佳。	對毛斧季汲古閣裝訂書籍用料選擇、書面式樣的說明與評價。
	書套不用爲佳，用套必蛀，雖放於紫檀香楠匣內藏之，亦終難免。惟毛氏汲古閣用伏天糊裱，厚襯料，壓平伏，裱面用洒金墨箋或石青、石綠、棕色、紫箋俱妙。內用科舉連裱裏，糊用小粉、川椒、白礬、百部草細末，庶可免蛀。	對汲古閣製作書籍函套匠心獨具之說明。

	虞山裝訂書籍，講究如此，聊為之記，收藏家亦不可不知也。	虞山藏書派重視書籍裝訂的傳統。
編目篇	虞山孫姓行二者，寫書根最精，一手持書，一手寫小楷極工，今亦罕有能者。	對虞山地區著名寫書根匠人工法的讚揚。

　　的確，常熟虞山派多釆多姿的藏書風貌，不僅影響後世深遠，而且還成了孫氏寫作藏書理論時的參考。對此，學者說道：

　　　　清初常熟上善堂藏書主人孫慶增（字從添，號石芝，1692～1767）的《藏書紀要》，分為購求、鑒別、抄錄、校讎、裝訂、編目、收藏、曝書八篇，其實就是對虞山（常熟）派藏書經驗的系統總結，允予重視。〔註3〕

可以說，就是因為有常熟虞山這一獨特的自然景觀與人文環境，才能造就藏書家孫從添及其藏書理論，而《藏書記要》對該地藏書經驗的總結介紹所創造出來的有形作品，則反過來變成了常熟虞山派藏書傳統的最佳宣傳。

二、對私家藏書的重要參考意義

　　古代私人藏書家有很多類型，有些人喜歡學術性的創造與寫作，所以他們為讀書而藏書，並且常常利用藏書來研究；有人特別重視收藏質量俱佳的書，而他們在尋找所謂年代早、內容佳之書的過程中，也慢慢地養成了對圖書的高度鑑賞力；有人則一心喜歡出版，當然一方面是營利，而一方面則是為了將自己對圖書的整理結果介紹給其他藏書家，所以這種人高明的書籍整理能力，藉由他們傳播文獻的過程中得到了肯定。

　　上述三種類型的藏書家雖然偏好不同，但這些人卻有一個共同點，就是他們對於如何因應需要而收藏書籍與收到圖書後該如何處置，都有他們自己常用的一套。不過，儘管這些藏書家在藏書活動的種種觀念，都有其實務經驗所體會出來的原則，不過會想到動筆把這些訣竅寫下來的人卻是少數。這是因為這些專業的藏書家，整天不是想辦法買書、找書，就是在親手編製目錄及安排上架，要不然就是在校對剛收到的書。所以，自然而然地，不用人家教，他也知道如何去買書、選書；而編製藏書目錄也是間隔一段時日就必需做的事，這些人當然也就熟能生巧了，更何況，珍秘圖書得來不易，又怎麼放心讓別人知道呢？另外，私人藏書家不像官方單位的管理者，因為上面隨時有人監督，為了職務與業績需要，他們的確寫了不少類似工

〔註3〕　徐雁、譚華軍，〈中國藏書之鄉的碑傳集——話說虞山派藏書家的崛起〉，載於曹培根編，《常熟藏書家藏書樓研究》（上海：上海文化出版社，2002年8月），頁1～21。

作報告的藏書史料；與此相反，私人藏書家的生活就自由多了，應該如何處理圖書他們自己都有分寸，至於要不要把處理的方法寫下來，就隨個人的需求了。因此，私家藏書理論寫作的不盛行，是有一些因素同時在作用的。

不過，時代是會慢慢進步的，各種事物也漸漸的演變或增加數量。對於生活在明清時期的藏書家來說，此時不論是圖書本身種類與數量的增多、外在購書的環境的愈加多元化、私家目錄編制的氾濫甚或收藏書籍的新舊措施參雜等等，都呈現出空前絕後的複雜情勢。這個時候，如果不是一個具備長時間實際經驗的藏書家，若面對了這樣複雜的藏書環境後，我想不論任何人都會感到無所適從。

例如，首先將《藏書記要》鈔本傳給黃丕烈進行刊刻的吳縣藏書家陳謙，當時就因為客觀藏書環境的複雜與主觀能力的不足而對藏書事業感到心有餘而力不足，不過當得到該書籍以參考後，他的信心則恢復了：

> 藏書紀要，壬子夏，金心山先生所贈。余素有書癖而力不迨，後人有志於此，觀此八則，庶不負徒有插架之名也。嘉平十一日謙識。〔註4〕

即是其例。

就是因為這樣，一部與《澹生堂藏書約》寫作目及談論範圍有明顯不同的理論著作從此產生，這部作品是第一部真正應「同志」們請求，自覺撰述完成的藏書理論：《藏書記要》。對該書產生之後的影響深遠，藏書史學家范鳳書先生的評論則極為貼切：

> 孫氏之前雖亦有對與藏書關聯的諸多問題偶有論述，像宋代鄭樵《通志‧校讎略》中求書八道之論，高濂《論藏書》中對宋版特點與書賈作偽之述，特別祁承㸁《澹生堂藏書約》中對聚書、購書、鑒書之說，但都不如孫從添《藏書紀要》這樣對藏書所涉及的從購求、鑒別、抄錄、校讎、裝訂、編目、收藏到曝書等諸多方面實踐技術，作了如此全面系統的具體探索和總結。這對後世的私家藏書活動起到了莫大的指導和推動作用。〔註5〕

的確，後來包括像清代中葉黃丕烈、楊復吉與清末繆荃孫等等知名的藏書家，都紛紛對該書表達推崇之意並刊刻之藉以廣流傳的情況，就是該書真正有實用價值的確證。後來模仿該書而撰作的葉德輝《藏書十約》之產生，則是該書對藏書學術的貢獻之一例。

〔註4〕〔清〕孫從添，《藏書記要》（台北：藝文印書館，1966年，據清嘉慶十六年刊《士禮居叢書》本影印），陳謙〈識語〉，頁16左。
〔註5〕同註3，范鳳書〈論藏書家孫從添及其《藏書紀要》的學術價值〉，頁160～164。

三、對目錄版本諸學科研究的貢獻

　　古代目錄書功能多樣，諸如涉學的指導、鑒別古籍眞僞、考察典籍的存佚、辨別古書的完缺與查考版刻源流等，皆是其例。對於不是專門研究目錄學的藏書家們來說，去分析、思考目錄分類的異同或書目部次的流別，意義似乎不大。他們之所以編制目錄，在於想要快速地掌握自己大量的藏書。對藏書家們來說，書籍猶如他們的財產，且其中珍貴的書籍更是所費不貲，因而思索編制一部既可以方便查找，亦可以反映特藏甚至可以當作借閱管制的目錄書也就很重要了。

　　對處於清初時期的孫從添來說，他所要編制目錄的重點，在於是否可以讓他方便管理自己的藏書，也就是說，他要編的目錄完全是「藏書家導向」的目錄，所以是不是能「辨章學術，考鏡源流」也就不重要了。而他在《藏書記要・編目》中則提出了一整套藏書家因應各式需求時要有的目錄。亦即：一、藏書總目─即「大總目錄」。二、特藏目錄─即「宋元刻本、鈔本目錄」。三、排架目錄─即「分類書櫃目錄」。四、專用目錄─即「書房架上書籍目錄及未訂之書、在外裝訂之書、鈔補批閱之書目」。

　　這種僅供藏書家利用的目錄，因爲大都是簡單式的著錄，所以總是受到像後世擁護「小序」、「提要」式目錄的學者們的批評。但是，就事論事，它們本來就是只爲藏書家而服務的，只要能合於個人的需求即可，著錄簡單一些又何妨呢！在這之中，孫從添所提倡的雖然也是簡單式目錄，但是他在某些細節的特殊要求上（如要求著錄有詳細的版本項），則有其突破性貢獻。

　　例如，目錄學者嚴佐之先生認爲，《藏書記要》對藏書目錄編制的直接指導意義有四點，亦即：一、對編目者的素質要求；二、建立了一整套完整的目錄制度；三、建立詳備的書目著錄項；四、概括總結了與書目著錄直接相關的版本鑒定方法等。稍後，他則總結了孫氏編目理論在清初私家目錄發展中的地位云：

　　　　《藏書紀要》的目錄編制方法論，與其說是孫從添的經驗之談，不如說是他對自清初以來《絳雲樓書目》、《述古堂藏書目》、《述古堂宋本書目》、《傳是樓書目》、《季滄葦藏書目》、《汲古閣珍藏秘本書目》等書目編制方法的經驗總結。它是清前期私家藏書目錄發展的產物和發展水平的檢閱。從這個意義上說，《藏書紀要》也是一部重要的目錄學著作。〔註6〕

的確，在私人藏書目錄編制氾濫的清初，孫氏的編目想法是很獨到的。如其所編

〔註6〕嚴佐之，〈近三百年古籍目錄舉要〉（上海：華東師範大學出版社，1994 年 9 月），頁 41～43。

制而流傳下來的「善本目錄」:《上善堂宋元板精抄舊鈔書目》,全目共分「宋板」、「元板」、「名人鈔本」、「景宋鈔本」、「舊鈔本」、「校本」等六類,即是一部首開依照版本類別分類編次先例的藏書目錄,對後世此類目錄的產生,則有很大的影響。

　　古代藏書家當然沒有學過「版本學」,不過他們購求時所賴以鑒定的眼光與法則,則爲後來的版本學研究提供了不少素材。就像清初錢曾《讀書敏求記》,不但是清代首先開創題跋體裁的一部版本式目錄,該書對於版本考訂的方法與著錄的格式則爲後人的圖書鑒定提供了範式。例如,他所提出從版刻、字體、紙張、墨色來考訂書籍年代的方法等等。

　　與《讀書敏求記》本是書目式體例,要利用時需要再去歸納不同,孫氏在《藏書記要》中設置了「鑒別」專章來作理論式探討。例如,從其所說:「於各家收藏目錄、歷朝書目、類書、總目、讀書志、敏求記、經籍考、誌書、文苑誌、書籍誌、二十一史書籍志、名人詩文集、書序、跋文內,查考明白,然後四方之善本、秘本或可致也」。〔註7〕與:「鑒別宋刻本,須看紙色、羅紋、墨氣、字劃、行款、忌諱字、單邊、末後卷數不刻末行、隨文隔行刻,又須將眞本對勘乃定」。〔註8〕能看出其與《讀書敏求記》性質的不同之處。

　　可以知道,「孫從添不僅論述了版本鑒別的內容,而且對版本鑒別的方法也作了明確而又具體的闡述,這在版本學史上還是第一次。他的這些理論一直影響著後世的版本鑒別工作,至今仍爲版本學家們所遵循不渝」。〔註9〕另一方面,他的鑒定方法雖然有參考錢曾的部分,但《讀書敏求記》是一部尚未理論化的書目也是不爭的事實,所以對孫氏而言,該書也只是查考的工具書罷了。

　　此外,其「鈔錄」一則更專就鈔本的鑒別問題提出說明。

　　「校讎」是確保書籍內容正確無誤的重要工作,對於擁有很多圖書的藏書家來說,校讎則更是必要的先導工作,而藏書家間常會說的「書不校勘,不如不讀」就恰好代表了他們對校讎的重視。

　　對於校讎,孫氏認爲先要具備基本的學識與配合校讎份量的充裕時間。再來,校讎時相關知識與資料的輔助亦很重要,諸如:適時徵詢博學君子們的意見、具備金石碑帖的知識與熟悉文字、音韻、訓詁之學等。最後一點,校書時針對價值有差異的版本,施以不同的校法,重點則是在不傷及珍貴的「宋元舊版」上。

〔註7〕同註4,〈鑒別〉,頁2左〜3右。
〔註8〕同註4,〈鑒別〉,頁4右。
〔註9〕姚伯岳,《中國圖書版本學》(北京:北京大學出版社,2004年12月),頁38〜40。

此外，孫氏校讎時「反覆校過，連行款俱要照式改正，方爲善本」的「死校法」觀念，則是影響深遠的。後來像黃丕烈、顧廣圻等人即謹守此法，成爲了死校法的擁護者。

四、《藏書記要》與近現代圖書館學

與大多數封建藏書家相同，孫從添也擁有一座藏書樓：「上善堂」。就時代而言，《藏書記要》當然是針對古代藏書樓而有的藏書理論。古代的私人「藏書樓」如果放在今天，我想大部分的人都不會認爲它就是圖書館，其原因就在於書籍是否開放閱覽上，雖然，古代有些私人藏書樓也開放借閱流通，但在西方圖書館觀念正式進入到中國以前，這種例子還是少數的。

雖然，古代私人藏書樓與近現代圖書館是功能不同的兩種單位，但這是否就代表私人藏書理論對近現代圖書館學術沒有任何影響。答案是否定的。因爲，古代私人藏書樓與近現代圖書館最大的不同點，乃在於爲大眾開放與否上，但其實，如果撇開此點不談，其理論細節完全相同的雖然不多，但至少，在一些基本觀念或名詞用語之相合上，是可以看到古代私人藏書理論影響近現代圖書館學術的部分的。

不論是古代的藏書樓或是現代的圖書館，書籍都是它們收藏中的主體。雖然，近現代圖書有其它類型的知識載體存藏其中，但紙本收藏還是佔其大部分比率。既然兩者都收藏紙本式圖書，而年代又不會相差太遠（就清初與民初而言），那麼現代圖書館的種種作法，很多是脫胎自古代藏書樓的情況，也就不奇怪了。例如，有論者認爲《藏書記要》對現代圖書館學的貢獻在於：

> 如果從我國圖書學的角度來分析，該書不僅是一本技術書，而且還應該是圖書館學的奠基性學說。《藏書紀要》就是從藏書及藏書樓的管理角度形成的理論，它與圖書館藏書建設中包括的藏書補充和藏書管理兩個方面的內容是一致的。也就是說，它與圖書館學的分支—藏書組織學和圖書管理學一脈相承的。〔註10〕

即是依照《藏書記要》八則的目的性，將之分別對比爲現今圖書館學中「藏書組織學」（即圖書收集與内容整理，有「購求」、「鑒別」、「鈔錄」、「校讎」）與「藏書管理學」（即典藏管理，有「編目」、「裝訂」、「收藏」、「曝書」）兩個部分。

需特別注意的是，古代藏書理論影響近現代圖書館學術的現象，在古籍部門的

〔註10〕陳建忠，〈蘇州藏書家在中國私家藏書史上的地位和影響〉，《大學圖書館學報》2005年第2期，頁56。

技術理論上則更爲強烈。近現代圖書館中，因爲西洋式書籍慢慢的增多，這些書不論在材質或內容上，都與中國傳統書籍不同。因而，這些書籍的措理之術當然不會沿襲古代藏書樓。所以，古代藏書樓理論對近現代圖書館技術的影響部分，當然相對地會比較集中在收藏書籍形態相近之古籍特藏部門。

例如，近代圖書館學家譚卓垣先生在其 1935 年出版的《清代藏書樓發展史》一書中，就曾讚揚《藏書記要》對編制善本書目與鑒定善本書的貢獻云：

> 孫從添所寫的這部便覽，是整個十九世紀唯一的一部向私人藏書家交代藏書技術的參考書。令人驚奇的是，它所提出的意見一向爲藏書家們謹守不渝，直至今日還對現代中國的圖書館發生著影響。許多編纂珍本書目的術語都出自該書，更不用說後人以此書的意見爲鑒別宋元版本的標準了。〔註11〕

即是其例。

另外，根據《國家圖書館工作手冊》，可知「特藏組」工作項目主要有：一、「舊籍文獻之蒐集及典藏」；二、「舊籍文獻之編目與考訂」；三、「舊籍文獻整理計畫」；四、「舊籍文獻之修補」；五、「善本書庫之管理」；六、「舊籍文獻原件之借印出版」；七、「舊籍文獻之借閱與複印」。〔註12〕

其中，第一項即是屬於「購求」的部分；第二項即是「鑒別」、「編目」的部分；第三項即是「校讎」的部分；第四項即是「裝訂」的部分；第五項即是「收藏」、「曝書」的部分；第六、七項則與「鈔錄」概念相同。由此可見，《藏書記要》對於書籍的各項整理工作，在現今圖書館古籍部門中也都能夠找到概念相配合的部分，但畢竟時代還是有差異，所以實際的作法只有部分相同。

五、《藏書記要》的時代侷限

《藏書記要》雖只有短短的八千多字，但對當時圖書收藏家蒐集前、後所必須要認識與明瞭的各種注意事項，該書差不多都談論到了。因而，這本小冊子成爲了古今公私收藏單位或個人們所樂於去閱讀與擁有的重要參考書籍。

如前所述，後來的歷史發展也證明了該書不僅僅對當時的私人收藏家有特殊貢獻，更重要的是，該書對後來公私圖書收藏單位（特別是古籍善本特藏部門）的管

〔註11〕參見譚卓垣著、徐雁、譚華軍等譯，《清代藏書樓發展史》（與《續補藏書紀事詩傳》合刊，瀋陽：遼寧人民出版社，1988 年 6 月），第三章第二節〈藏書家恪守的藏書之道〉，頁 46。

〔註12〕參見國家圖書館研究組編，《國家圖書館工作手冊》（臺北：國家圖書館，1999 年 6 月），七、特藏組，頁 165～179。。

理者與文獻學相關學科的學人來說，亦有一定的參考價值。事實上，近代以來，諸如譚卓垣先生等圖書館學者對該書的不斷肯定，即是最明顯的例證。

不可否認的，該書對藏書建設思想與方法的確有承先啟後的貢獻。但是，畢竟其時空是在兩百多年以前，受限於時代、環境等主客觀因素，該書某些收藏問題的討論與思想表達，與現今圖書收藏單位的新式技術相比，則仍有不足與未理想處。

例如，孫氏認為購求時若遇到難得之書，要「不惜典衣，不顧重價，必欲得之而後止」。雖然，對於藏書家來說，這樣做或許可以滿足一時渴望。但不要忘了，如果一位藏書家總是沒有計畫的大肆收購，後來一旦資金短缺時，不少的歷史教訓也告訴我們，其損失則將是更大的。而現今圖書館採編單位購書前的「預算、需求」審定，當然是合乎現實效益的。此外，購書前蒐集原則的擬定，對於現今收藏單位來說更是重要，而該買什麼書心裡有數的孫氏則未提及此點。

鑒別版本時，對於「宋元舊刻」、「經史」類圖書的高度重視，表現出當時藏書家普遍佞好宋版、維護儒家正統著作的普遍風氣。這種屬於是反映時代風尚的圖書收藏鼓吹，其實並沒有所謂對或錯的問題。但在古代圖書資源日漸珍貴與學術發展多元化的今日，可以廣泛蒐集各種類圖書文獻的收藏單位才將是能合乎讀者或研究者之需求的。又，他認為既能幫助讀書人學習又能增加藏書的方法當屬「鈔錄」圖書一法，但在現今圖書收藏單位的蒐集過程中，鈔錄方法迫於現實也早已被新式影印、照相排印與掃瞄技術取代了。

另外，因為知識水準與科學技術的相對落後，孫氏所論當然無法完全兼顧。例如，在談論圖書裝訂時，雖兼及於修復問題，但後者相對更需要現代科學技術與知識的輔助，所以，在諸如水濕古籍的乾燥復原、書頁污損的清潔處理等等古籍維護的重要技術問題上，該書則是隻字未提的。

雖然，時代的逐漸進步，總不可抵擋的會改變掉過去的落後技術與錯誤觀念。但現今所能夠產生的重要技術與觀念，如果沒有古人苦心思索之體會為基礎，相信是不會那麼順利就出現的。例如，《藏書記要》「收藏」則中，對於書籍維護時所提示的種種基本看法（如書樓位置選擇的要求、書籍透風的要求等），就是現今圖書館保護善本古籍時所賴以依循的基本觀念。而更重要的是，這則為該書之所以還能「古為今用」的價值所在。

總之，像《藏書記要》這種由「老蠹魚」自覺自發，依據多年經驗親自撰寫的理論性著作，實在是很值得吾人推崇的。最後，我想清末藏書史家葉昌熾（1847～1917）《藏書紀事詩》中評論他的詩，應是最能表達孫氏一路走來之辛勤與貢獻的：

鴛鴦不惜度金鍼，字字書林座右箴。

三折肱爲醫國手，廣長舌是佛家心。〔註13〕

〔註13〕〔清〕葉昌熾撰、王欣夫補正，《藏書紀事詩〔附補正〕》（與《辛亥以來藏書紀事詩》
　　　合刊，上海：上海古籍出版社，1999 年 12 月），卷五孫從添條，頁 489～490。

附錄一：《藏書記要》「鑒別則」所列舉明代刻書者簡介

版本簡稱	刻書者	字　號	生卒年 （西元）	籍　貫	藏書與刻書事蹟
錫安氏板	安　國	字民泰	1481～1534	江蘇無錫	居膠山，自號桂坡，好購異書，所刊書甚夥，曾刊《初學記》，其每卷標題下稱「錫山安國校刊」。
王　板	王延喆	字子貞	1482～1541	江蘇吳縣	築「恩褒四世之堂」藏書，多藏善本，精於校讎，所摹刻宋刊《史記集解索隱正義》一百三十卷，被葉德輝視爲明人刻書之精品。
袁　板	袁　褧	字尙之，號謝湖。	1490～1573	江蘇吳縣	有「嘉趣堂」廣聚善本，從事校讎刊刻。所刻書，如仿宋刻《六臣注文選》六十卷等，亦被視爲明人刻書之精者。
坊　板	豐　坊	字存禮	約 1492～1563	浙江鄞縣	家有「萬卷樓」，所藏甚富，但其擅於造僞書則是讓人詬病的。清劉獻廷《廣陽雜記》卷第一：「豐熙，鄞人。與其子坊，皆善造僞書」。
陳眉公板	陳繼儒	字仲醇	1558～1639	江蘇華亭	爲諸生，收藏頗豐，與董其昌齊名，名所居曰「寶顏堂」，刊有《眉公全集》、《寶顏堂秘笈》等行於世。
陳明卿板	陳仁錫	號芝台	1579～1634	江蘇長洲	天啓二年探花，官至國子祭酒。好刻古書，有《資治通鑑》、《大學衍義》等書行世。
閔氏套版	閔齊伋及其家族	字及五，號寓五。	1579～1665	浙江烏程	不求仕進，勤於著述校刻，所刻「彩色套印」本聞名於世。

版本簡稱	刻書者	字 號	生 卒 年 （西元）	籍 貫	藏 書 與 刻 書 事 蹟
凌 板	凌濛初及其家族	字稚成，一字玄房，號初成，別署即空觀主人。	1580～1644	浙江烏程	家族所刻印的套色印本，與「閔刻本」同齊名於世。
胡文煥板	胡文煥	字德甫，號全菴，一號抱琴居士。	生卒年不詳	浙江仁和	萬曆、天啓間，在杭州開設「文會堂」，刊印圖書，兼事藏書，刻有《格致叢書》186 種、449 卷行於世。
樊 板	當即樊維城	字紫蓋，號亢宗。	？～1643	湖北黃岡	萬曆四十七年進士，曾任浙江海鹽知縣。任海鹽知縣時曾刻印自輯郡邑叢書——《鹽邑志林》41 種 71 卷。
葛 板	葛鼐	字端調	生卒年不詳	江蘇崑山	崇禎三年舉人。有觸即書，出所嘗評騭自左、國、史、漢迄唐宋八家外，復輯二十二家，海內號稱「葛板」。

附錄二：《藏書記要》「鈔錄則」所列舉明清各家鈔本簡介

抄書者	姓名字號	生卒年（西元）	籍貫	鈔錄事蹟或鈔本特徵
俞貞木	初名楨，以字行，號立庵，又稱洞庭外史。	1331～1401	江蘇吳縣	爲藏書家俞琰之孫，修身砥行，績學能文。有老屋數間，古書、金石、法帖充斥其中，工於書法，著有《立庵集》。
葉文莊	即葉盛，字與中，號蛻庵。	1420～1474	江蘇崑山	長年在邊鎮爲官，受環境條件限制，讀書、聚書都十分不便，但無論到何處當官，他身邊總是帶著幾個專門抄手爲自己抄書。每抄成一部書，他都會認眞校閱，並且蓋上他的官印爲記，所抄被譽爲「葉鈔」。編有藏書目錄《菉竹堂書目》傳世。其鈔本用綠墨二色格紙，版心有「賜書樓」三字。
沈石田	即沈周，字啓南，號石田。	1427～1509	江蘇長洲	富於藏書，嗜好收藏法書名帖及圖籍，築「有竹居」藏之。個人並擅長書畫，爲吳門畫派創始人。
史 鑑	字明古，人稱西村先生。	1434～1496	江蘇吳縣	於書無所不讀，而尤熟於史。
吳 寬	字原博，號匏庵。	1435～1504	江蘇長洲	於書無所不讀，詩文有典則，嗜書收藏，建有藏書室「叢書堂」儲之。本人擅長抄書，且書法精楷，所抄被譽爲「吳鈔」。編有藏書目錄《叢書堂書目》。其鈔本使用紅印格紙，版心有「叢書堂」三字。
朱性甫	即朱存理，號野航。	1444～1522	江蘇長洲	聞人有異書，輒從以求，以必得爲志。或手自繕錄，動盈箱篋。群經諸史，下逮稗官小說，無所不有。尤精楷法，手錄前輩詩文，積百餘家。

抄書者	姓名字號	生卒年（西元）	籍貫	鈔錄事蹟或鈔本特徵
桑 悅	字民懌	1447～1503	江蘇常熟	兼擅詩文，嗜好藏書，著有《思玄集》。
楊循吉	字君謙，號吉人，又字筠谷，號南峰。	1456～1544	江蘇吳縣	居家好蓄書，有藏書樓「臥讀齋」，聞某處有異本，必購求繕寫。祁承㸁《澹生堂藏書訓》記他：「楊君謙性最嗜書，家本素封，以購書故，晚歲赤貧，所收藏十餘萬卷」。可知在明中期藏書家中，其藏書數量排名第一。
都 穆	字玄敬	1458～1524	江蘇吳縣	由其所著《使西日記》、《金薤琳琅錄》和《寓意編》等書可知他嗜好收集碑帖、金石彝器與名畫。另外，對於圖籍文獻，他亦是熱衷搜藏的。
祝京兆	即祝允明，字希哲，號枝山。	1460～1526	江蘇長洲	擔任過南京應天府通判，所以又有「祝京兆」之稱。他的詩文書法，才華橫溢，書法造詣很深，各體兼精備，與唐寅、文徵明、徐禎卿號稱「吳中四才子」。《上善堂書目》：「祝枝山手鈔《野記》一部，毛斧季跋」。
徐髯翁	即徐霖，字子仁，自號髯仙、九峰道人。	1462～1538	江蘇華亭人，後寓居金陵。	工書畫，以詞曲知名。收藏有宋槧本《隸釋》甚精妙，後歸毛青城載還蜀中。
文待詔文三橋	即文徵明、文彭父子。	1470～1559 1497～1573	江蘇長洲	文徵明，正德末曾被薦授爲翰林院待詔，既是著名的書畫家，同時也是有名的藏書家，築有「玉蘭堂」以藏書，所抄被譽爲「文鈔」。文彭，字壽承，號三橋，亦喜藏書，善鑒別。其抄書多用藍格紙，格欄外有「玉蘭堂錄」四字。
顧元慶	字大有，學者稱之大石先生。	1487～1565	江蘇長洲	其兄弟多善理財治產，唯獨他喜歡讀書、藏書與刻書，所收圖書從經史到稗官說部皆有。藏書有萬卷之多，有藏書室「夷白堂」。顧氏是明初有名的刻書家，其從夷白堂豐富的藏書之中精選出善本，自行編輯匯集爲《顧氏文房小說》與《顧氏明朝四十家小說》刊行於世，爲後世的小說研究提供了極大便利。
楊 儀	字夢羽，號五川。	1488～1564	江蘇常熟	嗜好古書收藏，築「七檜山房」、「萬卷樓」藏書其中。亦精於抄書，所抄爲藏書家所寶愛，被譽爲「楊鈔」。其鈔本版心有「嘉靖乙未七檜山房」八字，或「萬卷樓雜錄」五字。

抄書者	姓名字號	生卒年（西元）	籍貫	鈔錄事蹟或鈔本特徵
王雅宜	即王寵，字履仁，後更字履吉，別號雅宜山人。	1494～1533	江蘇蘇州	性嗜古本書籍，於書無所不窺，手寫經書皆一再過。
孫西川	當即孫艾，字世節，號西川、西川翁。	生卒年不詳	江蘇常熟	精於繪畫書法，曾師從於沈周，現藏北京故宮之《蠶桑圖》、《木棉圖》即為孫氏傳世的精美畫作。有「大石山房」書齋。
邢參	字麗文	生卒年不詳	江蘇吳縣	《讀書敏求記》：「《韻語陽秋》二十卷，丹陽葛立方撰。朱性甫借得此書宋槧本，邢麗文命工摹寫二部，舉其一贈性甫」。
彭年	字孔嘉，自號隆池山樵。	1505～1566	江蘇吳縣	性嗜讀書，精法書，宗顏、歐，藏書處為「寒綠堂」與「雲光閣」。
寧波范氏	即范欽（西元1506～1585年），字堯卿，一字安卿，號東明。	1506～1585	浙江鄞縣	知名藏書樓「天一閣」主人。而後其曾孫范光燮（字友仲，號希聖老人，西元1613～1698年），從天一閣中傳抄出了百餘種圖書。其抄書時使用紅格、藍格、墨格紙，甚少不用格。
錢叔寶錢允治	即錢穀、錢功甫兩父子	1508～1572 1541～？	江蘇吳縣	兩人皆熱衷藏書、精於抄書，有藏書樓「懸磬室」。
陸師道	字子傳，號元洲，更號五湖。	1517～？	江蘇長洲	嘉靖十七年進士。文徵明弟子，平日耽於學習，手抄典籍後先積數千百卷，丹鉛儼然，小楷精絕。
項子京	即項元汴，字子京，號墨林山人。	1525～1590	浙江嘉興	精鑒賞，工繪事，富收藏，所居「天籟閣」收藏法書名畫，極一時之盛。
王元美	即王世貞，字元美，號鳳洲，又號弇州山人。	1526～1590	江蘇太倉	所藏宋刻甚多且精，既建「小酉館」藏書三萬餘卷，又有「爾雅樓」藏各式宋槧元刊、法書名畫，亦有「藏經閣」藏佛道二氏書，更於「九友齋」藏宋板兩《漢書》。
湖州沈氏	當即沈節甫，字以安，號錦宇	1533～1601	浙江湖州	嘉靖三十八年進士，官工部侍郎。愛購書，藏諸「玩易樓」，編有《玩易樓藏書目錄》行於世。
王穉登	字伯谷	1535～1612	江蘇長洲	明代文學、書畫家，少有文名，善書法。《上善堂書目》著錄有：「王穉登手鈔《老子道德講解》三本，有自跋」。

抄書者	姓名字號	生卒年（西元）	籍貫	鈔錄事蹟或鈔本特徵
金陵焦氏	即焦竑，字弱侯，號澹園。	1540～1620	本山東日照人，以軍籍居金陵，遂籍江寧。	有藏書室「五車樓」、「抱甕軒」、「竹浪齋」等，藏書甚富，多手自鈔錄。著述宏富，有《焦氏筆乘》、《澹園集》、《國史經籍志》等傳於世。
連江陳氏	即陳第，字季立，號一齋。	1541～1617	福建連江	明代著名音韻學者及藏書家，編撰有《世善堂藏書目錄》傳於世。
董文敏	即董其昌，字元宰。	1555～1636	江蘇華亭	著名書畫家，萬歷己丑進士，官至禮部尚書，諡文敏。
陳眉公	即陳繼儒，字仲醇。	1558～1639	江蘇華亭	為諸生，收藏頗豐，與董其昌齊名，名所居曰「寶顏堂」，頗藏異冊，喜鈔校舊籍。
趙凡夫	即趙宧光，字凡夫。	1559～1625	江蘇吳縣	與妻陸卿子隱居支硎之南，築有「小宛堂」書樓，藏書其中。《上善堂書目》著錄有：「趙凡夫手鈔《草篆說文》十本，自序並跋、馮已蒼跋」。其鈔本版心多有「寒山堂篆書」五字。
趙清常	即趙琦美，字玄度、元度，號清常道人。	1563～1624	江蘇常熟	嗜好古書有其父趙用賢（西元 1535～1596 年）之風，多方購求，百計借鈔，藏而能讀，編有《脈望館書目》行於世。其鈔書喜用墨格紙。
李日華	字君實，號九疑。	1565～1635	浙江嘉興	萬歷二十年進士，官至太僕寺少卿，工書畫，善鑒賞，著有《六研齋筆記》、《味水軒日記》等書。
柳僉	字大中，號安愚，別號味茶居士。	生卒年不詳	江蘇吳縣	嗜好藏書，但專以校書為樂，嘗以宋槧手鈔改正《水經》錯簡，考核頗精。有「清遠樓」藏書室，曾摹寫有宋本唐詩數十種。
吳岫	字方山，號濠南居士。	生卒年不詳	江蘇吳縣	聚書逾萬卷，藏書處名「塵外軒」，編有《姑蘇吳氏書目》。其鈔本多使用綠印格紙，版心無齋號室名。
孫岫	待查考	生卒年不詳	江蘇蘇州	《上善堂書目》：「舊鈔《摭言》十五卷，有孫岫藏印。……舊鈔《戎幕閒談》一卷，有葉石君跋、孫岫藏印」。即是孫從添曾收藏有孫岫舊藏之證明。其鈔本多使用綠印格紙。
王質	暫時查無符合的人，不知其生平概況。	待查考	待查考	待查考

抄書者	姓名字號	生卒年 （西元）	籍貫	鈔錄事蹟或鈔本特徵
吳氏	當即吳繼志，字惺陽。	生卒年不詳	浙江錢塘	好聚書，且勤於手自掌錄，秘閣之鈔逾萬卷，軸帶帙籤，至與山陰祁氏、海虞錢氏埒。
錢牧翁	即錢謙益，字受之，號牧齋。	1582～1664	江蘇常熟	有著名的「絳雲樓」藏書，收藏各式宋元舊刻、舊抄甚富，所抄書被譽爲「錢鈔」。其鈔本版心有「絳雲樓」三字。
馮已蒼 馮定遠	即馮舒、馮班兄弟。	1593～1645 1602～1671	江蘇常熟	兄弟兩人均爲知名學者、藏書家，時人稱爲「二馮」。家富藏書，有「空居閣」藏書樓，所抄書被譽爲「馮鈔」。其鈔本版心有「空居閣藏」四字，格欄外有「馮氏藏本」四字或「馮氏家藏」四字。
毛子晉 毛斧季	即毛晉、毛扆父子。	1599～1659 1640～1713	江蘇常熟	知名藏書樓「汲古閣」主人及傳人，不僅藏書豐富，而且精心校勘出版各式圖書，在當時及後世都具有很大的影響力。所抄之書被譽爲「毛鈔」。其鈔本版心有「汲古閣」三字，格欄外有「毛氏正本汲古閣藏」八字。
陸敕先	即陸貽典，字敕先，號覿菴。	1617～？	江蘇常熟	毛斧季之妻舅，精讎校，富收藏。工書法，尤長漢隸，與馮已蒼、葉石君常常通有無，互相借抄圖書。
葉石君	即葉萬，一名樹廉，又作樹蓮，字石君，號潛夫，以字行。	1619～1685	本爲江蘇吳縣人，嘗游常熟虞山，樂其山水，因家焉。	有「樸學齋」藏書，好聚書，每遇宋元抄刻古帙，雖零卷單葉，必重價購之。孫氏《上善堂目》著錄葉氏抄校之書甚多，是葉書流散後得到其藏書最多的藏書家之一。其鈔本版框外有「樸學齋」三字。
錢遵王	即錢曾，字遵王，號也是翁。	1629～1701	江蘇常熟	富藏各式宋元舊刻，有「述古堂」藏書樓，所抄書亦與其族祖錢謙益一樣被譽爲「錢鈔」。其鈔本格欄外有「虞山錢遵王述古堂藏書」十字，或「錢遵王述古堂藏書」八字。
馬人伯	即馬弘道，字人伯，號退山。	生卒年不	本江蘇長洲人，後遷常熟虞山。	善寫書，從人借錄善本，護書如眼目。所輯錄有《石湖居士集》、《玉山名勝集》，寫本秀雅絕俗，非庸常鈔胥可比擬。

主要參考書目

一、專　著

1. 絳雲樓書目，（清）錢謙益，粵雅堂叢書本，臺北，華聯出版社，1965 年 5 月。
2. 中國善本書提要，王重民，上海，上海古籍出版社，1986 年 4 月。
3. 顧廣圻書目題跋，（清）顧廣圻，清人書目題跋叢刊本，北京，中華書局，1993 年 1 月。
4. 澹生堂藏書目，（明）祁承㸁，明代書目題跋叢刊本，北京，書目文獻出版社，1994 年 1 月。
5. 脈望館書目，（明）趙琦美，明代書目題跋叢刊本，北京，書目文獻出版社，1994 年 1 月。
6. 讀書敏求記，（清）錢曾，四庫全書存目叢書本，台南，莊嚴文化事業有限公司，1996 年 8 月。
7. 清代目錄提要，來新夏主編，濟南，齊魯書社，1997 年 1 月。
8. 蕘圃藏書題識，（清）黃丕烈著、屠友祥校注，上海，上海遠東出版社，1999 年 10 月。
9. 鐵琴銅劍樓藏書目錄，（清）瞿鏞編纂、瞿果行標點、瞿鳳起覆校，上海，上海古籍出版社，2000 年 9 月。
10. 世善堂藏書目錄，（明）陳第，續修四庫全書本，上海，上海古籍出版社，2002 年 3 月。
11. 汲古閣珍藏秘本書目，（清）毛扆，續修四庫全書本，上海，上海古籍出版社，2002 年 3 月。
12. 圖書館學書目舉要，吳慰慈編，北京，北京圖書館出版社，2004 年 10 月。
13. 欽定四庫全書總目，（清）永瑢等編撰，臺北，藝文印書館，2004 年 10 月。
14. 虞山錢遵王藏書目錄彙編，（清）錢曾撰、瞿鳳起編，上海，上海古籍出版社，2005 年 11 月。

15. 絳雲樓題跋，（清）錢謙益撰、潘景鄭輯校，上海，上海古籍出版社，2005 年 11 月。

16. 鐵琴銅劍樓藏書題跋集錄，瞿良士輯，上海，上海古籍出版社，2005 年 11 月。

17. 汲古閣書跋，（明）毛晉撰、潘景鄭校訂，上海，上海古籍出版社，2005 年 11 月。

18. 趙定宇書目，（明）趙用賢，上海，上海古籍出版社，2005 年 11 月。

19. 中國叢書綜錄，上海圖書館編，上海，上海古籍出版社，1982 年 12 月。

20. 中國叢書廣錄，陽海清編撰、陳彰璜參編，武漢，湖北人民出版社，1999 年 4 月。

21. 中國藏書家辭典，李玉安、陳傳藝編，武漢，湖北教育出版社，1989 年 9 月。

22. 歷代藏書家辭典，梁戰、郭群一編，西安，陝西人民出版社，1991 年 10 月。

23. 明清藏書家印鑑，楊青山編，高雄，讀者文化出版有限公司，1991 年 9 月。

24. 中國藏書家印鑒，林申清編，上海，上海書店出版社，1997 年 11 月。

25. 明清著名藏書家·藏書印，林申清編著，北京，北京圖書館出版社，2000 年 10 月。

26. 中國圖書館學與目錄學名人錄，胡述兆編，臺北，漢美圖書有限公司，1999 年 8 月。

27. 文獻家通考（清—現代），鄭偉章，北京，中華書局，1999 年 6 月。

28. 明人室名別稱字號索引，楊廷福、楊同甫編，上海，上海古籍出版社，2002 年 12 月。

29. 中國版本目錄學書籍解題，（日）長澤規矩也編著、梅憲華、郭寶林譯，北京，書目文獻出版社，1990 年 6 月。

30. 中國古籍版刻辭典，瞿冕良編著，濟南，齊魯書社，2001 年 9 月。

31. 中國讀書大辭典，徐雁、王余光編，南京，南京大學出版社，1999 年 7 月。

32. 清代學術辭典，趙永紀主編，北京，學苑出版社，2004 年 10 月。

33. 文獻學大辭典，趙國璋、潘樹廣主編，揚州，廣陵書社，2005 年 12 月。

34. 國家圖書館工作手冊，國家圖書館研究組編，臺北，國家圖書館，1999 年 6 月。

35. 通志二十略，（宋）鄭樵撰、王樹民點校，北京，中華書局，1995 年 11 月。

36. 南宋館閣錄，（宋）陳騤撰、張富祥點校，北京，中華書局，1998 年 7 月。

37. （光緒）常昭合志稿，（清）鄭鍾祥等修、龐鴻文等纂，臺北，成文出版社，1974 年。

38. 常熟市志，常熟市地方志編纂委員會編，上海，上海人民出版社，1990 年 11 月。

39. 少室山房筆叢，（明）胡應麟，上海，上海書店出版社，2001 年 8 月。

40. 遵生八箋，（明）高濂，蘭州，甘肅文化出版社，2004 年 10 月。

41. 吳醫彙講，（清）唐大烈，續修四庫全書本，上海，上海古籍出版社，2002 年 3 月。

42. 宋代藏書家考，潘美月，臺北，學海出版社，1980 年 4 月。

43. 浙東三祁藏書與學術研究，錢亞新，南京，江蘇省圖書館學會，1981 年 2 月。

44. 江浙藏書家史略，吳辰伯，臺北，文史哲出版社，1982 年 5 月。

45. 中國著名藏書家傳略，鄭偉章、李萬健，北京，書目文獻出版社，1986 年 9 月。

46. 中國藏書家考略，楊立誠、金步瀛合編、俞運之校補，上海，上海古籍出版社，1987 年 4 月 。

47. 浙江藏書家藏書樓，顧志興，杭州，浙江人民出版社，1987 年 11 月。

48. 清代藏書樓發展史、續補藏書紀事詩傳，譚卓垣、倫明等著、徐雁、譚華軍整理，瀋陽，遼寧人民出版社，1988 年 6 月。

49. 中國歷史藏書論著讀本，徐雁、王雁均主編，成都，四川大學出版社，1990 年 7 月。

50. 祁承㸁及澹生堂藏書研究，嚴倚帆，臺北，漢美圖書出版公司，1991 年 6 月。

51. 錢謙益藏書研究，簡秀娟，臺北，漢美圖書有限公司，1991 年 7 月。

52. 清初藏書家錢曾研究，湯絢，臺北，漢美圖書有限公司，1991 年 7 月。

53. 鐵琴銅劍樓藏書研究，藍文欽，臺北，漢美圖書有限公司，1991 年 7 月。

54. 中國古代藏書與近代圖書館史料（春秋至五四前後），李希沁、張椒華編，北京，中華書局，1996 年 7 月。

55. 鐵琴銅劍樓研究文獻集，仲偉行、吳雍安、曾康編著，上海，上海古籍出版社，1997 年 7 月。

56. 中國歷代國家藏書機構及名家藏讀敘傳選，袁咏秋、曾季光主編，北京，北京大學出版社，1997 年 12 月。

57. 中國歷代圖書著錄文選，袁咏秋、曾季光主編，北京，北京大學出版社，1997 年 12 月。

58. 藏書四記，王余光編，武漢，湖北辭書出版社，1998 年 6 月。

59. 中國近代藏書文化，李雪梅，北京，現代出版社，1999 年 1 月。

60. 藏書與文化：古代私家藏書文化研究，周少川，北京，北京師範大學出版社，1999 年 4 月。

61. 滄桑書城，徐雁，長沙，岳麓書社，1999 年 4 月。

62. 藏書紀事詩（附補正）、辛亥以來藏書紀事詩（附校補），（清）葉昌熾、倫明著、王欣夫補正、雷夢水校補，上海，上海古籍出版社，1999 年 12 月。

63. 校讎廣義——典藏編，程千帆、徐有富，濟南，齊魯書社，1999 年 12 月。

64. 蘇州藏書史，葉瑞寶，南京，江蘇古籍出版社，2001 年 6 月。

65. 中國藏書樓，任繼愈等，瀋陽，遼寧人民出版社，2001 年 1 月。

66. 中國藏書通史，傅璇琮、謝灼華等，寧波，寧波人民出版社，2001 年 2 月。

67. 中國私家藏書史，范鳳書，鄭州，大象出版社，2001 年 7 月。

68. 徽州刻書與藏書，劉尚恒，揚州，廣陵書社，2003 年 11 月。

69. 中國歷代藏書史，徐凌志等，南昌，江西人民出版社，2004 年 7 月。

70. 澹生堂藏書約（外八種），（明）祁承㸁等，上海，上海古籍出版社，2005 年 11 月。

71. 圖書館採訪學，顧敏，臺北，台灣學生書局，1979 年 10 月。

72. 中國圖書館事業史，盧荷生，臺北，文史哲出版社，1986 年 4 月。

73. 圖書館建築，鮑家聲等，北京，書目文獻出版社，1986 年 9 月。

74. 藏書建設與讀者工作，沈繼武，武漢，武漢大學出版社，1987 年 10 月。

75. 藏書組織學概要，吳晞，北京，北京大學出版社，1987 年 12 月。

76. 圖書館學，中國圖書館學會出版委員會編，臺北，臺灣學生書局，1990 年 7 月。

77. 中國古代圖書事業史，來新夏等，上海，上海人民出版社，1990 年 4 月。

78. 圖書館藏書，吳慰慈、劉茲恒，北京，書目文獻出版社，1991 年 2 月。

79. 圖書維護學，楊時榮，臺北，南天書局有限公司，1991 年 5 月。

80. 台灣地區中文善本圖書蟲害防治之研究，洪王徽恢，臺北，漢美圖書有限公司 1991 年 10 月。

81. 中國圖書館發展史，王酉梅，吉林，吉林教育出版社，1991 年 12 月。

82. 中國圖書館學史，吳仲強等，長沙，湖南出版社，1991 年 12 月。

83. 圖書檔案保護技術手冊，李景仁、馮惠芬，北京，檔案出版社，1992 年 2 月。

84. 中國圖書史略，昌彼得，臺北，文史哲出版社，1993 年 8 月。

85. 圖書維護作業研究，楊時榮，臺北，南天書局有限公司，1993 年 11 月。

86. 中國圖書文化導論，程煥文，廣州，中山大學出版社，1995 年 10 月。

87. 圖書館管理綜論，譚祥金，北京，北京圖書館出版社，1997 年 3 月。

88. 中國近代圖書事業史，來新夏等，上海，上海人民出版社，2000 年 12 月。

89. 圖書館古籍整理工作，王世偉，北京，北京圖書館出版社，2001 年 10 月。

90. 四庫全書纂修研究，黃愛平，北京，中國人民大學出版社，2001 年 2 月。

91. 古籍修復技藝，朱賽虹，北京，文物出版社，2001 年 12 月。

92. 古文獻的形制和裝修技法，童芷珍，上海，上海科學技術文獻出版社，2002 年 6 月。

93. 現代圖書館建築設計，鮑家聲，北京，中國建築工業出版社，2002 年 7 月。

94. 中國大陸古籍存藏概況，潘美月、沈津，臺北，國立編譯館，2002 年 12 月。

95. 中國古籍修復與裝裱技術圖解，杜偉生，北京，北京圖書館出版社，2003 年 8 月。

96. 中國古籍整理體式研究，馮浩菲，北京，高等教育出版社，2003 年 7 月。

97. 古籍整理講義，來新夏，廈門，鷺江出版社，2003 年 11 月。

98. 簡明古籍整理與版本學，駱偉，澳門，澳門圖書館暨資訊管理協會，2004 年 8 月。

99. 文獻學講義，王欣夫，臺北，文史哲出版社，1987 年 9 月。

100. 中國文獻學新編，洪湛侯，杭州，杭州大學出版社，1997 年 9 月。

101. 中國古文獻學史簡編，孫欽善，北京，高等教育出版社，2003 年 8 月。

102. 文獻學概要，杜澤遜，北京，中華書局，2003 年 9 月。

103. 中國古典文獻學，吳楓，濟南，齊魯書社，2005 年 3 月。

104. 中國目錄學家傳略，申暢，鄭州，中州古籍出版社，1987 年 7 月。

105. 目錄學發微，余嘉錫，臺北，藝文印書館，1987 年 10 月。

106. 中國目錄學史，姚名達，臺北，臺灣商務印書館，1988 年 2 月。

107. 中國目錄學，昌彼得、潘美月，臺北，文史哲出版社，1991 年 10 月。

108. 中國著名目錄學家傳略，李萬健，北京，書目文獻出版社，1993 年 6 月。

109. 近三百年古籍目錄舉要，嚴佐之，上海，華東師範大學出版社，1994 年 9 月。

110. 文獻編目教程，李曉新、楊玉麟、李建軍，天津，南開大學出版社，1995 年。

111. 古典目錄學淺說，來新夏，北京，中華書局，2003 年 10 月。

112. 目錄學，彭斐章、喬好勤、陳傳夫，武昌，武漢大學出版社，2003 年 11 月。

113. 版本學概論，戴南海，成都，巴蜀書社，1989 年 6 月 。

114. 古籍版本學概論，嚴佐之，上海，華東師範大學出版社，1989 年 10 月。

115. 古書版本學概論，李致忠，北京，北京圖書館出版社，1998 年 1 月。

116. 中國古籍版本學，曹之，武昌，武漢大學出版社，2002 年 4 月。

117. 校讎廣義——版本編，程千帆、徐有富，濟南，齊魯書社，2003 年 9 月。

118. 中國圖書版本學，姚伯岳，北京，北京大學出版社，2004 年 12 月。

二、論　文

1. 我國清代圖書館學的重要著作——讀孫慶增藏書記要，王仁富，吉林省圖書館學會會刊（圖書館學研究），1981 年第 3 期，頁 117～120。

2. 孫從添和他的藏書紀要，韓淑舉，山東圖書館季刊，1983 年第 4 期，頁 40～43，48。

3. 孫從添的藏書建設思想，陳少川，津圖學刊，1986 年第 2 期，頁 121～128。

4. 孫慶增其人及其書，謝灼華，圖書館學通訊，1986 年第 4 期，頁 77～87。

5. 清代藏書家孫從添藏書八則述略，陸大峰，青海圖書館，1987 年第 4 期，頁 35～37。

6. 孫從添的圖書編目理論淺析，陳少川，晉圖學刊，1989 年第 4 期，頁 54～57。

7. 孫從添與藏書紀要，王昭華，四川圖書館學報，1991 年第 4 期，頁 78～79。

8. 關於文瑞樓藏書目和藏書紀要，鄭炳純，中國典籍與文化論叢（第一輯），北京，中華書局，1993 年 9 月，頁 352～356。

9. 藏書紀要對清代圖書館學的開拓和貢獻，李晶輝，圖書館學研究，1997 年第 5 期，頁 87～89，63。

10. 藏書紀要，徐雁，滄桑書城，長沙，岳麓書社，1999 年 4 月，頁 175～178。

11. 論藏書家孫從添及其藏書紀要的學術價值，范鳳書，常熟藏書家藏書樓研究，上海，上海文化出版社，2002 年 8 月，頁 160～164。

12. 孫慶增的藏書紀要，謝灼華，藍村讀書錄，石家莊，河北教育出版社，2004 年 12 月，頁 85～95。

13. 清初錢毛諸藏書家與學風考，羅炳綿，清代學術論集，臺北，食貨出版社，1978 年 4 月，頁 251～335。

14. 黃丕烈研究，羅炳綿，清代學術論集，臺北，食貨出版社，1978 年 4 月，頁 337～450。

15. 古今中外私家藏書對於文化建設的貢獻，藍乾章，社會教育論叢，臺北，潘氏圖書館，1981 年 11 月，頁 60～66。

16. 蘇州歷史上的刻書和藏書，葉萬忠，古籍論叢，福州，福建人民出版社，1983 年 5 月，頁 403～419。

17. 論我國封建時代私家藏書歷史價值的評價標準，徐禾雁，津圖學刊，1985 年第 2 期，頁 45～51。

18. 中國古代藏書學文獻簡介，徐雁，寧夏圖書館通訊，1985 年第 2 期，頁 52～55。

19. 中國古代私家藏書的利用，吳華，寧夏圖書館通訊，1985 年第 4 期，頁 23～26。

20. 關於私人藏書家的分類，程煥文，寧夏圖書館通訊，1985 年第 4 期，頁 20～22。

21. 明清時代的私人藏書目錄，程剛，圖書情報工作，1993 年第 5 期，頁 53～56。

22. 中國古代私人藏書的文化地理狀況研究，胡先媛，圖書情報知識，1997 年第 2 期，頁 26～29。

23. 淺論古代私人藏書家對圖書館事業的貢獻，焦玲，圖書館理論與實踐，1998 年第 1 期，頁 52～53，65。

24. 我國古代藏書的保護——兼談曝書，袁東珏，四川圖書館學報，1998 年第 2

期，頁 76～80。

25. 明清藏書樓建築設計文化，胡明，津圖學刊，1998 年第 2 期，頁 118～121。

26. 古代私家藏書措理之術管窺，周少川，中國典籍與文化，1998 年第 3 期，頁 21～26。

27. 清代私人藏書的文化地理分析，王群、敬卿，求索，1998 年第 4 期，頁 123～127。

28. 清代蘇南望族與家族藏書，江慶柏，中國典籍與文化，1998 年第 3 期，頁 31～36。

29. 中國古代藏書家的歷史貢獻，蕭東發、袁逸，圖書館理論與實踐，1999 年第 1 期，頁 46～49。

30. 明代私人藏書興旺原因及特徵，文毅，黔南民族師專學報，1999 年第 2 期，頁 98～102。

31. 明代私家藏書目錄考略，張雷、李艷秋，書目季刊，第 33 卷第 1 期，1999 年 6 月，頁 29～50。

32. 80 年代以來中國歷史藏書研討成果綜述，徐雁，中國古代藏書樓研究，北京，中華書局，1999 年 7 月，頁 402～426。

33. 清代私家藏書的種類，謝灼華，中國古代藏書樓研究，北京，中華書局，1999 年 7 月，頁 32～42。

34. 試論清代江南常熟派藏書家，謝灼華，江蘇圖書館學報，2000 年第 1 期，頁 43～46。

35. 古代私家藏書流派及虞山派、浙東派論析，曹培根，常熟高專學報，2000 年第 1 期，頁 105～109。

36. 猶禿千兔寫萬紙──古代私家藏書的抄寫之途，胡紹軍，圖書館雜誌，2000 年第 8 期，頁 56～57。

37. 淺析中國古代藏書家的特點，王新田，圖書館雜誌，2000 年第 9 期，頁 58～60。

38. 中國古代藏書家之統計分析，王新田，鎮江師專學報（社會科學版），2000 年第 4 期，頁 126～128。

39. 清代私藏書目知見錄，周少川、劉薔，書目季刊，第 33 卷第 4 期，2000 年 3 月，頁 101～128。

40. 莌圃藏書題識與清代學術史科，趙飛鵬，成大中文學報，2000 年第 8 期，頁 127～138。

41. 藏書紀事詩相關問題考述，趙飛鵬，王叔岷先生學術成就與薪傳研討會論文集，臺北，國立臺灣大學中國文學系，2001 年 8 月，頁 447～472。

42. 明代書目考略，張雷、李艷秋，書目季刊，第 37 卷第 2 期，2003 年 9 月，頁 89～115。

43. 舊唐書至樂樓抄本與葉石君校本考略，武秀成，古籍整理研究學刊，2004 年第 1 期，頁 35～41。

44. 常熟私家藏書目錄考，曹培根，常熟高專學報，2004 年第 5 期，頁 121～124。

45. 古代蘇州藏書家以抄書保存流傳典籍功績評述，錢萬里、陸漢榮，新世紀圖書館，2004 年第 2 期，頁 67～70。

46. 中國歷代藏書家籍貫屬地的地理分佈和變遷，鄭衡泌，經濟地理，2004 年第 3 期，頁 351～354。

47. 海峽兩岸藏書史研究與著作述評，趙飛鵬，文與哲，2004 年第 5 期，頁 85～113。

48. 吳中歷史藏書研究述評，曹培根，書鄉漫錄，石家莊，河北教育出版社，2004 年 12 月，頁 139～146。

49. 虞山派藏書家，曹培根，江蘇地方志，2005 年第 2 期，頁 41～44。

50. 蘇州藏書家在中國私家藏書史上的地位和影響，陳建忠，大學圖書館學報，2005 年第 2 期，頁 54～56。

51. 談談我國古代的圖書館，李希泌，吉林省圖書館學會會刊，1981 年 5 月，頁 95～96。

52. 康熙與清初的圖書館事業，賀修銘，廣東圖書館學刊，1984 年第 1 期，頁 43～46。

53. 清代前期的圖書事業，來新夏，社會科學戰線，1986 第 35 期，頁 333～339。

54. 清代圖書與圖書館事業概述，徐燕萍，安慶師院學報（社會科學版），1989 年第 1 期，頁 69～75。

55. 我國古代私人藏書理論對現代圖書館發展之啓迪，裘成發，當代圖書館，1989 年第 1 期，頁 11～13。

56. 略論中國歷代圖書館的型態，周彥文，教育資料與圖書館學，第 26 卷第 4 期，1989 年 6 月，頁 364～385。

57. 中國古代藏書的管理制度和管理方法，張樹華，圖書館雜誌，1991 年第 5 期，頁 17～19。

58. 圖書館蟲害與防治，張圍東，國立中央圖書館台灣分館館訊，1991 年第 4 期，頁 20～23。

59. 中國古代圖書館學史論，吳仲強，圖書情報工作，1992 年第 4 期，頁 1～7，48。

60. 中國圖書館學史：傳統及其分析，柴純青，圖書館，1993 年第 3 期，頁 1～8。

61. 從藏書樓到圖書館，吳晞，圖書館工作與研究，1994 年第 1 期，頁 62～64。

62. 圖書館與藏書發展：歷史起源與現代意義，汪冰、曲晶晶，晉圖學刊，1994 年第 3 期，頁 1～7。

63. 中國古近代圖書館發展差異的歷史分析——兼評從藏書樓到圖書館，趙彥龍，

圖書館工作與研究，1999 年第 2 期，頁 6～9。

64. 圖書館典藏功能闡釋，錢華，圖書館學刊，1999 年第 4 期，頁 50～51。

65. 試論中國古代圖書編目的文化內涵，王濤，浙江社會科學，2001 年第 2 期，頁 138～141。

66. 近年來中國圖書館古籍修復工作的調查與回顧，吳格，國家圖書館學刊，2002 年第 1 期，頁 30～39。

67. 略論圖書館善本古籍的修復，楊曉黎，圖書館工作與研究，2002 年第 6 期，頁 20～23。

68. 中國古代圖書館學思想述略，韓淑舉，四川圖書館學報，2002 年第 1 期，頁 70～75。

69. 試論中國圖書館的歷史演變及社會作用，安克駿，山東社會科學，2002 年第 5 期，頁 96～97。

70. 中國古代典籍保護技術面面觀，楊曉黎，圖書館學研究，2002 年第 10 期，頁 91～93。

71. 古代圖書的藥物防霉，張貴江，圖書與情報，2003 年第 4 期，頁 77～78。

72. 圖書館建築研究與實踐，鮑家聲，建築學報，2004 年第 12 期，頁 18～21。

73. 清代社會與目錄學的關係，謝俊貴，贛圖通訊，1983 年第 3 期，頁 21～24。

74. 明清時代版本目錄學概述（上、下），謝國楨，齊魯學刊，1981 年第 3、4 期，頁 41～47、45～52。

75. 中國目錄學傳統的創造性轉化，王國強，河南圖書館學刊，1995 年第 2 期，頁 16～17，19。

76. 清代私修書目的學術價值，常鳳香，文史雜誌，2002 年第 6 期，頁 65～66。

77. 也談版本鑑別的根據，邵勝定，圖書館雜誌，1984 年第 1 期，頁 17～19。

78. 版本式解題目錄，李芳，圖書館研究與工作，1986 年第 2 期，頁 24～30。

79. 清代在版本鑑定上的成就，初昌雄，圖書館學刊，1995 年第 2 期，頁 57～59。

80. 清代學術流變與中國古籍版本學的興盛，劉青、王磊，圖書館學研究，1997 年第 2 期，頁 90～93。

81. 清代版本散論，楊成凱，文獻，2004 年第 2 期，頁 215～231。